GUERRA CULTURAL

CONHEÇA OUTROS LIVROS DA SÉRIE:

POLÍTICA, IDEOLOGIA E CONSPIRAÇÕES

DESCULPE-ME, SOCIALISTA

MITOS E FALÁCIAS DA AMÉRICA LATINA

A LEI

MENOS ESTADO, MAIS LIBERDADE

OS ERROS FATAIS DO SOCIALISMO

DA LIBERDADE INDIVIDUAL E ECONÔMICA

OS FUNDAMENTOS DO CAPITALISMO:
O ESSENCIAL DE ADAM SMITH

LIBERDADE É PROSPERIDADE:
A FILOSOFIA DE AYN RAND

O RENASCIMENTO DO LIBERALISMO

STEPHEN R. C. HICKS

GUERRA CULTURAL

Como o pós-modernismo criou uma narrativa de desconstrução do ocidente

Tradução
MATHEUS PACCINI

COPYRIGHT © FARO EDITORIAL, 2021
FIRST EDITION PUBLISHED IN 2004 BY SCHOLARGY PUBLISHING
EXPANDED EDITION PUBLISHED IN 2011 BY OCKHAM'S RAZOR PUBLISHING
© 2004, 2011, 2014 BY STEPHEN R. C. HICKS
ALL RIGHTS RESERVED

Todos os direitos reservados.

Avis Rara é um selo da Faro Editorial.

Nenhuma parte deste livro pode ser reproduzida sob quaisquer meios existentes sem autorização por escrito do editor.

Diretor editorial **PEDRO ALMEIDA**
Coordenação editorial **CARLA SACRATO**
Preparação **TUCA FARIA**
Revisão **VALQUIRIA DELLA POZZA E DANIEL RODRIGUES AURÉLIO**
Imagem de capa **IKU4 | SHUTTERSTOCK E FERNANDO MENA**

Dados Internacionais de Catalogação na Publicação (CIP)
Angélica Ilacqua CRB-8/7057

Hicks, Stephen R. C., 1960-
    Guerra Cultural : como o pós-modernismo criou uma narrativa de desconstrução do ocidente / Stephen R. C. Hicks ; tradução de Matheus Paccini. — São Paulo : Faro Editorial, 2021.
    240 p.

    Bibliografia
    ISBN 978-65-86041-69-9
    Título original: Explaining postmodernism

    1. Filosofia 2. Pós-modernismo 3 Ciências sociais 4. Socialismo I. Título II. Paccini, Matheus

21-0432   CDD 149.97

Índice para catálogo sistemático:
1. Filosofia pós-modernista   149.97

1ª edição brasileira: 2021
Direitos de edição em língua portuguesa, para o Brasil, adquiridos por FARO EDITORIAL

Avenida Andrômeda, 885 — Sala 310
Alphaville — Barueri — SP — Brasil
CEP: 06473-000
www.faroeditorial.com.br

SUMÁRIO

7   1   O que é o pós-modernismo?

26   2   O ataque do contrailuminismo à razão

56   3   O colapso da razão no século XX

77   4   A atmosfera do coletivismo

118   5   A crise do socialismo

151   6   Estratégias pós-modernas

APÊNDICES

175   Liberdade de expressão e pós-modernismo

195   Da arte moderna à pós-moderna

215   Agradecimentos

217   Bibliografia

227   Notas finais

CAPÍTULO 1

O que é o pós-modernismo?

A VANGUARDA PÓS-MODERNA

É popular a ideia de que entramos em uma nova era intelectual. Somos pós-
-modernos agora. Os principais intelectuais nos dizem que o modernismo
morreu e que uma era revolucionária é iminente — uma era libertada das estruturas opressivas do passado, embora ainda preocupada com suas expec-
tativas para o futuro. Até mesmo os oponentes do pós-modernismo, que
observam a cena intelectual com certo desagrado, reconhecem a existência
de uma nova liderança. No mundo intelectual, houve uma troca de guarda.

Os nomes da vanguarda pós-moderna já soam familiares: Michel Foucault, Jacques Derrida, Jean-François Lyotard e Richard Rorty são seus
principais estrategistas. Eles estabeleceram a direção do movimento e o
dotaram com suas ferramentas mais poderosas. E existem outros nomes
que colaboram com ela: Stanley Fish e Frank Lentricchia em crítica literária e jurídica; Catharine MacKinnon e Andrea Dworkin em crítica jurídica feminista; Jacques Lacan em psicologia; Robert Venturi e Andreas
Huyssen em crítica de arquitetura; e Luce Irigaray em crítica da ciência.

Os membros desse grupo de elite deram a direção e o tom para o mundo intelectual pós-moderno.

Michel Foucault identificou seus principais alvos: "Todas as minhas
análises são contrárias à ideia de necessidades universais da existência humana".[1] Essas necessidades devem ser descartadas como fardos do passado:

"Não faz sentido falar em nome da Razão, da Verdade ou do Conhecimento — ou contra eles".[2]

Richard Rorty trabalhou esse tema, explicando que isso *não* quer dizer que o pós-modernismo é verdadeiro ou que oferece conhecimento. Declarações desse tipo seriam contraditórias, por isso os pós-modernos devem usar a linguagem "com ironia".

> A dificuldade que enfrenta um filósofo que, como eu, simpatiza com essa sugestão [como a de Foucault] — alguém que se considera mais um auxiliar do poeta que do físico — é evitar sugerir que ela está correta, que meu tipo de filosofia corresponde à forma como as coisas realmente são. Pois falar dessa correspondência nos recorda justamente da ideia da qual um filósofo como eu quer se livrar, a ideia de que o mundo ou o eu tem uma natureza intrínseca.[3]

Se não há mundo ou "eu" para compreender e conceber em seus próprios termos, então qual é o propósito do pensamento ou da ação? Tendo descontruído a razão, a verdade e a ideia de correspondência entre o pensamento e a realidade, e então deixando-as de lado — Foucault escreve: "A 'razão' é a derradeira linguagem da loucura"[4] —, não há nada que guie ou restrinja nossos pensamentos e sentimentos. Logo, podemos fazer ou dizer o que sentimos. A desconstrução, confessa Stanley Fish alegremente, "livra-me da obrigação de estar certo... e exige apenas que eu seja interessante".[5]

No entanto, muitos pós-modernistas demonstram mais interesse no ativismo político que no jogo estético. Muitos deles desconstroem a razão, a verdade e a realidade porque acreditam que, em nome delas, a civilização ocidental causou a dominância, a opressão e a destruição. "A razão e o poder são uma coisa só", declara Jean-François Lyotard. Ambos representam e levam a "prisões, proibições, processos de seleção e bem público".[6]

O pós-modernismo torna-se, então, uma estratégia ativista contra a aliança entre razão e poder. O pós-modernismo, explica Frank Lentricchia, "não busca encontrar o fundamento e as condições da verdade, mas exercer o poder com o propósito da mudança social". A tarefa dos professores pós-modernos é ajudar os estudantes a "localizar, confrontar e trabalhar contra os horrores políticos de sua época".[7]

Esses horrores, segundo o pós-modernismo, são mais visíveis no Ocidente, pois foi na civilização ocidental que a razão e o poder mais se desenvolveram. Mas a dor desses horrores não é causada nem sentida de forma igual. Homens, brancos e ricos têm nas mãos o chicote do poder, e o utilizam cruelmente contra mulheres, minorias raciais e pobres.

O conflito entre homens e mulheres é brutal. "O sexo normal", escreve Andrea Dworkin, "realizado por um homem normal é considerado um ato de invasão e de apropriação, praticado como uma forma de predação". Essa percepção especial da psicologia sexual dos homens é confirmada pela experiência sexual das mulheres:

> As mulheres têm sido propriedade dos homens como esposas, prostitutas ou servas para práticas sexuais ou reprodutivas. Ser propriedade e ser submetida à prática sexual são ou foram experiências praticamente sinônimas na vida das mulheres. Ele é seu dono; ele a come. O sexo denota a natureza da propriedade: ele a possui de dentro para fora.[8]

Dworkin e sua colega Catharine MacKinnon defendem a censura da pornografia com base em argumentos pós-modernos. Nossa realidade social está construída pela linguagem que usamos, e a pornografia é uma forma de linguagem que constrói uma realidade violenta e dominadora à qual as mulheres devem se submeter. Pornografia, portanto, não é liberdade de expressão, mas opressão política.[9]

Os pobres também sofrem violência nas mãos dos ricos, assim como as nações em dificuldades, nas mãos das nações capitalistas. Citando um exemplo, Lyotard chama nossa atenção para o ataque norte-americano ao Iraque na década de 1990. Apesar da propaganda americana, escreve Lyotard, o fato é que Saddam Hussein foi uma vítima e um porta-voz das vítimas do imperialismo americano pelo mundo.

> Saddam Hussein é um produto dos departamentos de Estado e das grandes empresas ocidentais, assim como Hitler, Mussolini e Franco, que nasceram da "paz" imposta a seus países pelos vencedores da Primeira Guerra Mundial. Saddam é um desses produtos de forma ainda mais óbvia e cínica. Mas a ditadura iraquiana, como as outras, nasce da transferência de aporias [problemas insolúveis] do sistema capitalista para os países derrotados, menos desenvolvidos ou, simplesmente, menos resistentes.[10]

Ainda assim, a situação de opressão das mulheres, dos pobres, das minorias raciais e outros é quase sempre velada nas nações capitalistas. A retórica que tenta deixar para trás os pecados do passado, a retórica do progresso e da democracia, da liberdade e da igualdade perante a lei, serve apenas para mascarar a brutalidade da civilização capitalista. Raramente conseguimos ter uma visão honesta de sua essência oculta. Para isso, Foucault nos recomenda olharmos para os presídios:

> A prisão é o único lugar onde o poder se manifesta em seu estado puro, em sua forma mais extrema, e onde é justificado como força moral. (...) O que há de fascinante nas prisões é que, por um lado, o poder não se esconde nem se mascara: revela-se como a busca da tirania em seus detalhes; é cínico e, ao mesmo tempo, puro e totalmente "justificado", já que sua prática pode ser formulada dentro dos parâmetros da moralidade. Consequentemente, sua tirania brutal se apresenta como a dominação serena do Bem sobre o Mal, da ordem sobre a desordem.[11]

Por fim, Jacques Derrida identifica a filosofia do marxismo como a fonte filosófica e de inspiração do pós-modernismo, como aquilo que conecta os aspectos abstratos e técnicos da linguística e da epistemologia ao ativismo político:

> A desconstrução só tem sentido ou interesse para mim como radicalização, ou seja, *dentro da tradição* de um certo marxismo em um certo *espírito do marxismo*.[12]

Moderno e pós-moderno

Todo movimento intelectual é definido por suas premissas filosóficas fundamentais. Essas premissas estabelecem o que se considera real, o que é ser humano, o que tem valor e como se adquire conhecimento. Ou seja, todo movimento intelectual tem uma metafísica, uma concepção da natureza e dos valores humanos, e uma epistemologia.

O pós-modernismo costuma se declarar antifilosófico, no sentido de que rejeita muitas das alternativas filosóficas tradicionais. No entanto, qualquer declaração ou atividade, incluindo o ato de escrever uma explicação pós-moderna de qualquer coisa, pressupõe ao menos uma concepção implícita de realidade e valores. Portanto, apesar de seu desprezo oficial por algumas versões do abstrato, do universal, do estabelecido e do preciso, o pós-modernismo oferece um conjunto consistente de premissas em que situar nossos pensamentos e ações.

Em resumo, temos o seguinte: *metafisicamente*, o pós-modernismo é antirrealista e considera que é impossível falar seriamente de uma realidade com existência independente; em vez disso, propõe uma descrição sociolinguística e construcionista da realidade. *Epistemologicamente,* o pós-modernismo rejeita a noção de uma realidade com existência independente, nega a razão ou qualquer outro método como meio para adquirir conhecimento objetivo dessa realidade. Ao substituir essa realidade por constructos sociolinguísticos, enfatiza a subjetividade, o convencionalismo e a incomensurabilidade dessas construções.

Os relatos pós-modernos da *natureza humana* são consistentemente coletivistas, sustentando que a identidade dos indivíduos é construída em grande parte pelos grupos sociolinguísticos nos quais se integram — grupos esses que variam radicalmente em termos de sexo, raça, etnia e riqueza. Os relatos pós-modernos sobre a natureza humana também enfatizam consistentemente as relações de conflito entre esses grupos; e, como eliminam ou enfraquecem o papel da razão, afirmam que esses conflitos são resolvidos principalmente pelo uso da força, seja de forma velada, seja de forma explícita; por sua vez, o uso da força leva a relações de dominação, submissão e opressão. Por fim, os temas pós-modernos na *ética e na política* caracterizam-se por uma identificação e simpatia com os grupos considerados oprimidos nesses conflitos e por uma disposição para entrar na briga por eles.

O termo *"pós-moderno"* situa o movimento histórica e filosoficamente contra o modernismo. Assim sendo, para formular uma definição de pós-modernismo, é preciso primeiro compreender o que ele rejeita e

GUERRA CULTURAL

busca superar. O mundo moderno existe há vários séculos, e já temos uma boa noção do que é o modernismo.

O modernismo e o iluminismo

Na filosofia, os fundamentos do modernismo residem nas figuras formativas de Francis Bacon (1561-1626) e René Descartes (1596-1650) por sua influência na epistemologia e, de forma mais abrangente, em John Locke (1632-1704), por sua influência sobre todos os aspectos da filosofia.

Bacon, Descartes e Locke são modernos devido ao seu naturalismo filosófico, sua profunda confiança na razão e, especialmente no caso de Locke, seu individualismo. Os pensadores modernos partem da natureza, e não de algum elemento sobrenatural, que foi o ponto de partida característico da filosofia medieval, pré-moderna. Os pensadores modernos defendem a tese de que a percepção e a razão são os meios de que o ser humano dispõe para conhecer a natureza, em contraste com a confiança pré-moderna na tradição, na fé e no misticismo. Os pensadores modernos destacam a autonomia e a capacidade do ser humano de formar o próprio caráter, em contraste com a ênfase pré-moderna na dependência e no pecado original. Eles enfatizam o indivíduo e o veem como a unidade da realidade, sustentando que a mente individual é soberana e que o indivíduo é a unidade de valor, em contraste com a subordinação feudal pré-moderna do indivíduo a realidades e autoridades superiores — políticas, sociais ou religiosas.*

---

* O termo "pré-modernismo", no sentido utilizado aqui, exclui as tradições clássicas (grega e romana) e tem como referência o modelo intelectual dominante no período de 400 d.C. até 1300 d.C. O cristianismo do imperador Augusto foi o centro de gravidade intelectual do pré-modernismo. Mais tarde, durante a Idade Média, o tomismo buscou associar o cristianismo à filosofia naturalista de Aristóteles. Em consequência, a filosofia tomista destruiu a síntese pré-moderna e abriu as portas para o Renascimento e a modernidade. Sobre o uso de "modernismo" aqui, ver também White (1991, p. 2-3), que estabelece uma ligação similar entre razão, individualismo, liberalismo, capitalismo e progresso como elemento essencial do projeto moderno.

QUADRO 1: DEFINIÇÃO DE PRÉ-MODERNISMO E MODERNISMO

	Pré-modernismo	Modernismo
Metafísica	Realismo: supranaturalismo	Realismo: naturalismo
Epistemologia	Misticismo e/ou fé	Objetivismo: Experiência e razão
Natureza humana	Pecado original; submissão à vontade de Deus	*Tábula rasa* e autonomia
Ética	Coletivismo: altruísmo	Individualismo
Política e economia	Feudalismo	Capitalismo liberal
Quando e onde	Idade Média	Iluminismo; século XX: ciências, atividades comerciais, áreas técnicas

A filosofia moderna chegou à maturidade no iluminismo. Os *philosophes* ("filósofos") iluministas consideravam-se radicais, e com razão. A cosmovisão medieval pré-moderna e a visão de mundo iluminista moderna eram concepções coerentes, abrangentes — e totalmente opostas — da realidade e do lugar que os seres humanos ocupavam nela. O medievalismo dominara o Ocidente durante mil anos, de aproximadamente 400 d.C. até 1400 d.C. No período de transição que durou séculos, os pensadores do Renascimento, com a ajuda involuntária das principais figuras da Reforma, neutralizaram a cosmovisão medieval e abriram caminho para os revolucionários dos séculos XVII e XVIII. No século XVIII, a filosofia pré-moderna da era medieval foi intelectualmente aniquilada, e os "filósofos" foram rápidos em transformar a sociedade com base na nova filosofia moderna.

Os filósofos modernos discordavam entre si sobre muitos assuntos, mas sua concordância em pontos essenciais superava as divergências. A descrição que Descartes faz da razão, por exemplo, é racionalista, enquanto a de Bacon e Locke é empirista, o que os colocou na liderança de escolas rivais. Mas um aspecto era fundamental para os três: a posição central da razão como faculdade objetiva e competente, em oposição à fé, ao misticismo e ao autoritarismo intelectual dos períodos anteriores. Assim que a razão ocupa um lugar de honra, o projeto iluminista floresce.

Se enfatizamos que a razão é uma faculdade do indivíduo, então o individualismo se torna um tema-chave na ética. As obras *Carta sobre a Tolerância* [*A* Letter concerning Toleration] (1689) e *Dois Tratados sobre o Governo* [*Two* Treatises *of* Government] (1690), de Locke, se tornaram referência na história moderna do individualismo. Ambas ligam a capacidade humana de raciocínio ao individualismo ético e suas consequências sociais: a proibição da força contra o julgamento ou ação independente de outra pessoa, direitos individuais, igualdade política, restrições ao poder do governo e tolerância religiosa.

Se ressaltamos que a razão é a faculdade que nos permite compreender a natureza, então essa epistemologia, quando sistematicamente aplicada, dá origem à ciência. Os pensadores do iluminismo lançaram as bases de todos os ramos mais importantes da ciência. Na matemática, Isaac Newton e Gottfried Leibniz desenvolveram, de forma independente, o cálculo; Newton elaborou sua versão em 1666, e Leibniz publicou a dele em 1675. A publicação mais grandiosa na história da física moderna, *Principia Mathematica*, de Newton, foi lançada em 1687. Um século de investigações e descobertas sem precedentes levou à produção de *Systema naturae* (1735) e *Philosophia Botanica* (1751), ambos de Carolus Linnaeus, que apresentavam, em conjunto, uma abrangente taxonomia biológica, e à produção de *Tratado Elementar de Química* [Traité élémentaire de chimie], de Antoine Lavoisier, em 1789, o texto de referência sobre os fundamentos da química.

O individualismo e a ciência são, portanto, fruto de uma epistemologia da razão. E ambos, aplicados sistematicamente, têm enormes consequências.

O individualismo aplicado à política leva à democracia liberal. O liberalismo é o princípio da liberdade individual, e a democracia, o princípio da descentralização do poder político para os indivíduos. À medida que o individualismo se expandia no mundo moderno, o feudalismo declinava. A Revolução Liberal da Inglaterra, em 1688, deu início a essa tendência. No século XVIII, os princípios políticos modernos se expandiram para os Estados Unidos e a França, levando às revoluções liberais de 1776 e 1789. O enfraquecimento e a derrocada dos regimes feudais possibilitaram, então, aos ideais individualistas atingir na prática todos os seres humanos. O racismo e o sexismo são afrontas óbvias ao individualismo e, portanto, recuaram muito ao longo do século XVIII. Pela primeira vez na história, formaram-se associações para eliminar a escravidão — nos Estados Unidos em 1784, na Inglaterra em 1787, e um ano mais tarde na França; os anos de 1791 e 1792 assistiram à publicação de *Declaração dos Direitos da Mulher e da Cidadã* [Declaration of the Rights of Woman and the Female Citizen], de Olympe de Gouges, e de *Reivindicação dos Direitos das Mulheres* [A Vindication of the Rights of Woman], de Mary Wollstonecraft, marcos na luta pela liberdade e igualdade das mulheres.*

O individualismo aplicado à economia resulta em livre mercado e capitalismo. A economia capitalista é baseada no princípio de que os indivíduos devem ser livres para tomar as próprias decisões sobre produção, consumo e comércio. Com a expansão do individualismo no século XVIII, os argumentos feudais e mercantilistas perderam força. Com o desenvolvimento do livre mercado surgiu uma compreensão teórica do impacto produtivo da divisão do trabalho e da especialização, do impacto retardante do protecionismo e outras regulações restritivas. Capturando e ampliando essas percepções, *A Riqueza das Nações* [The Wealth of Nations], de Adam Smith, publicado em 1776, é um marco fundamental na história da economia moderna. Teoria e prática se desenvolveram em conjunto e, à medida que os mercados se tornavam mais livres e internacionais, a riqueza disponível aumentava dramaticamente. Por exemplo, segundo as estimativas da N. F. R. Crafts, aceitas por historiadores pró e contra o capitalismo, a renda anual média dos britânicos registrou um crescimento sem precedentes: de 333 dólares em 1700, passou para 399 em 1760, 427 em 1800, 498 em 1830, quando deu um grande salto para 804 dólares em 1860.**

---

* Cabe também mencionar "On the Admission of Women to the Rights of Citizenship" (1790), de Condorcet, em que ele argumentava que todos os direitos deveriam ser estendidos aos protestantes, aos judeus e às mulheres e que a escravidão deveria ser abolida.

** Valores em dólares americanos de 1970; Nardinelli, 1993.

A ciência aplicada sistematicamente à produção material impulsiona a engenharia e a tecnologia. A nova cultura do raciocínio, da experimentação e do empreendedorismo, aliada ao livre intercâmbio de ideias e riqueza, permitiu a cientistas e engenheiros, já na metade do século XVIII, adquirir conhecimentos e criar tecnologias em uma escala até então desconhecida. A consequência mais notável disso foi a Revolução Industrial, que começou a tomar impulso na década de 1750 e após 1769 já andava a todo o vapor, com o sucesso do motor de James Watt. A máquina de fiar hidráulica de Thomas Arkwright (1769), a máquina de tear rotativa de James Hargreaves (c. 1769) e a máquina de fiar intermitente de Samuel Crompton (1779) revolucionaram a fiação e a tecelagem. Entre 1760 e 1780, por exemplo, o consumo de algodão cru na Grã-Bretanha cresceu 540%, de 1,2 milhão para 6,5 milhões de libras. Por um tempo, os ricos se mantiveram fiéis aos produtos artesanais, de modo que os primeiros produtos a ser fabricados em grande escala nas novas fábricas eram itens baratos para as massas: sabão, vestuário e roupas de cama de algodão, sapatos, porcelana Wedgwood, panelas de ferro etc.

A ciência aplicada à compreensão dos seres humanos leva à medicina. Os novos métodos de compreensão dos seres humanos como organismos naturais se baseavam em novos estudos, iniciados no Renascimento, sobre a fisiologia e a anatomia humanas. As explicações supranaturalistas (e outras descrições pré-modernas) das enfermidades humanas foram descartadas à medida que, na segunda metade do século XVIII, a medicina moderna foi se firmando em bases científicas. A consequência mais importante dessa mudança foi que, combinada com o crescimento da riqueza, a medicina moderna aumentou drasticamente a longevidade humana. A descoberta da vacina contra a varíola por Edward Jenner, em 1796, por exemplo, forneceu uma proteção contra o maior assassino do século XVIII e, ao mesmo tempo, deu origem à ciência da imunização. Os avanços na obstetrícia tornaram-na um ramo próprio da medicina, o que contribuiu para um declínio significativo das taxas de mortalidade infantil. Em Londres, a taxa de mortalidade de crianças menores de cinco anos caiu de 74,5% no período de 1730 a 1749 para 31,8% entre 1810 e 1829.[13]

A filosofia moderna amadureceu durante o século XVIII, consolidando o conjunto de valores que predominou na Era Moderna: naturalismo, razão e ciência, tábula rasa, individualismo e liberalismo.[14] O iluminismo não só disseminou essas ideias nos círculos intelectuais mas também as aplicou na prática. Como resultado, os indivíduos se tornaram mais livres, prósperos e longevos, podendo usufruir de maior conforto material do que nunca.

DIAGRAMA 1: A VISÃO ILUMINISTA

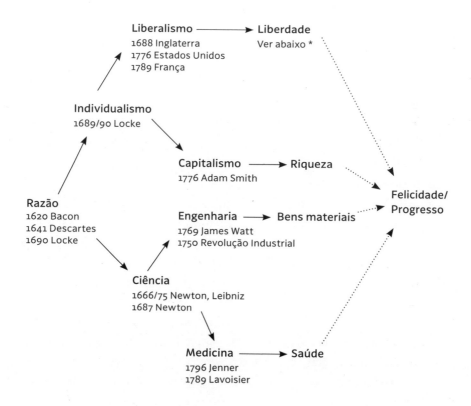

* 1764 — Beccaria, *On Crimes and Punishment*
  Década de 1780 — Últimas bruxas queimadas legalmente na Europa
  1784 — American Society for Abolition of Slavery [Sociedade americana para a abolição da escravidão]
  1787 — British Society for Abolition of Slave Trade [Sociedade britânica para a abolição do tráfico de escravos]
  1788 — French Societé des Amis des Noirs [Sociedade francesa de amigos dos negros]
  1792 — Wollstonecraft, *Reivindicação dos Direitos das Mulheres*

Pós-modernismo versus iluminismo

O pós-modernismo rejeita totalmente as ideias do iluminismo. Ele considera que as premissas modernistas do iluminismo eram insustentáveis desde o início e que suas manifestações culturais perderam totalmente a força. Embora o mundo moderno ainda fale em razão, liberdade e progresso, suas patologias indicam outra coisa. A crítica pós-moderna dessas patologias dá um golpe de misericórdia no modernismo: "Os estratos mais profundos da cultura ocidental foram expostos e se agitam novamente sob nossos pés", argumenta Foucault.[15] Na mesma linha, Rorty afirma que cabe ao pós-modernismo mostrar o que fazer "agora que a Idade da Fé e o Iluminismo parecem irrecuperáveis".[16]

O pós-modernismo rejeita o projeto do iluminismo, atacando seus aspectos filosóficos essenciais. Além disso, rejeita a razão e o individualismo, dos quais depende o universo iluminista. Por fim, ataca todas as consequências da filosofia iluminista, do capitalismo e as formas liberais de governo até a ciência e a tecnologia.

Os fundamentos do pós-modernismo são diametralmente opostos aos do modernismo. Em vez da realidade natural, o antirrealismo. Em vez da experiência e razão, o subjetivismo sociolinguístico. No lugar da identidade e autonomia, o racismo, o sexismo, o classismo e outros "ismos". No lugar da harmonia dos interesses humanos e de interações mutuamente benéficas, o conflito e a opressão. Em vez do individualismo em questões de valores, mercados e política, o comunalismo, a solidariedade e as restrições igualitárias. Em vez das conquistas da ciência e tecnologia, a suspeita e a hostilidade contra elas.

Esse amplo antagonismo filosófico permeia os temas pós-modernos mais específicos nos diversos debates acadêmicos e culturais.

QUADRO 2: DEFINIÇÃO DE PRÉ-MODERNISMO, MODERNISMO E PÓS-MODERNISMO

	Pré-modernismo	Modernismo	Pós-modernismo
Metafísica	Realismo: supranaturalismo	Realismo: naturalismo	Antirrealismo
Epistemologia	Misticismo e fé	Objetivismo: experiência e razão	Subjetivismo social
Natureza humana	Pecado original; submissão à vontade de Deus	Tábula rasa e autonomia	Construção e conflitos sociais
Ética	Coletivismo: altruísmo	Individualismo	Coletivismo: igualitarismo
Política & economia	Feudalismo	Capitalismo liberal	Socialismo
Quando e onde	Medieval	Iluminismo; século xx: ciências, atividades comerciais, áreas técnicas	Fim do século xx: ciências humanas e profissões relacionadas a elas

Temas acadêmicos pós-modernos

A crítica literária pós-moderna rejeita a noção de que os textos literários têm significados e interpretações verdadeiros. Todas essas pretensões de objetividade e verdade podem ser desconstruídas. Em uma versão de desconstrução, representada por aqueles que concordam com a citação de Fish, a crítica literária se torna uma forma de jogo subjetivo em que o leitor despeja associações subjetivas no texto. Em outra, a objetividade é substituída pela visão de que a etnia e o sexo do autor, ou qualquer grupo ao qual pertença, moldam profundamente suas opiniões e seus sentimentos. Portanto, a tarefa do crítico literário é desconstruir o texto a fim de revelar a etnia, o sexo ou os interesses de classe do autor.

Os autores e personagens que menos representam as atitudes corretas estão sujeitos, naturalmente, a uma desconstrução maior. Em *A Letra Escarlate* [The Scarlet Letter], por exemplo, Nathaniel Hawthorne parece no mínimo ambivalente quanto à condição moral de Hester Prynne, e essa ambivalência revela sua aderência a uma instituição religiosa masculina, autoritária, conformista e repressora.[17] Em *Moby Dick*, Herman Melville explora os temas universais da ambição pessoal e social, do homem e da natureza — mas o que o Capitão Ahab realmente representa é o autoritarismo explorador do patriarcalismo imperialista e o impulso insano da tecnologia por conquistar a natureza.[18]

Na área do direito, as versões do pragmatismo jurídico e da teoria crítica do direito personificam essa nova onda. Para a versão pragmatista do pós-modernismo, nenhuma teoria abstrata e universal do direito é confiável. As teorias só valem na medida em que oferecem ferramentas verbais úteis ao advogado ou ao juiz.[19]

Já que os critérios de utilidade são subjetivos e variáveis, o mundo jurídico se transforma num campo de batalha pós-modernista. Como não existem princípios legais de justiça universalmente válidos, os debates se convertem em batalhas retóricas das vontades. Os teóricos da crítica do direito representam a versão de raça, classe e sexo do pós-modernismo jurídico. Segundo eles, as constituições e os precedentes jurídicos são essencialmente indeterminados, e as ditas objetividade e neutralidade do raciocínio jurídico são uma fraude. Todas as decisões são inerentemente subjetivas e motivadas por preferências pessoais e considerações políticas. A lei é uma arma a ser usada na arena social do conflito subjetivo, uma arena movida por vontades antagônicas e pela asserção coercitiva dos interesses de um grupo sobre os de outros grupos.

A lei no Ocidente foi um abrigo para a afirmação dos interesses do homem branco por tempo demais. O único antídoto para esse veneno é a asserção igualmente contundente dos interesses subjetivos dos grupos historicamente oprimidos. Stanley Fish endossa a conduta pragmatista e as posturas dos teóricos da crítica do direito ao argumentar que, se advogados e juízes se reconhecessem mais como "suplementadores" do que como "textualistas", ficariam assim "marginalmente mais livres para infundir, no direito constitucional, suas interpretações correntes acerca dos valores de nossa sociedade".[20]

Na área da educação, o pós-modernismo rejeita a noção de que seu propósito primário seja treinar a capacidade cognitiva da criança para raciocinar, a fim de produzir um adulto capaz de funcionar com independência no mundo. Essa concepção é substituída pela visão de que a educação deve prover uma identidade social a um ser essencialmente indeterminado.[21] O método utilizado para moldar a educação é linguístico e, portanto, a linguagem a ser empregada é aquela capaz de criar um ser humano sensível à sua identidade racial, sexual e de classe. Não obstante, nosso presente contexto social se caracteriza pela opressão que beneficia brancos, homens e ricos, à custa dos demais. Por sua vez, essa opressão leva a um sistema educacional que reflete apenas, ou principalmente, os interesses daqueles que ocupam posições de poder. Para contrapor esse viés, a prática educacional deve ser totalmente reformulada. A educação pós-moderna deve enfatizar livros fora dos cânones; deve concentrar-se nas realizações de não brancos, mulheres e pobres; deve ressaltar os crimes históricos cometidos por brancos, homens e ricos; e deve ensinar aos alunos que o método científico não é melhor que qualquer outro método para alcançar a verdade e, portanto, os alunos devem ser igualmente receptivos a meios alternativos de conhecimento.[22]

Temas culturais pós-modernos

Estes são os temas acadêmicos que permeiam nossos debates culturais mais específicos:

- O cânone ocidental de clássicos literários é uma destilação dos melhores livros do Ocidente, refletindo um debate multifacetado — ou é ideologicamente restrito, exclusivo e intolerante?
- Cristóvão Colombo foi um herói moderno que uniu dois mundos para benefício de ambos — ou foi um mercenário insensível e

arrogante do imperialismo europeu que, lançando mão de exércitos, impôs a religião e os valores europeus, destruindo as culturas nativas?

- Os Estados Unidos da América são uma nação progressista que cultiva a liberdade, a igualdade e a oportunidade para todos — ou uma nação sexista, racista e classista que utiliza, por exemplo, seu grande mercado de pornografia e barreiras à ascensão das mulheres para mantê-las no seu lugar?

- Nossa incerteza quanto aos programas de ação afirmativa reflete um forte desejo de sermos justos com todas as partes — ou esses programas não passam de um osso cinicamente atirado às mulheres e às minorias até que se mostrem subservientes, quando então ocorre uma reação violenta do *status quo*?

- Os conflitos sociais devem ser neutralizados, adotando-se o princípio de que os indivíduos devem ser julgados de acordo com seus méritos individuais, e não com base em características moralmente irrelevantes como raça ou gênero — ou as identidades coletivas devem ser afirmadas e celebradas, e quem resiste a isso deveria passar por um treinamento obrigatório de sensibilidade?

- A vida no Ocidente, especialmente nos Estados Unidos, está melhorando, com o aumento crescente da expectativa de vida e da riqueza a cada geração — ou os Estados Unidos abandonaram a classe baixa das cidades e fomentaram uma cultura consumista superficial de shoppings e o crescimento urbano descontrolado?

- O Ocidente liberal está liderando o resto do mundo para um futuro mais livre e próspero — ou sua ingerência irresponsável na política externa e seu controle dos mercados financeiros internacionais estão exportando seus "McJobs" para as nações não ocidentais, prendendo-as no sistema e destruindo suas culturas nativas?

- A ciência e a tecnologia são benéficas para todos, pois ampliam nosso conhecimento do universo e tornam o mundo mais saudável, limpo e produtivo — ou a ciência revela seu elitismo, sexismo e destrutividade ao considerar a velocidade da luz o fenômeno mais rápido, portanto, privilegiando-a injustamente sobre outras velocidades: ao escolher o símbolo fálico *i* para representar a raiz quadrada de um número negativo; ao afirmar seu desejo de "conquistar" a natureza e "penetrar" seus segredos; e, tendo feito isso, utilizar a tecnologia para consumar o estupro, construindo mísseis maiores e de longo alcance para explodir coisas?

- O liberalismo, os mercados livres, a tecnologia e o cosmopolitismo, de maneira geral, são realizações sociais que podem ser aproveitadas por todas as culturas — ou as culturas não ocidentais, vivendo na simplicidade bucólica da natureza, são superiores? E será que o Ocidente arrogante é incapaz de enxergar esse fato e, sendo elitista e imperialista, impõe seu capitalismo, sua ciência e tecnologia, sem falar de sua ideologia, a outras culturas e a um ecossistema cada vez mais frágil?

Por que pós-modernismo?

O que torna pós-modernos todos esses debates não são as discussões vigorosas e acaloradas — mas sim o fato de que seus termos mudaram.

Os debates modernos giravam em torno da verdade e da realidade, da razão e da experimentação, da liberdade e da igualdade, da justiça e da paz, da beleza e do progresso. No contexto pós-moderno, esses conceitos sempre aparecem entre aspas. Suas vozes mais veementes nos dizem que a "verdade" é um mito; a "razão", um constructo eurocêntrico do homem branco; e a "igualdade", um disfarce da opressão. "Paz" e "Progresso" conflitam com demonstrações cínicas e cansadas de poder — ou com ataques explícitos *ad hominem*.

Os debates pós-modernos têm, portanto, uma natureza paradoxal. Todos falam, por um lado, sobre os temas abstratos do relativismo e do igualitarismo, que assumem formas epistemológicas e éticas. A objetividade é um mito; não existe "verdade", nem "uma forma correta" de interpretar a natureza ou um texto. Todas as interpretações são igualmente válidas. Os valores são produtos sociais subjetivos. Culturalmente, nenhum grupo tem valores que mereçam consideração especial. Todos os modos de vida, do afegão ao zulu, são legítimos.

Coexistindo com esses temas relativistas e igualitários, ouvimos, por outro lado, profundos acordes de cinismo. Os princípios da civilidade e da justiça processual servem simplesmente como disfarces para a hipocrisia e a opressão oriundas das relações de poder assimétricas, que devem ser extirpadas com toscas armas físicas e verbais: argumentos *ad hominem*, táticas de choque agressivas e jogos de poder igualmente cínicos. As divergências são superadas não com argumentos, com o benefício da dúvida ou com a expectativa de que a razão prevaleça, mas com assertivas, animosidade e uma disposição para recorrer à força.

O pós-modernismo, portanto, é um movimento filosófico e cultural abrangente. Identifica seu alvo — o modernismo e sua realização no iluminismo e seu legado — e oferece poderosos argumentos contra todos os seus elementos essenciais.

A existência de qualquer movimento cultural proeminente levanta questões sobre a história intelectual. No caso do pós-modernismo, os avanços independentes em diversas áreas intelectuais — sobretudo em epistemologia e política, mas também na metafísica, nas ciências físicas, na compreensão da natureza e dos valores humanos — confluíram na metade do século XX. Compreender o desenvolvimento dessas vertentes independentes, e como e por que acabaram se relacionando, é essencial para entender o pós-modernismo.

Por exemplo, por que os argumentos céticos e relativistas desfrutam do poder cultural? Por que têm esse poder nas ciências humanas, mas não nas outras ciências? Por que os temas da exaustão, do niilismo e do cinismo conquistaram o domínio cultural? E como esses temas intelectuais coexistem numa cultura cada vez mais ampla e também mais rica, livre e vigorosa do que qualquer outra na história? Por que os principais pensadores pós-modernos são politicamente de esquerda — na maioria dos casos, de extrema esquerda? E por que esse segmento proeminente da esquerda — a mesma esquerda que tradicionalmente defendeu suas posições com os princípios modernistas da razão, da ciência, da justiça para todos e do otimismo — hoje professa os temas da antirrazão, da anticiência, do "vale tudo no amor e na guerra" e do cinismo?

O iluminismo remodelou o mundo, e o pós-modernismo espera fazer o mesmo. Dar forma a essa ambição e desenvolver argumentos capazes de

O QUE É O PÓS-MODERNISMO?

mobilizar um movimento a concretizá-la tem sido a missão de muitos indivíduos por várias gerações. Os pós-modernistas contemporâneos, quando buscam apoio filosófico, citam Rorty, Foucault, Lyotard e Derrida. Essas figuras, por sua vez, quando buscam apoio filosófico, citam Martin Heidegger, Ludwig Wittgenstein, Friedrich Nietzsche e Karl Marx — os críticos mais ferozes do mundo moderno e as vozes mais proféticas sobre os novos rumos. Eles, por sua vez, citam Georg Hegel, Arthur Schopenhauer, Immanuel Kant e, em menor medida, David Hume. Assim, as raízes e o ímpeto inicial do pós-modernismo são profundos. A batalha entre o modernismo e as filosofias que levaram ao pós-modernismo ganhou adeptos no auge do iluminismo. Conhecer a história dessa batalha é essencial para entender o pós-modernismo.

CAPÍTULO 2

O ataque do contrailuminismo à razão

A RAZÃO, O LIBERALISMO E A CIÊNCIA NO ILUMINISMO

O iluminismo desenvolveu as características do mundo moderno que muitos tomam como certas — a política liberal e o livre mercado, o progresso científico e a inovação tecnológica. Todas essas quatro instituições dependem da confiança no poder da razão.

O liberalismo político e econômico baseia-se na confiança de que os indivíduos podem controlar a própria vida. Só se concede poder político e liberdade econômica a eles quando se acredita que são capazes de usá-los sabiamente. Essa confiança nos indivíduos é fundamentalmente a confiança no poder da razão — o meio pelo qual eles podem vir a conhecer o mundo, planejar sua vida e interagir socialmente como pessoas racionais, por meio do comércio, do debate e da força do argumento.

Ciência e tecnologia dependem ainda mais obviamente da confiança no poder da razão. O método científico é uma aplicação mais refinada da razão para compreender a natureza. Confiar cognitivamente nos resultados científicos é um ato de confiança na razão, da mesma forma que confiar a própria vida a seus avanços tecnológicos.

O feito mais notável do iluminismo foi institucionalizar a confiança no poder da razão.

Um sinal disso é que, dos milhares de indivíduos brilhantes e trabalhadores que fizeram o iluminismo acontecer, apenas três homens, todos ingleses, sejam identificados como seus expoentes mais influentes: Francis Bacon, por seu trabalho sobre empirismo e o método científico; Isaac Newton, por suas realizações na física; e John Locke, por seu trabalho sobre razão, empirismo e teoria política do liberalismo. A confiança no poder da razão foi a base de todos esses avanços. Suas análises e argumentações prevaleceram, e eles desenvolveram a base conceitual para os principais avanços intelectuais do século XVIII.

O início do contrailuminismo

No entanto, a confiança do iluminismo na razão, a base de todo o progresso, era filosoficamente incompleta e vulnerável. Essas fraquezas filosóficas ficaram claras na metade do século XVIII, no ceticismo de David Hume quanto ao empirismo e no beco sem saída a que chegou o racionalismo tradicional. A vulnerabilidade detectada na razão iluminista foi um dos principais pontos de convergência para um contrailuminismo emergente.[1]

O período entre 1780 e 1815 é um dos mais decisivos da era moderna. Durante esses 35 anos, as culturas anglo-americana e germânica tomaram caminhos radicalmente diferentes: uma seguiu um programa amplamente iluminista; a outra, contrailuminista.

O iluminismo surgiu na Inglaterra, levando-a do segundo escalão ao topo das potências europeias. O resto da Europa percebeu, em especial os franceses e os alemães. Os franceses foram os primeiros a pegar carona no iluminismo britânico, transformando brilhantemente sua própria cultura intelectual com base nele, antes de os seguidores de Rousseau tirarem a Revolução das mãos dos lockianos e a transformarem no caos do Terror.

Muitos alemães, porém, já desconfiavam do iluminismo muito antes da Revolução Francesa. Alguns intelectuais alemães absorveram suas ideias, mas a maioria estava profundamente preocupada com suas implicações com relação à religião, à moral e à política.

A razão do iluminismo — acusavam seus críticos — enfraquecia a religião tradicional. Os principais pensadores do iluminismo se tornaram deístas, após abandonar a concepção teísta tradicional de Deus. Deus deixara de ser um criador pessoal e compassivo — era agora o matemático supremo que havia projetado o universo milhões de anos atrás conforme as belas equações descobertas por Johannes Kepler e Newton. O Deus dos deístas operava segundo a lógica e a matemática, não conforme sua vontade e capricho; parecia ter feito seu trabalho muito tempo atrás e muito bem, a ponto de não ser mais necessário para operar a máquina do universo. O deísmo transformou Deus em um arquiteto distante e adotou uma epistemologia racional. Essas duas características causaram grandes problemas para o teísmo tradicional.

Um arquiteto distante é muito diferente de um Deus pessoal que zela por nós ou nos vigia diariamente; não é alguém para quem podemos orar, que pode nos confortar ou cuja ira devemos temer. O Deus deísta é uma abstração fria — e não um ser que motiva os fiéis na missa de domingo, dando-lhes um senso de propósito e de conduta moral.

Uma consequência ainda mais importante do deísmo é a perda da fé. À medida que a razão se torna o padrão, a fé enfraquece, e os teístas do século XVIII sabiam disso. Se a razão se desenvolve, a ciência se desenvolve; se a ciência se desenvolve, as respostas religiosas supranaturalistas, aceitas com base na fé, são substituídas por explicações científicas naturalistas, racionalmente mais convincentes. Na metade do século XVIII, todos já haviam percebido essa tendência e sabiam a que ela iria levar.

Pela perspectiva dos primeiros pensadores contrários ao iluminismo, pior ainda era o teor das respostas naturalistas que a ciência dava no século XVIII. Os modelos de maior sucesso na época eram mecanicistas e reducionistas. Aplicados aos seres humanos, eles representavam uma ameaça óbvia ao espírito humano. Que lugar restará para o livre-arbítrio e a paixão, a espontaneidade e a criatividade, se o mundo é governado por mecanismos e lógica, causalidade e necessidade?

E o que dizer da consequência disso sobre os valores? A razão é uma faculdade do indivíduo, e o respeito pela razão e o individualismo se desenvolveram juntos durante o iluminismo. O indivíduo é um fim em si mesmo, pensavam os iluministas, não um escravo ou servo dos outros. Cabe a ele buscar a própria felicidade, e, dispondo das ferramentas da educação, da ciência e da tecnologia, pode se tornar livre para estabelecer os próprios objetivos e traçar os rumos de sua vida. Mas o que acontece — questionavam os pensadores contrailuministas — aos valores tradicionais da comunidade e do sacrifício, do dever e da comunhão, se os indivíduos forem encorajados a calcular racionalmente seus ganhos? Tal individualismo racional não encorajará um egoísmo insensível, mesquinho e ganancioso? Não levará os indivíduos a rejeitar tradições seculares e romper os laços comunitários, criando assim uma não sociedade de átomos isolados, sem raízes e inquietos?

A defesa iluminista da razão e do individualismo confrontava os primeiros pensadores do contrailuminismo com o fantasma de um futuro sem Deus, sem espírito, sem paixão e sem moral.

O horror a esse fantasma prevaleceu entre os intelectuais dos Estados germânicos, onde predominava uma atitude hostil ao iluminismo. Alguns se inspiraram na filosofia social coletivista de Jean-Jacques Rousseau. Outros, no ataque de Hume à razão. Outros ainda quiseram revitalizar as tradições germânicas da fé, do dever e da identidade étnica que haviam sido derrubadas pela ênfase iluminista na razão, na busca da felicidade e no cosmopolitismo. Enquanto o iluminismo ganhava poder e prestígio na Inglaterra e na França, um contrailuminismo emergente arregimentava suas forças nos Estados germânicos.

Nosso interesse neste capítulo e no próximo está no ataque do pós-modernismo à razão. O pós-modernismo surgiu como uma força social entre os intelectuais porque nas ciências humanas o contrailuminismo derrotou o iluminismo. A fraqueza do discurso iluminista em defesa da razão foi seu defeito fatal. O ceticismo, subjetivismo e relativismo extremos do pós-modernismo são fruto de dois séculos de batalha epistemológica. Ela tem início com os intelectuais a favor da razão tentando defender o racionalismo na percepção, nos conceitos e na lógica, para então, gradualmente, cederem terreno e abandonarem o campo à medida que os intelectuais contra a razão tornavam seus argumentos mais sofisticados e propunham alternativas cada vez mais não racionais. O pós-modernismo é o resultado final do ataque do contrailuminismo à razão.

A conclusão cética de Kant

Immanuel Kant é o pensador mais importante do contrailuminismo. Sua filosofia, mais do que a de qualquer outro pensador, sustentava a cosmovisão pré-moderna da fé e do dever contra as incursões do iluminismo; seu ataque à razão iluminista, mais do que a de qualquer outro, abriu a porta para os metafísicos irracionalistas e idealistas do século XIX. As inovações de Kant na filosofia marcaram assim o início de uma rota epistemológica para o pós-modernismo.

Kant, às vezes, é considerado um defensor da razão. Argumenta-se que ele era a favor da ciência. Kant enfatizava a importância da coerência racional na ética. Propôs princípios normativos da razão para guiar nosso raciocínio, incluindo nosso raciocínio sobre a religião. Resistiu às loucuras de Johann Hamann e ao relativismo de Johann Herder. Portanto, conclui a argumentação, Kant deveria ser inserido no panteão dos grandes iluministas.[2] Isso é um erro!

A questão fundamental em torno da razão é sua relação com a realidade. A razão é capaz de conhecer a realidade ou não? Nossa faculdade racional é uma função cognitiva, que obtém seu material da realidade, compreende o significado desse material e utiliza essa compreensão para guiar nossas ações na realidade ou não? Essa é a questão que divide os filósofos em dois grupos: a favor e contra a razão, que separa os gnósticos racionais dos céticos, e que Kant explorou em sua *Crítica da Razão Pura* [Critique of Pure Reason].

Kant foi muito claro em sua resposta. A realidade — real, numênica — está para sempre fechada à razão, e a razão está limitada a perceber e compreender seus próprios produtos subjetivos. A razão não tem "nenhum outro propósito a não ser prescrever sua própria regra formal ao seu uso empírico, e nenhum alcance *além de todos os limites do uso empírico*".[3] Limitada ao conhecimento dos fenômenos que ela própria construiu segundo seu próprio desígnio, a razão não pode conhecer nada que esteja fora dela. Contrário aos "dogmatistas", que por séculos mantiveram a esperança de algum dia conhecer a própria realidade, Kant concluiu que "a solução dogmática é, portanto, não apenas incerta, mas impossível".[4]

Assim, Kant, o grande paladino da razão, afirmava que o aspecto mais importante da razão é o fato de que ela não tem ideia do que seja realidade.

A motivação de Kant era, em parte, religiosa. Ele vira a surra que a religião levara nas mãos dos iluministas, e concordava que não era possível justificar a religião com a razão. Assim, ele percebeu que era necessário decidir quem tinha prioridade, se a razão ou a religião. Kant, taxativamente, escolheu a religião. Isso significava que a razão tinha de ser colocada no lugar subalterno que lhe cabia. E assim, com uma famosa frase, ele sentenciou o Segundo Prefácio da primeira *Crítica*: "Aqui, portanto, se faz necessário negar o *conhecimento* para dar lugar à *fé*".[5] Um dos propósitos da *Crítica*, consequentemente, foi limitar severamente o escopo da razão. Separando-se a realidade numênica da razão, todos os argumentos racionais contra a existência de Deus podiam ser descartados. Se fosse possível mostrar que a razão se limita apenas ao reino fenomênico, então o reino numênico — o reino da religião — estaria fora dos limites da razão, e aqueles que argumentassem contra ela poderiam ser convidados a se calar.[6]

A problemática do empiricismo e do racionalismo em Kant

Além de suas preocupações religiosas, Kant tratava dos problemas que empiristas e racionalistas tinham encontrado ao tentar desenvolver concepções satisfatórias da razão.

Apesar de suas diferenças, os empiristas e racionalistas concordavam com a concepção de razão do iluminismo: que a razão humana é uma faculdade do indivíduo, que é competente para conhecer a realidade objetivamente, e que é capaz de funcionar de forma autônoma conforme princípios universais. Essa concepção de razão sustentava a confiança desses pensadores na ciência, na dignidade humana e na perfectibilidade das instituições humanas.

Dos cinco atributos da razão — objetividade, competência, autonomia, universalidade e sua natureza de faculdade individual —, Kant concluiu que a triste experiência da filosofia recente demonstrava que o mais fundamental deles, a objetividade, deveria ser abandonado. Os fracassos do empirismo e do racionalismo tinham mostrado que a objetividade é impossível.

Para que a razão seja objetiva, ela precisa ter contato com a realidade. O candidato mais óbvio para esse contato direto é a percepção sensorial. Nas explicações realistas, são os sentidos que proporcionam o contato mais direto com a realidade, fornecendo o material que a razão então organiza e integra em conceitos — conceitos que, por sua vez, integram-se em proposições e teorias.

Contudo, se os sentidos proporcionam apenas representações internas dos objetos, então, ergue-se uma barreira entre a realidade e a razão. Se o que se apresenta à razão é uma representação sensorial interna da realidade, ela não tem percepção direta da realidade; a realidade, portanto, não pode ser percebida através da percepção sensorial.

Dois argumentos haviam levado à conclusão de que temos apenas ciência de representações sensoriais internas. O primeiro se baseava no fato de que a percepção sensorial é um processo causal. Por ser um processo causal, diz o argumento, parece que a razão de um indivíduo se torna consciente de um estado interno resultante do processo causal, e não do objeto externo que iniciou o processo. Infelizmente, os sentidos ficam no caminho de nossa consciência da realidade. O segundo argumento se baseava no fato de que as características da percepção sensorial variam de indivíduo para indivíduo, e ao longo do tempo para qualquer indivíduo. Uma pessoa vê um objeto como vermelho, enquanto outra o vê cinza. Uma laranja tem um sabor doce, mas não depois de provarmos uma colher de açúcar. Então, qual é a cor real do objeto ou o sabor real da laranja? Parece que nenhuma das duas pode ser considerada uma característica real. Na verdade, toda percepção sensorial não passa de um efeito subjetivo, e a razão só pode perceber o efeito subjetivo, não o objeto externo.

O que esses dois argumentos têm em comum é reconhecer o fato incontroverso de que os órgãos dos sentidos têm uma identidade, que funcionam de forma específica, e que nossa experiência da realidade é uma função da identidade desses órgãos sensoriais. Além disso, eles compartilham a premissa crucial e controversa de que, por terem uma identidade própria, os órgãos dos sentidos viram obstáculos à consciência direta da realidade. Essa premissa foi fundamental para a análise de Kant.

Os empiristas inferiram dessa análise da percepção sensorial a conclusão de que, embora possamos confiar nas percepções sensoriais, precisamos ter cautela, pois delas não se podem extrair conclusões definitivas. Os racionalistas concluíram que a experiência sensorial não é uma fonte confiável de verdades significativas, e que deveríamos buscar sua fonte em outro lugar.

Isso nos leva aos conceitos abstratos. Os empiristas, ressaltando a experiência como fonte de todas as nossas crenças, defendiam a ideia de que os conceitos também devem ser contingentes. Como se baseiam na percepção sensorial, os conceitos estão dois estágios afastados da realidade e são, portanto, menos precisos. E como agrupamentos baseados em nossas escolhas, os conceitos são artifícios humanos, de modo que eles e as proposições advindas deles não estão relacionados a nenhuma necessidade ou universalidade.

Os racionalistas concordam que conceitos necessários e universais não podem ser derivados da experiência sensorial, mas insistem que temos conhecimento necessário e universal, concluindo que nossos conceitos devem ter origem em outro lugar que não a experiência sensorial. A implicação problemática disso era que, se os conceitos não se originavam na experiência sensorial, ficava difícil entender como poderiam ter alguma aplicação no reino dos sentidos.

Essas duas análises dos conceitos compartilham uma escolha difícil: se pensamos que os conceitos nos informam algo universal e necessário, então temos de considerar que eles não têm nenhuma relação com o mundo da experiência sensorial; se pensamos que eles têm algo a ver com o mundo da experiência sensorial, temos de abandonar a ideia de conhecer qualquer verdade necessária ou universal que seja real. Em outras palavras, a experiência e a necessidade nada têm a ver uma com a outra. Essa premissa também foi fundamental para a análise de Kant.

Os racionalistas e os empiristas desferiram um duro golpe contra a confiança iluminista na razão. A razão trabalha com conceitos, mas agora era preciso escolher entre: (i) aceitar que os conceitos da razão têm pouca relação com o mundo da experiência sensorial — e nesse caso a concepção que a ciência tinha de si mesma como fonte de verdades universais e necessárias sobre o mundo da experiência sensorial estaria em apuros — ou (ii) aceitar que os conceitos da razão não passam de agrupamentos provisórios e contingentes de experiências sensoriais — e, nesse caso, a concepção que a ciência tinha de si mesma como fonte de verdades universais e necessárias sobre o mundo da experiência sensorial estaria em apuros.

Assim, na época de Kant, a razão do iluminismo vacilava em dois aspectos. Dada sua análise da percepção sensorial, a razão parecia bloqueada do acesso direto à realidade. E levando em conta sua análise dos conceitos, parecia até irrelevante para a realidade ou limitada a verdades meramente contingentes.

A importância de Kant para a história da filosofia foi ele ter absorvido as lições dos racionalistas e empiristas e, concordando com os pressupostos centrais de ambos os lados, transformado radicalmente os termos da relação entre razão e realidade.

O argumento essencial de Kant

Kant começou identificando uma premissa comum a empiristas e racionalistas. Eles partiam do pressuposto de que o conhecimento deve ser objetivo. Ou seja, davam por certo que o objeto do conhecimento estabelece os termos e que, portanto, cabia ao sujeito identificar o objeto nos termos do objeto. Em outras palavras, empiristas e racionalistas eram realistas: acreditavam que a realidade é o que é, independente da consciência, e que o propósito da cognição é chegar à consciência da realidade como ela é. Nos termos de Kant, pressupunham que o sujeito devia conformar-se ao objeto.[7] Kant então observou que o pressuposto realista/objetivista tinha fracassado repetidamente e — o que é mais notável — que *devia* necessariamente levar ao fracasso.

Para demonstrar isso, Kant propôs um dilema para todas as análises do conhecimento. A primeira premissa do dilema é dada no início da dedução transcendental. Aqui, Kant afirma que o conhecimento sobre os objetos só pode ocorrer de uma entre duas formas.

Há dois casos apenas em que é possível que a representação sintética (ou seja, aquilo que o indivíduo experimenta) e os seus objetos estabeleçam conexão, se relacionem necessariamente e se encontrem mutuamente. Quando só o objeto possibilita a representação ou quando só esta possibilita o objeto.[8]

Os termos do dilema são cruciais, especialmente para a primeira opção. Se dizemos que "só o objeto possibilita a representação", sugerimos que o sujeito não tem nenhuma relação com o processo. A implicação é que o sujeito não pode ter uma identidade própria, que a mente não deve ser nada em especial, que a consciência deve ser um meio puramente "diáfano" em que, ou através do qual, a realidade se inscreve.[9] Em outras palavras, Kant — como muitos pensadores antes dele — partia do princípio de que a objetividade pressupõe a metafísica do sujeito sem identidade, característica do realismo ingênuo.

Mas é evidente que essa metafísica da mente não oferece nenhuma esperança. Essa foi a premissa seguinte de Kant. Há algo no sujeito conhecedor: seus processos são causais e definidos, e formam a percepção do sujeito. Nas palavras de Kant, quando experimentamos algo, "estamos sempre rodeados de *condições*", que tornam a experiência uma "síntese finita".[10]

É por isso que o realismo ingênuo foi um projeto impossível. O sujeito conhecedor não é uma folha em branco, sem identidade, logo, o objeto em si não pode gerar o conhecimento. Devido à sua identidade finita, o sujeito conhecedor participa da produção de suas experiências, e, partindo dessas experiências limitadas e condicionadas, não consegue identificar o que é real.

Chegamos, assim, à segunda opção, que Kant propôs como verdadeira — ou seja, que a representação torna possível o objeto. E foi essa, em parte, a motivação para a revolução "copernicana" de Kant na filosofia, anunciada no Segundo Prefácio.[11] Dado que o sujeito conhecedor tem uma identidade, é preciso abandonar a suposição tradicional de que o sujeito se conforma ao objeto. Consequentemente, o oposto deve ser verdadeiro: o objeto deve conformar-se ao sujeito, e somente a partir desse pressuposto — ou seja, só se abandonarmos a objetividade pela subjetividade — podemos compreender o conhecimento empírico.

A segunda parte da motivação de Kant era tentar dar sentido aos conceitos e proposições necessários e universais. Nem os racionalistas nem os empiristas encontraram uma maneira de derivá-los da experiência. Kant mais uma vez os criticou por suas proposições de realismo e objetivismo, pois inviabilizavam o projeto. "No primeiro caso (isto é, quando o próprio objeto possibilita a representação), essa relação é apenas empírica, e a representação nunca é possível *a priori*."[12] Ou, usando a linguagem que Kant aprendera com Hume, a experiência passiva nunca revelará o que *deve* ser, pois tal experiência "nos ensina que uma coisa é isso ou aquilo, mas não que ela não pode ser de outra forma".[13]

Então, novamente devemos inferir que o inverso é verdadeiro: a necessidade e a universalidade devem ser funções do sujeito conhecedor, e não itens impressos nos sujeitos pelos objetos. Se presumirmos que nossa identidade como sujeitos conhecedores participa da construção de nossas experiências, então podemos supor que nossa identidade vai gerar certas características necessárias e universais dessas experiências.[14] Na primeira *Crítica*, explica-se o projeto central de Kant de identificar catorze dessas funções construtivas do sujeito: espaço e tempo como duas formas de sensibilidade, e as doze categorias. Como resultado da operação dessas funções construtivas, podemos encontrar características universais e necessárias dentro do nosso mundo experiencial, pois nós as colocamos ali.

Agora, os ganhos e as perdas. O primeiro ganho é que as características necessárias e universais são intrínsecas agora ao mundo fenomênico da experiência, e assim temos um mundo agradável e ordenado que a ciência pode explorar. A ciência é resgatada do ceticismo indesejado a que empiristas e racionalistas tinham chegado, e sua aspiração de descobrir verdades necessárias e universais se torna possível.

Mas há também uma perda kantiana. Os objetos que a ciência explora existem "apenas em nosso cérebro",[15] de modo que nunca conheceremos o mundo fora dele. Dado que as características necessárias e universais do mundo fenomênico são uma função de nossas atividades subjetivas, qualquer característica necessária e universal que a ciência venha a descobrir no mundo fenomênico tem aplicação somente nesse mundo. A ciência deve trabalhar com a experiência e a razão, e em termos kantianos isso significa que ela não tem acesso à realidade em si.

Tudo o que se intui no espaço ou no tempo e, por conseguinte, todos os objetos de experiência possíveis a nós são apenas fenômenos, isto é, meras representações que, tal como são representadas, enquanto seres expandidos ou séries de alterações, não têm existência independente fora dos nossos pensamentos.[16]

Quanto àquilo que tem existência independente fora dos nossos pensamentos, ninguém sabe nem pode saber.

Da perspectiva de Kant, essa é uma troca que ele estava feliz de fazer, porque quando a ciência perde, a religião ganha. O argumento de Kant, se bem-sucedido, significa que "todas as objeções à moralidade e à religião serão silenciadas no estilo socrático, isto é, pela clara demonstração da ignorância dos opositores".[17] A razão e a ciência ficam limitadas a lidar com os fenômenos, deixando o reino numênico intacto e intocável. Essa negação do conhecimento abriu espaço para a fé. Porque quem pode dizer o que é ou não é lá fora, no mundo real?

Os pressupostos centrais de Kant

As conclusões extremamente céticas de Kant dependem de pressupostos filosóficos que ainda hoje inspiram debates entre pós-modernistas e seus adversários. Para a maioria dos pós-modernistas, esses pressupostos são sólidos, e muitas vezes seus adversários são incapazes de contestá-los. No entanto, para evitar conclusões pós-modernistas, eles serão abordados. Então, vale a pena destacá-los para referência futura.

O primeiro pressuposto é que o fato de o sujeito conhecedor ter uma identidade é um obstáculo à cognição. Esse pressuposto está implícito em muitas formulações verbais: os críticos da objetividade insistirão que a mente não é um meio diáfano, nem um espelho polido em que a realidade se reflete, nem uma lousa passiva na qual a realidade escreve. A suposição emerge quando esses fatos são usados para desqualificar o sujeito da percepção da realidade. Supõe-se então que, para uma cognição da realidade, a mente *teria* de ser um meio diáfano, um espelho polido, uma lousa passiva.[18] Em outras palavras, a mente não poderia ter uma identidade própria; não poderia ser nada em si mesma; e a cognição não deveria envolver nenhum processo causal. A identidade da mente e de seus processos causais é considerada, portanto, inimiga da cognição.

O pressuposto diáfano está implícito nos argumentos da relatividade e causalidade da percepção que faziam parte da problemática contextual da filosofia de Kant.

No argumento da relatividade dos sentidos, o pressuposto diáfano se desenrola da seguinte maneira. Notamos que uma pessoa diz que um objeto é vermelho, enquanto outra diz que é cinza. Isso nos deixa intrigados, porque chama atenção para o fato de que os órgãos dos sentidos diferem na forma como respondem à realidade. Contudo, isso é um enigma epistemológico apenas se presumirmos que os órgãos dos sentidos não deveriam ter nenhuma relação com nossa cognição da realidade — que, de alguma forma, a cognição deve ocorrer mediante a simples impressão da realidade sobre nossas mentes transparentes. Ou seja, será um problema apenas se supusermos que os sentidos devem operar de maneira diáfana.

No argumento da causalidade da percepção, o pressuposto diáfano está envolvido se ficamos intrigados pelo fato de que a consciência requer que o cérebro esteja em determinado estado, e que entre esse estado cerebral e o objeto, na realidade, exista um processo causal envolvendo os órgãos dos sentidos. Isso nos intriga apenas se assumirmos previamente que o conhecimento deve ser um fenômeno sem mediação, que o cérebro estar no estado apropriado é algo que simplesmente acontece. Isto é, o processo causal da percepção só é um enigma se presumimos que os sentidos não têm identidade própria, sendo apenas um meio diáfano.*

---

* O pressuposto diáfano é, às vezes, mas não necessariamente, auxiliado por um dualismo corpo/mente que oscila em duas direções. Por um lado, o dualismo nos leva a conceber a mente como uma substância imaterial e pura que, magicamente, confronta a realidade física e passa a conhecê-la. Por outro, esse dualismo defende uma mente incorpórea, distinta dos órgãos sensoriais físicos e do cérebro, levando-nos imediatamente a conceber os sentidos físicos e o cérebro como obstáculos ao contato da mente com a realidade.

Nos argumentos baseados na relatividade e na causalidade da percepção, a identidade dos órgãos sensoriais torna-se inimiga da cognição da realidade.

Kant generalizou esse aspecto a todos os órgãos da consciência. A mente do sujeito não é diáfana. Ela tem identidade: tem estruturas que limitam aquilo que o sujeito pode conhecer, e são estruturas ativas de modo causal. A partir disso, Kant inferiu que o sujeito está impedido de conhecer a realidade. Não importa como definamos a identidade de nossa mente — para Kant, as formas de sensibilidade e as categorias —, esses processos causais nos bloqueiam. No modelo kantiano, nossas estruturas mentais não existem para *registrar* ou *responder* a estruturas na realidade, mas para *impor-se* a uma realidade maleável.

A questão a ser respondida é: não é perverso transformar os órgãos da consciência em obstáculos à consciência?[19]

O segundo pressuposto essencial do argumento de Kant é que a abstração, a universalidade e a necessidade não têm base legítima em nossas experiências. Esse pressuposto é anterior a Kant — remonta ao tradicional problema dos universais e ao problema da indução. A exemplo de Hume, Kant declarou-os insolúveis desde a perspectiva realista/objetivista, institucionalizando essa declaração na história subsequente da filosofia. No caso dos conceitos abstratos e universais, o argumento dizia que era impossível explicar empiricamente sua abstração e universalidade: dado que o que se obtém empiricamente é concreto e particular, a abstração e a universalidade precisam ser adicionadas subjetivamente. O argumento paralelo, no caso das proposições gerais e necessárias, dizia que era impossível explicar empiricamente sua generalidade e necessidade: visto que o que se obtém empiricamente é particular e contingente, a generalidade e a necessidade precisam ser adicionadas subjetivamente.

Institucionalizar essa premissa é crucial para o pós-modernismo, pois o que foi adicionado subjetivamente pode ser retirado subjetivamente. Os pós-modernistas, favorecendo a contingência e a particularidade por uma série de razões, aceitam a premissa de Hume e Kant de que nem a abstração nem a generalidade podem ser legitimamente derivadas do empírico.

Por que Kant representa a ruptura?

Kant representou a ruptura decisiva com o iluminismo e o primeiro passo importante em direção ao pós-modernismo. Contrário à definição iluminista da razão, Kant defendia a ideia de que a mente não é um mecanismo de resposta, mas um mecanismo constitutivo. Afirmava que a mente — e não a realidade — estabelece os termos para o conhecimento. E dizia também que é a realidade que se conforma à razão, e não o contrário. Na história da filosofia, Kant representa uma mudança fundamental — do padrão de objetividade para o padrão da subjetividade.

Um defensor de Kant poderia dizer que ele não se opunha à razão. Afinal, ele defendia a coerência racional e acreditava em princípios universais. Logo, por que acusá-lo injustamente? A resposta é que a conexão com a realidade é mais fundamental para a razão do que a coerência e a universalidade. Qualquer pensador que conclua que, em princípio, a razão não pode conhecer a realidade não é fundamentalmente um defensor da razão. O fato de Kant ser favorável à coerência e à universalidade é de importância secundária, para não dizer irrelevante. Sem conexão com a realidade, a coerência não passa de um jogo de regras subjetivas. Se as regras do jogo não têm relação com a realidade, então por que todos deveriam jogar pelas mesmas regras? Mais tarde, os pós-modernistas se aproveitaram dessas conclusões.

Kant diferia, portanto, dos apologistas céticos e religiosos que o antecederam. Muitos céticos haviam negado que podíamos conhecer qualquer coisa, e muitos apologistas religiosos tinham subordinado a razão à fé. Mas os primeiros céticos nunca foram tão radicais em suas conclusões. Eles identificavam certas operações cognitivas e as questionavam. Talvez uma determinada experiência seja uma ilusão perceptiva, minando nossa confiança em nossas faculdades de percepção; talvez seja um sonho, minando nossa confiança em distinguir verdade de fantasia; ou quem sabe a indução seja apenas probabilística, minando nossa confiança nas generalizações que fazemos. A conclusão desses argumentos céticos, porém, se resumia a isso: não podemos ter certeza de que estamos certos do que é a realidade. Pode ser que estejamos, mas não podemos garanti-lo, concluíram os céticos. E Kant não parou por aí: argumentou que, em princípio, *qualquer* conclusão atingida por *qualquer* de nossas faculdades não será sobre a realidade. *Nenhuma* forma de cognição, por ter de operar em certo âmbito, pode nos colocar em contato com a realidade. Por princípio, pelo fato de nossas faculdades mentais terem estruturas específicas, não podemos descrever a realidade. Podemos apenas descrever como nossas mentes estruturam a realidade subjetiva que percebemos. Essa tese estava implícita nas obras de pensadores como Aristóteles, mas Kant a tornou explícita e chegou a essa conclusão de forma sistemática.

Kant também é um marco em outro sentido. Apesar de suas conclusões negativas, os primeiros céticos ainda associavam a verdade com a realidade. Kant deu um passo adiante e redefiniu a verdade em bases subjetivas. Dadas as suas premissas, isso faz total sentido. A verdade é um conceito epistemológico. Mas se a mente, em princípio, está dissociada da realidade, não faz sentido dizer que a verdade é uma relação externa entre mente e realidade. A verdade deve ser somente uma relação interna de coerência.

Com Kant, portanto, a realidade externa é praticamente descartada, e ficamos inescapavelmente presos na subjetividade — é por isso que Kant é um marco. Como a razão, em tese, está separada da realidade, adentramos um universo filosófico totalmente distinto.

Essa forma de interpretar Kant é crucial e controversa. Uma analogia pode ser útil aqui. Suponha que um pensador argumentasse o seguinte: "Sou defensor da liberdade das mulheres. Ter opções e poder de escolha é crucial para nossa dignidade humana. E defendo sinceramente a dignidade das mulheres. No entanto, devemos entender que o âmbito da escolha da mulher está confinado à cozinha. Além da porta da cozinha, ela não deve tentar escolher. Dentro da cozinha, todavia, pode escolher à vontade — se vai cozinhar ou limpar, preparar arroz ou batata, decorar a cozinha de azul ou amarelo. Ela é soberana e autônoma. E a marca de uma boa mulher é a cozinha limpa e bem organizada". Ninguém diria que tal pensador é um defensor da liberdade feminina. Qualquer um mostraria que existe um mundo inteiro fora da cozinha e que a liberdade consiste, essencialmente, em escolher para definir e criar nosso lugar no mundo. O ponto dessa analogia é mostrar que Kant proíbe qualquer conhecimento que esteja fora de nosso cérebro. Ele atribui à razão muitas tarefas dentro do crânio e defende uma mente limpa e bem organizada, mas isso dificilmente faz dele um defensor da razão. Qualquer defensor da razão diria que existe um mundo inteiro fora de nosso crânio, e que cabe à razão conhecê-lo.

Moisés Mendelssohn, contemporâneo de Kant, foi profético ao identificá-lo como o "destruidor de tudo".[20] Kant não deu todos os passos para chegar ao pós-modernismo, mas deu o primeiro passo. Das cinco características mais importantes da razão iluminista — objetividade, competência, autonomia, universalidade e sua natureza individual —, Kant rejeita a objetividade. Como a razão é tão separada da realidade, o resto são detalhes — detalhes que foram trabalhados ao longo dos dois séculos seguintes. Quando chegamos ao pós-modernismo, a razão já é vista não apenas como subjetiva, mas também como incompetente, extremamente contingente, relativa e coletiva. De Kant até os pós-modernistas, testemunhamos o abandono progressivo das demais características da razão.

Depois de Kant: realidade ou razão, mas não ambas

O legado de Kant para a geração seguinte é a separação consciente entre sujeito e objeto, razão e realidade. Sua filosofia, portanto, é precursora das fortes posturas antirrealista e antirrazão do pós-modernismo.

Depois de Kant, a história da filosofia se confunde com a história da filosofia alemã. Kant faleceu no início do século XIX, quando a Alemanha começava a substituir a França como a principal nação intelectual do mundo, e foi a filosofia alemã que definiu o programa do século XIX.

Entender a filosofia alemã é crucial para compreender as origens do pós-modernismo. Os pós-modernistas da parte continental da Europa, como Foucault e Derrida, citarão Heidegger, Nietzsche e Hegel como suas principais influências — todos eles pensadores alemães. Os pós-modernistas norte-americanos, como Rorty, surgiram originalmente do colapso da tradição do positivismo lógico, mas também citarão Heidegger e o pragmatismo entre suas principais influências. Quando buscamos as raízes do positivismo lógico, encontramos os filósofos alemães da cultura, como Wittgenstein e os membros do Círculo de Viena. E ao analisarmos o pragmatismo, descobrimos que se trata de uma versão americanizada do kantismo e do hegelianismo. Portanto, o pós-modernismo é a suplantação do iluminismo, com suas raízes na filosofia britânica do século XVII, pelo contrailuminismo, com suas raízes na filosofia alemã do século XVIII.

Kant ocupa um papel central nesse processo. À época de seu falecimento, sua filosofia tinha conquistado o mundo intelectual alemão:[21] a filosofia alemã tornou-se a história das conclusões de Kant, e das reações a ele.

Surgiram três vertentes da filosofia pós-kantiana. "O que faremos", questionavam seus membros, "sobre o abismo entre sujeito e objeto que, segundo Kant, não pode ser transposto pela razão?"

1. Os seguidores mais próximos de Kant decidiram aceitar esse abismo. A filosofia neokantiana evoluiu durante o século XIX e, no século XX, dividiu-se em duas vertentes principais. Uma delas foi o estruturalismo, no qual se destaca Ferdinand de Saussure, o principal representante da ala racionalista do kantismo. A outra foi a fenomenologia, em que se destaca Edmund Husserl, o principal representante da ala empirista do kantismo.

   O estruturalismo era uma versão linguística da filosofia kantiana, que sustentava que a linguagem é um sistema autônomo, não referencial, e que a tarefa da filosofia era investigar as características estruturais necessárias e universais da linguagem, consideradas subjacentes e anteriores às características empíricas e contingentes da linguagem. O enfoque da fenomenologia estava no exame criterioso do fluxo contingente do empírico e evitava quaisquer inferências ou suposições existenciais sobre a experiência do indivíduo, buscando simplesmente descrever a experiência da maneira mais neutra e clara possível. Na verdade, os estruturalistas investigavam as categorias numênicas subjetivas, enquanto os fenomenologistas se contentavam em descrever os fenômenos sem questionar que conexão essas experiências poderiam ter com uma realidade externa.

Contudo, o estruturalismo e a fenomenologia ganharam importância no século XX, por isso voltarei minha atenção às duas vertentes da filosofia alemã que predominaram no século XIX. Para ambas, a filosofia de Kant estabeleceu um problema a ser resolvido — a sua solução, no entanto, deveria ocorrer dentro dos limites das premissas mais fundamentais de Kant.

2. A vertente metafísica especulativa, representada por Hegel, estava insatisfeita com a separação consciente entre sujeito e objeto. Ela aceitava a afirmação de Kant de que a separação não pode ser vencida *epistemologicamente* pela razão, propondo vencê-la *metafisicamente*, identificando o sujeito com o objeto.
3. A vertente irracionalista, representada por Kierkegaard, também estava insatisfeita com a separação consciente entre sujeito e objeto. Ela aceitava a afirmação de Kant de que a separação não pode ser vencida epistemologicamente pela *razão*, e propunha vencê-la epistemologicamente por meios *irracionais*.

Assim, a filosofia kantiana preparou o terreno para o reinado da metafísica especulativa e do irracionalismo epistemológico no século XIX.

As soluções metafísicas para Kant: de Hegel a Nietzsche

A filosofia de Georg W. F. Hegel é outro ataque fundamental do contrailuminismo à razão e ao individualismo. É uma versão parcialmente secularizada da tradicional cosmovisão judaico-cristã. Enquanto as preocupações de Kant estavam centradas na epistemologia, as de Hegel focavam na metafísica. Para preservar a fé, Kant foi levado a negar a razão, enquanto Hegel, para preservar o espírito da metafísica judaico-cristã, superou Kant em sua oposição à razão e ao individualismo.

Hegel concordava com Kant em que o realismo e o objetivismo eram becos sem saída. Kant os transcendeu ao priorizar o sujeito, mas, da perspectiva de Hegel, ele fora muito tímido ao fazê-lo. Kant tornou o sujeito

O ATAQUE DO CONTRAILUMINISMO À RAZÃO

responsável apenas pelo mundo fenomênico da experiência, proibindo nosso acesso à realidade numênica. Isso era inaceitável para Hegel — afinal, o propósito central da filosofia é alcançar a união com a realidade, fugir do meramente sensório e finito e, por fim, conhecer o suprassensório e infinito, e integrar-se a ele.

No entanto, Hegel não tinha a intenção de tentar resolver o quebra-cabeça epistemológico da percepção, da formação de conceitos e da indução que ocuparam a agenda de Kant a fim de nos mostrar como podemos conhecer o numênico. Em vez disso, seguindo o exemplo de Johann Fichte, Hegel lançou mão da estratégia de reafirmar a identidade do sujeito e do objeto, fechando assim, metafisicamente, a lacuna entre eles.

Em Kant, o sujeito é responsável pela forma da cognição; mas Kant ainda era realista o bastante para postular uma realidade numênica, cujo conteúdo nossa mente molda e estrutura. Em Hegel, o elemento realista sai totalmente de cena: o sujeito gera o conteúdo e a forma. O sujeito não responde a uma realidade externa; ao contrário, a realidade inteira é uma criação do sujeito.

"Segundo minha concepção", escreveu Hegel no início de *Fenomenologia do Espírito*, "que só pode ser justificada pela apresentação do próprio sistema, tudo decorre de entender e exprimir o verdadeiro, não como *substância*, mas também como *sujeito*."[22] O sujeito que Hegel tinha em mente não é o sujeito empírico e individual da filosofia tradicional. O sujeito criativo, que também é substância, é o universo em sua totalidade (ou Deus, ou Espírito, ou Absoluto), do qual nós, sujeitos individuais, somos meras partes. Os realistas viam o universo como um todo, como um objeto ou conjunto de objetos dentro dos quais existem alguns sujeitos. Hegel inverteu isso: o universo como um todo é um sujeito, e dentro do sujeito existem os objetos. Essa proposição ousada resolveu muitos problemas. Há nela mais necessidade e universalidade do que Kant jamais nos ofereceu.

Hume dizia que não podemos derivar verdades necessárias e universais da realidade. Concordando com a conclusão de Hume, Kant sugerira que a necessidade e a universalidade são supridas por nós a partir de nós mesmos. Isso serviu para fundamentar a necessidade e a universalidade, mas a um custo: visto que as suprimos subjetivamente, não temos certeza de que se aplicam à realidade. Hegel compartilhava com Kant a ideia de que nossa mente supre a necessidade e a universalidade, mas dizia que "toda" a realidade é um produto da mente, da Mente que contém todas as nossas pequenas mentes. Como a realidade provém de nós, podemos conhecê-la em toda a sua gloriosa necessidade.

Podemos obter também um universo que não nos desumanize. Hegel argumentava que o modelo realista e o objetivista, que separam o sujeito do objeto, conduziam inevitavelmente a explicações mecanicistas e reducionistas do eu. Ao tomarem como modelo os objetos cotidianos da realidade empírica e explicarem tudo com base neles, necessariamente reduziam o sujeito a um dispositivo mecânico. Mas se, em vez disso, começamos com o sujeito e não com o objeto, temos um modelo de realidade significativamente diferente. O sujeito que conhecemos desde o interior é consciente e orgânico. Se o sujeito é um microcosmo da totalidade, então, aplicando suas características à totalidade, temos um modelo consciente e orgânico do mundo muito mais receptivo aos valores tradicionais do que as tendências materialistas e reducionistas do iluminismo.

Hegel podia se declarar um defensor da razão mais ferrenho que Kant. A razão, ensinava Kant, é fundamentalmente uma função criativa que só pode conhecer as próprias criações fenomênicas. Mas, após afirmar que a razão cria toda a realidade, Hegel nos oferece uma conclusão bastante otimista, e aparentemente iluminista, de que a razão pode conhecer *toda* a realidade.

Dialética e religião da salvação

Estamos agora, no entanto, falando de uma Razão muito diferente da razão iluminista. A razão de Hegel é fundamentalmente uma função criativa, e não cognitiva. Não chega a conhecer uma realidade preexistente; ela traz a realidade à existência.

De forma mais notável, a razão hegeliana opera por meios dialéticos e contraditórios, e não de acordo com o princípio aristotélico da não contradição.

A dialética de Hegel é motivada, em parte, pelo fato de que a atmosfera do início do século XIX estava impregnada de ideias revolucionárias.

Opondo-se à crença de Kant de que as categorias subjetivas da razão são necessariamente imutáveis e universais, Hegel argumentava que as próprias categorias estão sujeitas a mudanças. Mas a dialética de Hegel constitui um tipo especial de evolução, concebida não como resposta às descobertas no campo da biologia, mas para se enquadrar na cosmologia judaico-cristã.

A cosmologia judaico-cristã sempre esteve infestada de declarações metafísicas que contrariavam a razão. O culto à razão durante o iluminismo levava, consequentemente, a um declínio significativo da fé religiosa entre os intelectuais. A razão aristotélica não pode admitir um deus que cria algo do nada; que é, ao mesmo tempo, três e um; que é perfeito, mas cria um mundo onde existe o mal. Assim, a ideia central da teologia do iluminismo era modificar a religião, eliminando suas teses contraditórias, a fim de torná-la compatível com a razão. A estratégia de Hegel foi aceitar as contradições da cosmologia judaico-cristã e modificar a razão para torná-la compatível com elas.

Aqui, Hegel dá um passo além de Kant, distanciando-se mais do iluminismo. Para Hegel, Kant se aproximou da verdade quando desenvolveu as antinomias da razão em sua primeira *Crítica*. Seu propósito ali era mostrar que a razão é incapaz de descobrir verdades numênicas sobre a realidade. Para isso, ele desenvolve quatro pares de argumentos paralelos sobre quatro temas metafísicos, mostrando que, em cada caso, a razão leva a conclusões contraditórias. Pode-se provar que o universo teve um início no tempo, mas pode-se provar, de forma igualmente consistente, que ele é eterno; é possível provar que o mundo é composto de partes mais simples e, também, que não é; que temos livre-arbítrio, e que o determinismo estrito é verdadeiro; que Deus existe e que Ele não existe.[23] Kant concluiu que essas contradições da razão demonstram que ela é incapaz de conhecer a realidade e se limita, portanto, a estruturar e manipular suas criações subjetivas.

Hegel pensava que Kant havia deixado passar um ponto importante. As antinomias não são um problema para a razão, mas sim a chave para desvendar todo o universo. As antinomias da razão são um problema apenas se considerarmos que as contradições lógicas são um problema. Esse foi o erro de Kant — ele ainda estava preso à velha lógica aristotélica da não contradição. As antinomias kantianas não afirmam que a razão é limitada, mas que precisamos de um tipo novo e superior de razão, que acolha contradições e veja toda a realidade como algo que evolui de forças contraditórias.

Essa concepção de evolução contraditória é compatível com a cosmologia judaico-cristã, que começa com uma criação *ex nihilo*[24]; postula um ser perfeito que gera o mal; acredita em um ser justo que concede aos humanos a capacidade de discernir, mas que os pune por usá-la; inclui relatos de virgens dando à luz e outros milagres; diz que o infinito se torna finito, o imaterial se torna material, o essencialmente unitário se torna plural etc. Dada a primazia dessa metafísica, a razão deve ceder — deve adaptar-se, por exemplo, às demandas dessa metafísica da criação:

> Ainda não é nada e tem que se tornar algo. O começo não é puro nada, mas um nada do qual algo tem de surgir; então também o ser já está contido no princípio. O princípio contém, portanto, ambos: o ser e o nada; é a unidade do ser e do nada; isto é, é um não ser que, ao mesmo tempo, é ser; e o ser, que ao mesmo tempo, é não ser.[25]

Embora essa descrição da criação seja incoerente da perspectiva da razão aristotélica, um drama da evolução apresentado de forma tão poética e sublime é, em contradição, perfeitamente racional. Se admitimos que a razão contém dentro de si a contradição, o desafio consiste em buscar a contradição implícita dentro de qualquer coisa e trazê-la à tona para gerar uma tensão explícita entre os elementos contraditórios, levando-nos, assim, a uma resolução que ultrapassa a contradição, atingindo outro estágio evolucionário que, ao mesmo tempo, preserva a contradição original. Seja lá o que isso queira dizer.[26]

Portanto, Hegel rejeitava totalmente a lei da não contradição de Aristóteles: tudo depende da "identidade da identidade e da não identidade", escreveu Hegel em *A Ciência da Lógica*.[27]

A razão dialética de Hegel também difere da razão iluminista porque implica um forte relativismo, que se opõe à universalidade iluminista. Embora Hegel fale muito sobre a perspectiva derradeira e universal do Absoluto, nada dura para sempre: a dialética injeta contradições na realidade, não só em determinado momento, mas ao longo do tempo. Se tudo evolui graças ao choque de contradições, então o que é metafísica e epistemologicamente verdadeiro em certa época será contraposto pelo que é verdadeiro em outra, e assim por diante.

Por fim, a razão de Hegel difere da razão iluminista não apenas por ser criadora da realidade e adotar a contradição, mas também por ser uma função fundamentalmente coletiva, em vez de individual. Novamente, Hegel foi além de Kant na rejeição ao iluminismo. Enquanto Kant preservou alguns elementos de autonomia individual, Hegel rejeitou todos eles.

Assim como a cosmologia judaico-cristã vê tudo como o plano de Deus em andamento para o mundo — dentro, ao redor e através de nós —, para Hegel, a mente e o indivíduo como um todo são uma função das forças mais profundas do universo operando sobre ele e por intermédio dele.

Os indivíduos são construídos pelas culturas em que vivem, culturas que evoluem de forma independente em função de forças cósmicas ainda mais profundas. O indivíduo é um aspecto emergente diminuto da totalidade maior, o Sujeito coletivo trabalhando a si mesmo, e a criação da realidade ocorre nesse nível, com pouca ou nenhuma consideração pelo indivíduo. O indivíduo simplesmente pega carona. Falando em *Filosofia da História* sobre a operação da razão coletiva, Hegel afirmou: "A razão universal realiza a si mesma, nada temos a ver, de fato, com o indivíduo empiricamente considerado"; "Esse *Bem*, essa *Razão*, em sua forma mais concreta, é Deus. Deus governa o mundo; o trabalho real de Seu governo — a execução de Seu plano — é a história do mundo".[28]

A contribuição de Hegel ao pós-modernismo

Hegel garantiu seu lugar na história ao institucionalizar quatro teses na metafísica do século XIX:

1. A realidade é uma criação totalmente subjetiva.
2. As contradições são intrínsecas à razão e à realidade.
3. Como a realidade evolui de maneira contraditória, a verdade é relativa ao tempo e ao lugar.
4. O coletivo, não o indivíduo, é a unidade operacional.

A influência de Hegel sobre os metafísicos que o sucederam foi e ainda é profunda. Entre eles, surgiram debates acirrados sobre teses secundárias. No final das contas, o conflito de contradições era progressivo, como afirmava Hegel — ou ele estava fechando os olhos para o caos totalmente irracional que, segundo Schopenhauer, era a realidade? O substrato ontológico dos conflitos e contradições era ideal, como afirmava Hegel — ou era material, como sustentava Marx? O processo era totalmente coletivizante, como afirmava Hegel — ou havia elementos individualistas dentro da estrutura coletivizante, como sustentava Nietzsche?

Apesar das variações, os temas metafísicos do conflito e da contradição, da verdade relativa, da razão limitada e construída e do coletivismo predominavam. E a despeito das divergências com Hegel, os pós-modernistas adotaram todas as suas quatro teses.

As soluções epistemológicas para Kant: o irracionalismo de Kierkegaard e Nietzsche

Os kantianos e os hegelianos representam o grupo pró-razão na filosofia alemã do século XIX.

Enquanto os hegelianos perseguiam soluções metafísicas para o abismo intransponível entre sujeito e objeto postulado por Kant, tornando a razão uma estranha para os iluministas, eles tiveram que enfrentar a concorrência da ala explicitamente irracionalista da filosofia alemã. Essa linha de desenvolvimento incluía figuras importantes como Friedrich Schleiermacher, Arthur Schopenhauer, Friedrich Nietzsche, além da contribuição solitária da Dinamarca para a história da filosofia moderna, Søren Kierkegaard.

Os irracionalistas não eram unânimes sobre a verdade da religião — Schleiermacher e Kierkegaard eram teístas; Schopenhauer e Nietzsche, ateístas—, mas todos compartilhavam o mesmo desprezo pela razão. Todos a consideravam uma faculdade artificial e restritiva, que devia ser abandonada na busca corajosa de conhecer a realidade. Talvez Kant nos tivesse negado o acesso à realidade, mas ele mostrou *apenas* que a *razão* não poderia nos levar até ela. Restavam, no entanto, outras opções: fé, sentimento e instinto.

O ATAQUE DO CONTRAILUMINISMO À RAZÃO

Schleiermacher (1768-1834) cresceu em uma cena intelectual dominada por Kant, e seguiu a deixa de Kant, tratando como a religião poderia responder à ameaça do iluminismo. Mais ativo intelectualmente a partir de 1799, com a publicação de *Sobre a Religião* [On Religion: Speeches to its Cultural Despisers], Schleiermacher fez mais do que ninguém para reviver o pietismo e o protestantismo ortodoxo ao longo da geração seguinte. A influência de Schleiermacher foi tão grande que, como o teólogo Richard Niebuhr afirma, ele "pode ser justamente considerado o Kant do protestantismo moderno".[29]

Vivendo na Alemanha da década de 1790, Schleiermacher foi amplamente kantiano em sua abordagem, e defendia firmemente a tese kantiana de que a razão não tinha acesso à realidade. Como Kant, ele se sentia profundamente ofendido pelo ataque da razão, da ciência e do naturalismo à fé verdadeira. Influenciado por Hamann, Schleiermacher sustentava que o sentimento, especialmente o sentimento religioso, é um modo de cognição que nos dá acesso à realidade numênica. Só que esse sentimento, argumentava, deveria estar mais focado no interior do que no exterior. Não podemos apreender o númeno diretamente, mas podemos nos inspecionar fenomenologicamente, ter contato com nossos sentimentos mais profundos e, dessa forma, chegar à percepção indireta do princípio divino.[30] Como afirmava Hamann, quando confrontamos diretamente o sentimento religioso, nossa natureza essencial é revelada.

Quando descobrimos nossa natureza essencial, o sentimento que somos obrigados a aceitar é o da dependência absoluta. Nas palavras de Schleiermacher: "A essência da religião é *o sentimento de dependência absoluta*. Repudiei o pensamento racional em favor de uma teologia do sentimento".[31] Devemos nos empenhar na realização pessoal explorando e acolhendo esse sentimento de dependência absoluta. Isso exige atacar a razão, pois ela nos dá um sentimento de independência e confiança. Limitar a razão, portanto, é a essência da religiosidade — ela nos permite mergulhar fundo no sentimento de dependência e nos orienta em direção ao ser do qual somos absolutamente dependentes. Esse ser, obviamente, é Deus.[32]

Na geração seguinte, Kierkegaard ("o discípulo mais brilhante e profundo de Hamann"[33]) deu um viés ativista à irracionalidade. Educado na Alemanha, Kierkegaard, como Kant, estava profundamente preocupado com os ataques que a religião tinha sofrido durante o iluminismo. Então, ficou motivado — talvez mais do que Kierkegaard jamais poderia estar — ao ler em Kant que a razão não pode alcançar o númeno.

Os pensadores iluministas diziam que os indivíduos se relacionam com a realidade como conhecedores. Com base no conhecimento adquirido, agem para melhorar a si próprios e ao mundo. "Conhecimento é poder", escreveu Bacon. Mas, a partir de Kant, sabemos que é impossível conhecer a realidade. Logo, embora ainda devamos agir no mundo real, não temos e nem podemos ter o conhecimento necessário no qual basear nossas escolhas. E, como o destino de todos nós está em jogo em nossas escolhas, não devemos escolher sem paixão. Devemos escolher com paixão, mesmo sabendo que escolhemos em ignorância.

Para Kierkegaard, o ensinamento central de Kant era que não devemos tentar nos relacionar com a realidade cognitivamente; para dar sentido à nossa vida, precisamos agir, nos comprometer, saltar para aquilo que não podemos conhecer, mas que sentimos ser essencial. Nossa necessidade religiosa, segundo Kierkegaard, exige um salto de fé irracional. Deve ser um salto porque, desde o iluminismo, fica claro que a existência de Deus não pode ser justificada racionalmente, e deve ser irracional, porque o Deus de Kierkegaard é absurdo.

Mas esse salto no absurdo põe o indivíduo em crise: contraria tudo que é sensato, racional e moral. Então, como lidar com essa crise de, ao mesmo tempo, querer e não querer saltar no absurdo? Em *Temor e Tremor* [Fear and Trembling], encontramos o elogio de Kierkegaard a Abraão, herói das escrituras hebraicas que, desafiando toda a razão e a moral, se mostrou disposto a silenciar sua mente e matar seu filho Isaac. Por quê? Porque Deus ordenou que o fizesse. Como pode um Deus bondoso exigir tal coisa de um homem? Deus se revela incompreensivelmente cruel. E o que dizer da promessa divina de que as futuras gerações de Israel nasceriam de Isaac? Deus se revela mentiroso. E quanto ao fato de estar matando um inocente? Deus se revela imoral. O que dizer da dor imensa que a perda do filho causaria a Abraão e Sara? Deus se revela sádico. Abraão se rebela? Não! Ele ao menos questiona? Não. Silencia sua mente e obedece. *Isso*, dizia Kierkegaard, é a essência de nossa relação cognitiva com a realidade. Como Abraão, cada um de nós deve aprender "a abdicar de sua compreensão e raciocínio, mantendo a alma fixada no absurdo".

O ATAQUE DO CONTRAILUMINISMO À RAZÃO

Como Abraão, não sabemos nem podemos saber. O que devemos fazer é saltar cegamente no desconhecido. Kierkegaard reverenciava Abraão como um "cavaleiro da fé", por sua disposição a "crucificar a razão" e saltar no absurdo.[34]

Schopenhauer, também da geração que sucedeu a Kant e contemporâneo de Hegel, discordava violentamente das covardes tentativas de se retornar à religião após a rejeição da razão iluminista. Enquanto Hegel povoara o reino numênico de Kant com o Espírito Dialético, e Schleiermacher e Kierkegaard sentiam ou ansiavam desesperadamente que existisse um Deus, os sentimentos de Schopenhauer tinham lhe revelado que a realidade é Vontade — uma vontade irracional e conflituosa, que luta cegamente na direção do nada.* Não surpreende, então, que a razão não tivesse nem chance de compreendê-la: as categorias rígidas da razão e seus esquemas organizacionais perfeitos são totalmente inadequados a uma realidade que é o oposto disso. Só os semelhantes podem conhecer os semelhantes. Apenas por meio de nossa vontade, de nossos sentimentos apaixonados — especialmente os evocados em nós pela música — podemos compreender a essência da realidade.

No entanto, a maioria de nós é covarde demais para tentar, pois a realidade é cruel e aterrorizante. É por isso que nos agarramos tão desesperadamente à razão: ela permite que organizemos as coisas, que nos sintamos seguros e protegidos, escapemos do horrível turbilhão que, em nossos momentos de honestidade, sentimos que é a realidade. Só os mais valentes têm coragem de atravessar as ilusões da razão até a irracionalidade da realidade. Poucos indivíduos com sensibilidade especial estão dispostos a rasgar o véu da razão e intuir pela paixão o fluir vertiginoso.

É claro que, tendo intuído o cruel horror do fluir vertiginoso, Schopenhauer desejava a autoaniquilação.[35] Essa era a fraqueza que seu discípulo, Nietzsche, exortou-nos a superar.

Nietzsche começou concordando com a epistemologia de Kant: "Quando Kant diz 'a razão não deriva suas leis da natureza, mas prescreve-as à

---

* A realidade, escreveu Schopenhauer, é um "mundo de criaturas constantemente necessitadas que subsistem por algum tempo devorando umas às outras, que passam a existência em ansiedade e carência, muitas vezes suportando aflições terríveis, até finalmente caírem nos braços da morte" (1819/1966, p. 349).

natureza', isso é totalmente verdadeiro no que tange ao conceito de natureza". Todos os problemas da filosofia, desde o decadente Sócrates[36] até aquela "tarântula catastrófica" que é Kant,[37] são causados pela ênfase na razão. A ascensão dos filósofos significou a queda do homem, pois, quando a razão assumiu o comando, os homens

> perderam seus velhos guias, seus impulsos reguladores, inconscientes e infalíveis: foram reduzidos a pensar, inferir, calcular, encontrar causa e efeito, criaturas infelizes; reduziram-se à sua "consciência", seu órgão mais fraco e falível![38]

E: "Que patético, sombrio e efêmero, que despropositado e caprichoso é o intelecto humano". Sendo meramente um fenômeno superficial e dependente de impulsos instintivos subjacentes, o intelecto certamente não é autônomo nem controla coisa alguma.[39]

Portanto, o que Nietzsche pretendia ao exortar apaixonadamente que o homem fosse fiel a si mesmo era libertar-se das categorias artificiais e restritivas da razão. A razão é um instrumento dos fracos, que têm medo de se desnudar diante de uma realidade cruel e conflituosa, e que, portanto, constroem estruturas intelectuais fantasiosas para se esconder. O que precisamos despertar em nós, de forma mais rápida, "é o funcionamento perfeito dos instintos *inconscientes* reguladores".[40] Quem aceitar o desafio — o homem do futuro — não será seduzido por jogos de palavras, mas enfrentará o conflito. Ele se conectará com seus impulsos mais profundos, sua vontade de potência, e canalizará todas as suas energias instintivas em uma nova e vital direção.*

---

* Em *Além do Bem e do Mal* (252), Nietzsche compartilha sua visão de que a batalha mais profunda é contra o iluminismo, enraizado na filosofia inglesa, e o contrailuminismo, enraizado na filosofia alemã: "Os ingleses não são uma raça de filósofos: Bacon representa um *ataque* ao espírito filosófico; Hobbes, Hume e Locke, a degradação do valor do conceito de 'filosofia' por mais de um século. Foi *contra* Hume que Kant lutou. Schelling, compreensivelmente, disse 'Eu desprezo Locke'; em sua luta contra a estupidificação do mundo pelo mecanicismo inglês, Hegel e Schopenhauer compartilhavam a mesma opinião (juntamente com Goethe) — esses dois gênios irmãos e rivais na filosofia, competindo em lados opostos do espírito alemão que, no caminho, julgaram mal um ao outro, como é comum entre irmãos". Ver também *Aurora*: "Toda a grande vocação dos alemães opõe-se ao iluminismo" (Seção 197).

Resumo dos temas irracionalistas

Em contraste a Schleiermacher, Kierkegaard, Schopenhauer e Nietzsche, portanto, Kant e Hegel parecem defender a razão. Ainda assim, os pressupostos kantianos e hegelianos inauguraram os movimentos irracionalistas do século XIX.

O legado dos irracionalistas para o século XX incluía quatro temas principais:

1. A concordância com Kant de que a razão é impotente para conhecer a realidade.
2. A concordância com Hegel de que a realidade é profundamente conflituosa e/ou absurda.
3. A conclusão de que a razão é, portanto, vencida por afirmações baseadas no sentimento, no instinto ou em saltos de fé.
4. E que o não racional e o irracional produzem verdades profundas sobre a realidade.

A morte de Nietzsche, em 1900, leva-nos ao século XX. A filosofia alemã do século XIX originou duas linhas principais de pensamento — a metafísica especulativa e o irracionalismo epistemológico. Fazia-se necessário um caminho que unisse essas duas vertentes do pensamento em uma nova síntese para o próximo século. O filósofo responsável por isso foi Martin Heidegger.

CAPÍTULO 3

O colapso da razão no século XX

A SÍNTESE DE HEIDEGGER DA TRADIÇÃO CONTINENTAL

Martin Heidegger adotou a filosofia hegeliana, dando-lhe um toque fenomenológico pessoal.

Ele é notório pela obscuridade de sua prosa e por suas ações e omissões em prol dos nacional-socialistas durante a década de 1930. É também, inquestionavelmente, o principal filósofo do século XX para os pós-modernistas. Derrida e Foucault se identificam como seus discípulos.[1] Rorty cita Heidegger, ao lado de Dewey e Wittgentstein,[2] como as três principais influências de seu pensamento.

Heidegger absorveu e modificou a tradição da filosofia alemã. Como Kant, ele acreditava que a razão era um fenômeno superficial, e adotou a visão kantiana de que as palavras e os conceitos são obstáculos que nos impedem de conhecer a realidade, ou o Ser. Contudo, como Hegel, Heidegger acreditava que podemos nos aproximar mais do Ser do que Kant permitia, mesmo sem adotar a pretensa e abstrata terceira pessoa que Hegel chamava de Razão. Deixando de lado a razão e a Razão, Heidegger concordava com Kierkegaard e Schopenhauer que, explorando seus sentimentos — especialmente os mais obscuros e angustiantes do temor e da culpa —, poderia aproximar-se do Ser. E, como todos os bons filósofos alemães, concordava que, ao alcançarmos a essência do Ser, concluiremos que o conflito e a contradição estão no cerne das coisas.

O COLAPSO DA RAZÃO NO SÉCULO XX

Então, o que há de novo em Heidegger? Ele usa a fenomenologia para nos levar até lá.

A fenomenologia se torna filosoficamente importante tão logo aceitamos a conclusão kantiana de que não podemos supor, por princípio, como os realistas e os cientistas, que conhecemos a realidade externa e independente composta dos objetos que estamos tentando compreender. Mas, do ponto de vista fenomenológico, devemos perceber que Kant deu apenas um passo tímido nessa direção. Embora estivesse disposto a abrir mão do objeto numênico, Kant agarrava-se na crença em um eu numênico subjacente, de natureza específica e acessível à investigação. No entanto, um eu numênico subjacente ao fluxo dos fenômenos é uma noção tão problemática quanto o conceito de objetos numênicos subjacentes ao fluxo. Consciente disso, Heidegger, seguindo sugestões ocasionais feitas por Nietzsche (e que este não quisera elaborar), quis iniciar evitando o pressuposto da existência do objeto e do sujeito.

Temos, assim, um ponto de partida fenomenológico, isto é, uma descrição simples e clara dos fenômenos da experiência e da mudança.

Na concepção de Heidegger, o que encontramos ao começar dessa maneira é um sentido de projeção no campo da experiência e da mudança. Não pense em *objetos*, aconselhava Heidegger, pense em *campos*. Não pense em *sujeito*, pense em *experiência*. Começamos de forma lenta e local, com o ser do Dasein projetado na realidade.

"Dasein" é o conceito substituto de Heidegger para "eu", "sujeito" ou "ser humano", que, segundo ele, portavam conteúdos indesejados de outras filosofias. Heidegger explicou sua escolha de "Dasein" ao defini-lo como segue: *"Dasein* significa ser *projetado* no Nada".[3] Ignorando o "Nada" por agora, Dasein é o ser projetado — não aquilo que é projetado ou faz a projeção. A ênfase está na atividade, evitando assim suposições de que existem duas coisas, um sujeito e um objeto, que estabelecem uma relação entre si. Existe apenas a ação, a ação de estar lá, de ser impelido.

O *ser projetado* revela e abriga uma sucessão temporal de campos semiestáveis ou "seres" — que chamaríamos de "objetos", se já não tivéssemos abandonado nosso realismo ingênuo.

No entanto, o longo processo de descrição dos fenômenos dos seres, notou Heidegger, levava-o, inexoravelmente, a uma questão que assombra a filosofia: o que é o Ser de vários seres? Os seres diferem e mudam, vêm e vão, e mesmo com essa mutabilidade e diferença ainda manifestam uma unidade, um traço comum: todos eles *são*. O que é esse Ser que é comum a todos os seres? O que faz com que os seres *sejam*? Ou, enfatizando a Questão principal de Heidegger: por que o Ser existe, afinal? Por que não o Nada em vez dele?[4]

Essa não é uma questão trivial. Conforme observou Heidegger, uma questão como essa deixa a razão em apuros — o mesmo problema que Kant destacara em suas antinomias: a razão *sempre* esbarra em contradições quando tenta explorar questões metafísicas profundas. Uma questão como "por que existe o Ser e não o Nada?" é repugnante à razão. Para Heidegger, isso significa que, se fôssemos explorar a questão, então a razão — "o adversário mais obstinado do pensamento"[5] — é um obstáculo que devia ser eliminado.

Abandonando a razão e a lógica

A Questão repugna a razão, como escreveu Heidegger em *Introdução à Metafísica* [An Introduction to Metaphysics], porque sempre chegamos ao absurdo lógico ao tentar responder-lhe.[6] Se dizemos, por um lado, que não existe resposta para a pergunta "por que o Ser existe?" — pois o Ser apenas é, por nenhuma razão —, então o Ser se torna absurdo: algo sem explicação é um absurdo para a razão. Mas se, por outro lado, dizemos que o Ser tem uma razão, então, que razão seria essa? Teríamos de dizer que a razão, qualquer que seja ela, está fora do Ser. Mas fora do Ser é o nada — ou seja, teríamos que tentar explicar o Ser a partir do nada, o que também é absurdo. Portanto, é impossível responder à Questão sem mergulhar no absurdo.

Nesse ponto, a lógica deseja proibir a Questão. Ela argumenta que o absurdo mostra que a pergunta está mal formulada e, por isso, deve ser descartada. A lógica propõe, em vez disso, tornar a existência da realidade um axioma e, partindo dele, descobrir as identidades dos vários existentes.[7]

Por outro lado, retornando à perspectiva heideggeriana, as questões suscitadas pela Questão despertam sentimentos muito profundos no

Dasein. Que Nada é esse de onde teria surgido o Ser? O Ser poderia não ter sido? O Ser poderia regressar ao Nada? Essas indagações provocam assombro e, ao mesmo tempo, dão ao Dasein uma sensação de desconforto e ansiedade. Aqui, o Dasein encara um conflito: a lógica e a razão dizem que a questão é contraditória e, portanto, deveria ser descartada, mas os sentimentos do Dasein motivam-no a explorar a questão de maneira emocional, não verbal. Desse modo, o que o Dasein escolhe: contradição e sentimento ou lógica e razão?

Felizmente, como aprendemos com Hegel, Schopenhauer, Kierkegaard e Nietzsche, essa contradição e conflito é outro sinal de que a lógica e a razão são impotentes. Hoje, como todos nós sabemos, é *esperado* encontrar conflito e contradição no cerne das coisas — a contradição é sinal de que estamos diante de algo importante.[8] Logo, a simples lógica, conclui Heidegger — "uma invenção dos professores, não dos filósofos"[9] —, não pode nem deve se intrometer na exploração do mistério supremo que é o Ser. Devemos rejeitar totalmente a suposição "de que, nessa investigação, a 'lógica' é o tribunal supremo, a razão é o meio, e o raciocínio, o caminho, para uma compreensão original do Nada e sua possível revelação". Mais uma vez:

> Se essa [contradição] derruba a soberania da razão no campo da investigação sobre o Nada e o Ser, então o destino da lei da "lógica" também está decidido. A própria ideia de "lógica" desintegra-se no vórtice de um questionamento mais original.[10]

E para o caso de ainda restarem dúvidas: "O discurso autêntico acerca do Nada é sempre extraordinário. Não pode ser vulgarizado. Ele se dissolve se colocado no ácido barato da inteligência puramente lógica".[11] O sentimento profundo sobre o Nada sempre derrota a lógica.

O caráter revelador das emoções

Após ter submetido a razão e a lógica à *Destruktion* [desconstrução], descartando-as como uma forma de raciocínio superficial — que os gregos fatidicamente deixaram como herança para todo o pensamento ocidental posterior[12] —, é preciso encontrar outra rota para o Ser e o Nada. Podemos tentar explorar a linguagem sem os pressupostos da razão e da lógica, mas até mesmo os elementos da linguagem, as palavras, evoluíram com o tempo, pervertidos de tal forma com camadas de significado a ponto de ocultar de nós o Ser. Sua força original e seu contato com a realidade se perderam. Podemos tentar despir a linguagem dessas camadas para revelarmos as palavras primitivas que tinham a força original e genuína de conexão com o Ser, mas isso exigirá um esforço especial.

Para Heidegger, o esforço especial requerido é emocional: deixar-se levar pelas emoções reveladoras do tédio, do medo, da culpa e da angústia a fim de explorá-las.

O tédio é um bom estado de espírito para começar. Quando estamos entediados — muito, muito entediados mesmo —, deixamos de lado as coisas corriqueiras e triviais que ocupam grande parte de nosso tempo. Quando estamos entediados, "deslizando nos abismos da existência como névoa silenciosa",[13] todos os seres se tornam para nós indiferentes, indiferenciados uns dos outros. Tudo se funde ou se dissolve na indiferença.

Assim, progredimos: "Esse tédio revela o ente em sua totalidade".[14] O tédio real afasta nossa atenção e preocupação com os seres particulares, difundindo nossa percepção na sensação de pertencermos ao Ser total a nós revelado.

Mas essa revelação também acarreta ansiedade e temor, pois o processo de dissolução de um ser particular em um estado de indiferenciação é a dissolução da própria percepção desse ser como ente individual. Há o sentimento de dissolver-se em um Ser indiferenciado — mas, ao mesmo tempo, tem-se o sentimento da própria identidade deslizando para um estado de ser nada em particular, isto é, de se tornar nada. Isso é perturbador.

Ficamos "suspensos" (*wir schweben*) na angústia. Ou, de forma mais precisa, a angústia nos mantém suspensos porque nos afasta do ente em sua totalidade. Assim também nós, que existimos no centro do ente, afastamo-nos de nós mesmos junto com ele. Por essa razão, não é "você" ou "eu" que tem o sentimento de estranheza, mas o "uno".[15]

Para Heidegger, essa sensação de angústia que surge da sensação de dissolução de todos os seres e de si mesmo era um estado metafisicamente potente, em que se obtém uma visão da morte, a sensação de ser aniquilado e penetrar no nada — portanto, uma sensação de chegar ao centro metafísico do Ser.

Desse modo, não devemos ceder de modo algum a essa angústia avassaladora, nem fugir dela de volta à segurança de nosso cotidiano insignificante. Devemos acolher a angústia e nos render a ela, já que a "angústia que os corajosos sentem"[16] é o estado emocional que os prepara para a suprema revelação: a verdade da metafísica judaico-cristã e hegeliana.

Na angústia, percebemos que o Ser e o Nada são idênticos. Isso é o que faltava em toda a filosofia baseada no modelo grego, e o que as filosofias não baseadas nele se esforçavam em encontrar.

"O Nada", escreveu Heidegger, "não apenas constitui o oposto conceitual do ente como é também uma parte original da essência".[17] Heidegger creditava a Hegel o resgate desse insight perdido pela tradição ocidental: "'O puro Ser e o puro Nada são, portanto, uma única coisa'. Essa proposição de Hegel (*Ciência da Lógica* [The Science of Logic], I, WW III, p. 74) está correta". Hegel, é claro, chegara a ela ao tentar ressuscitar o relato judaico-cristão da criação, em que Deus criou o mundo do nada. Heidegger reforça essa afirmação judaico-cristã: "Todo ser, enquanto ser, é feito de nada".[18]

Então, depois de abandonar a razão e a lógica, depois de experimentar o tédio autêntico e a angústia aterradora, desvendamos o mistério dos mistérios: o Nada. No final, tudo é nada e nada é tudo.

Com Heidegger, atingimos o niilismo metafísico.

Heidegger e o pós-modernismo

A filosofia de Heidegger representa a integração das duas principais correntes da filosofia alemã: a metafísica especulativa e a epistemologia irracionalista. Depois de Kant, a tradição continental abandonou a razão de forma rápida e definitiva, priorizando a especulação pura e simples, o conflito das vontades e a inquietação emocional. Na síntese de Heidegger dessa tradição, vemos claramente muitos dos ingredientes do pós-modernismo. Heidegger ofereceu a seus seguidores as seguintes conclusões, aceitas de bom grado pela corrente dominante do pós-modernismo, com leves modificações:

1. O conflito e a contradição são as verdades mais profundas da realidade.
2. A razão é subjetiva e impotente para chegar às verdades da realidade.
3. Os elementos da razão — as palavras e os conceitos — são obstáculos que devem ser eliminados, submetidos à *Destruktion* ou desmascarados.
4. A contradição lógica não é sinal de fracasso, nem indício de algo particularmente relevante.
5. Os sentimentos, especialmente os estados mórbidos da ansiedade e da angústia, são um guia mais profundo que a razão.
6. Toda tradição ocidental da filosofia — seja ela platônica, aristotélica, lockiana ou cartesiana — que se baseia na lei da não contradição e na distinção sujeito/objeto é o inimigo a ser derrotado.

Mas não pretendemos introduzir aqui o forte coletivismo político e social de Heidegger, que também é um legado das principais correntes da filosofia alemã. Nem explicitar, como fez Heidegger, suas sólidas opiniões contrárias à ciência e à tecnologia.[19] Nem discutir seu anti-humanismo,[20] que frequentemente nos convoca a obedecer ao Ser, a sentir culpa perante o Ser, a prestar tributo ao Ser e até mesmo a "sacrificar o homem pela verdade do Ser"[21] — o que significa, se nos for permitido ser lógicos, sacrificarmo-nos ao Nada. (Esses elementos da filosofia de Heidegger serão

O COLAPSO DA RAZÃO NO SÉCULO XX

aprofundados no capítulo 4, na discussão do contexto político do pós-modernismo.)

O que os pós-modernistas farão na geração seguinte é abandonar os resquícios de metafísica presentes na filosofia de Heidegger, assim como seus sinais ocasionais de misticismo. Ele ainda se dedicava à metafísica, falando da existência de uma verdade sobre o mundo que devemos buscar ou permitir que nos encontre. Pelo contrário, os pós-modernistas são antirrealistas e defendem a ideia de que é inútil falar de verdades sobre o mundo ou de uma linguagem que possa capturá-las. Como antirrealistas, rejeitarão a formulação do item 1 como uma asserção metafísica e, em vez disso, reformularão sua asserção de que o reino do conflito e da contradição meramente descreve o fluxo dos fenômenos empíricos; e, embora aceitem o item 3, abandonam a esperança vazia de Heidegger de que os conceitos primitivos que nos conectam à realidade sejam revelados ao final do desmascaramento.

Os pós-modernistas optarão por um meio-termo entre Heidegger e Nietzsche. Um elemento epistemológico comum a Heidegger e Nietzsche é a rejeição desdenhosa da razão. No âmbito metafísico, porém, os pós-modernistas descartarão os resquícios da busca metafísica de Heidegger pelo Ser, situando as lutas pelo poder de Nietzsche no centro de nosso ser. E, especialmente nos casos de Foucault e Derrida, a maioria dos principais pós-modernistas abandonará a noção do potencial exaltado do homem de Nietzsche, adotando o anti-humanismo de Heidegger.

Positivismo e filosofia analítica: da Europa aos Estados Unidos

Até aqui, minha descrição das origens epistemológicas do pós-modernismo centrou-se nos avanços alemães na filosofia. Esses avanços formam grande parte do contexto que deu origem ao pós-modernismo. Na Europa, todo intelectual treinado em filosofia na metade do século XX estudara principalmente Kant, Hegel, Marx, Nietzsche e Heidegger. Esses pensadores estabeleceram o arcabouço filosófico do debate para os intelectuais europeus, e esse arcabouço pode explicar as origens do pós-modernismo.

No entanto, a descrição do pós-modernismo apresentada até aqui está incompleta. Os baluartes desse movimento estão na academia *americana*, não europeia. Rorty é americano, sem dúvida, e, embora Foucault, Derrida e Lyotard sejam franceses, têm mais adeptos nos Estados Unidos do que na França ou mesmo na Europa. Então, existe um abismo que deve ser transposto. Como a tradição do contrailuminismo obteve destaque no mundo anglófono, principalmente nos Estados Unidos?

O abismo é mais largo intelectualmente que geograficamente. Por um longo tempo, a academia americana viu pouca utilidade em Hegel, Kierkegaard e Nietzsche. A tradição anglo-americana se identificava como defensora do projeto iluminista. Era aliada da ciência, do rigor, da razão e da objetividade — e rejeitava desdenhosamente os devaneios especulativos de Hegel e os atoleiros de Kierkegaard. Ela estava profundamente impressionada com a ciência, e a via como alternativa à desacreditada filosofia religiosa e especulativa. Queria tornar a filosofia mais científica e justificar as raízes da ciência. Esse espírito positivista — a favor da ciência e da lógica — dominou o mundo intelectual anglo-americano durante boa parte dos séculos XIX e XX.

O colapso do espírito positivista na filosofia anglo-americana, portanto, faz parte da história da ascensão do pós-modernismo.

Apesar da força da tradição iluminista nos Estados Unidos e na Grã-Bretanha, essas culturas nunca foram ilhas do iluminismo. As influências filosóficas europeias, e especialmente alemãs, começaram a se fazer presentes logo após a revolução na França. De forma mais notável, os românticos ingleses foram os primeiros que se voltaram para a Alemanha em busca de inspiração filosófica e literária. Samuel Taylor Coleridge e William Wordsworth, por exemplo, passaram um tempo na Alemanha com esse propósito.[22] Os famosos versos de Wordsworth sinalizam essa nova tendência antirrazão:

Nosso intelecto intrometido
Distorce as belas formas das coisas;
— Matamos para dissecar.

O COLAPSO DA RAZÃO NO SÉCULO XX

Os versos de John Keats dão continuidade:

Não se dissipam os encantos
Ao simples toque da fria filosofia?

Thomas de Quincey talvez seja o mais notório representante na prosa daquilo que muitos românticos ingleses absorveram da filosofia alemã:

Aqui pauso por um momento para exortar o leitor a nunca prestar atenção à sua compreensão quando ela se opuser a qualquer outra faculdade da mente. A mera compreensão, por mais útil e indispensável que seja, é a faculdade mais inferior da mente humana e, de todas, a mais suspeita; no entanto, a grande maioria das pessoas não confia em outra coisa — o que pode ser útil na vida cotidiana, mas não para propósitos filosóficos.[23]

A ascensão da estrela alemã também foi destacada pela popularidade do livro *Da Alemanha* [Germany] (1813), de Germaine de Staël, que teve um grande impacto sobre a vida intelectual francesa, inglesa e americana.

Nos Estados Unidos, o livro de Madame de Staël inspirou muitos intelectuais nascentes a estudar a literatura alemã. Ele foi lido pelo jovem Ralph Waldo Emerson, que se tornaria o nome mais relevante das letras nos Estados Unidos. Junto com a popularidade desse livro, as décadas de 1810 e 1820 marcaram a ida de muitos jovens intelectuais à Alemanha para estudar. Fizeram parte desse grupo futuros grandes intelectuais norte-americanos. Edward Everett foi um dos professores de Emerson em Harvard. O irmão de Ralph, William, estudou em Heidelberg as novas abordagens à teologia e à crítica bíblica inspiradas em Schleiermacher e Hegel. George Ticknor tornou-se eventualmente catedrático de *belles-lettres* em Harvard. E George Bancroft, "o pai da história americana", estudou em várias universidades alemãs, e assistiu, inclusive, às palestras de Hegel em Berlim.

"Até 1830", observa o historiador Thomas Nipperdey, "era comum que as jovens mentes talentosas e curiosas fossem atraídas para Paris; mas, depois disso, começaram a desembarcar em Berlim, na Alemanha, em números cada vez maiores (estudantes americanos, por exemplo)".[24] E

GUERRA CULTURAL

trouxeram de volta na mala a filosofia de Kant e Hegel. Em meados do século XIX, as ideias alemãs haviam se estabelecido nos Estados Unidos. Uma evidência disso foi a fundação, em 1867, do *Journal of Speculative Philosophy* — o periódico filosófico mais importante até 1893 — por um grupo de hegelianos da St. Louis Philosophical Society.[25]

Essa lista de influências filosóficas alemãs ainda não é especialmente forte, já que os Estados Unidos no século XIX não eram uma potência intelectual ou cultural, e a vida intelectual e cultural que florescia ainda era principalmente norteada pela filosofia iluminista. Nessa época, a filosofia alemã era uma tradição minoritária, coexistindo com as tradições iluministas, favoráveis à razão e à ciência.

Do positivismo à análise

No entanto, no início do século XX, a influência da filosofia alemã começou a crescer significativamente. Deixando de lado até os capítulos 4 e 5 e as contribuições alemãs mais conhecidas (entre elas, o marxismo) e o êxodo maciço de intelectuais alemães para a Inglaterra e os Estados Unidos na década de 1930 devido à ascensão do nacional-socialismo, o impacto da filosofia alemã sobre a vida intelectual anglo-americana já podia ser sentido desde a virada do século.

Neste capítulo, nosso foco recai sobre a epistemologia, e as preocupações epistemológicas que dominaram a filosofia anglo-americana durante a primeira metade do século XX.

As diversas escolas da vanguarda filosófica anglo-americana do século XX, amplamente positivistas em sua orientação e coletivamente conhecidas como filosofia analítica, devem muito à filosofia alemã. O filósofo Michael Dummett comenta: "As fontes da filosofia analítica foram os textos dos filósofos que escreviam, principal ou exclusivamente, no idioma alemão".[26] Contudo, a filosofia analítica não é uma variante da filosofia especulativa de Hegel ou da filosofia fenomenológica de Husserl (embora Bertrand Russell fosse hegeliano e parcialmente kantiano no início de sua

O COLAPSO DA RAZÃO NO SÉCULO XX

carreira, e Gilbert Ryle tenha sido um dos primeiros expoentes da abordagem de Husserl).

A filosofia analítica surgiu a partir do positivismo do século XIX, que foi desenvolvido por cientistas com forte inclinação filosófica e por filósofos encantados pela ciência. O sistema filosófico que adotaram se baseava, principalmente, no empirismo cético e nominalista de Hume e na epistemologia de Kant. O positivismo aceitava como princípios filosóficos a dicotomia de fatos e valores de Hume, a dicotomia analítico-sintética de Hume e Kant e, como premissa, a conclusão kantiana de que, embora buscar verdades metafísicas sobre o universo talvez fosse ser inútil e sem sentido, a ciência poderia pelo menos fazer progressos na organização e explicação do fluxo dos fenômenos.

Na segunda metade do século, o positivismo ganhou novo ímpeto e nova direção com as inovações na lógica e nos fundamentos da matemática — desenvolvidos originalmente pelos matemáticos alemães Gottlob Frege, Richard Dedekind, David Hilbert e Georg Cantor. Sendo filósofos, esses matemáticos ofereceram interpretações platônicas e kantianas da matemática. O novo ímpeto foi fortemente sentido no mundo anglófono quando, pouco antes da Primeira Guerra Mundial, Bertrand Russell mostrou os avanços alemães para o mundo anglófono, publicando, com A. N. Whitehead, os *Principia Mathematica* (1910-1913). Os trabalhos de Russell sobre lógica e a filosofia da lógica foram uma das fontes que alimentaram a criação da escola do positivismo lógico.

As origens do positivismo lógico também têm raízes culturais na Alemanha, nos encontros regulares do Círculo de Viena, iniciados após a Primeira Guerra Mundial por um talentoso grupo de cientistas interessados em filosofia e filósofos atraídos pela ciência. O positivismo lógico se tornou uma potência filosófica e, então, foi levado de volta para o mundo anglófono, mais famosamente pelo livro *Linguagem, Verdade e Lógica* [Language, Truth, and Logic] (1936), de A. J. Ayer.

Apesar de seu compromisso inicial em defender a razão, a lógica e a ciência, os desdobramentos internos do positivismo e da análise por fim minaram sua motivação central, levando-o ao seu posterior colapso.

GUERRA CULTURAL

Reformulando a função da filosofia

No início do século XX, Bertrand Russell já previra o que estava por vir. No capítulo final de seu livro *Os Problemas da Filosofia* [The Problems of Philosophy] (1912) — obra que se tornou um clássico do gênero —, Russell resumiu a história da filosofia como uma série de repetidos fracassos em responder a suas perguntas. Podemos provar que existe um mundo externo? Não. Podemos provar que existe causa e efeito? Não. Podemos validar a objetividade de nossas generalizações indutivas? Não. Podemos encontrar uma base objetiva para a moralidade? Definitivamente não. Russell concluiu que a filosofia não podia responder a suas perguntas e, então, passou a acreditar que o valor da filosofia, qualquer que fosse, não pode estar em sua capacidade de oferecer verdade ou sabedoria.[27]

Ludwig Wittgenstein e os primeiros positivistas lógicos concordaram com Russell e levaram suas conclusões mais adiante, oferecendo uma explicação para o fracasso da filosofia: a filosofia não pode responder a suas perguntas porque essas perguntas simplesmente não fazem sentido. Não é o caso, argumentavam, que a filosofia faça indagações que, infelizmente, são muito difíceis de responder — o fato é que as indagações filosóficas são ininteligíveis; são pseudoformulações. Antecipando-se ao antirrealismo do pós-modernismo, Moritz Schlick escreveu sobre a falta de sentido das proposições relativas ao mundo externo: "O mundo externo existe?" é uma questão ininteligível, pois "tanto a afirmação como a negação não têm sentido".[28] E se não podemos falar significativamente de um mundo externo, tampouco tem sentido atribuir causa e efeito a esse mundo — a causalidade é uma "superstição", escreveu Wittgenstein.[29]

O erro dos primeiros filósofos foi pensar que a filosofia tratava apenas de temas que pertenciam exclusivamente a ela. Mas, afirmavam os positivistas lógicos, isso está errado: a filosofia não tem *conteúdos* como metafísica, ética, teologia ou estética. Todas essas são indagações sem sentido, que devem ser descartadas.[30]

A falta de sentido das perguntas tradicionais da filosofia implica que devemos reformular seu papel. Essa não é uma disciplina de *conteúdo*, mas de *método*. A função da filosofia é *analisar*, elucidar, esclarecer.[31] Ela não é um *tema*: seu único papel é ser um *auxiliar* analítico da ciência.

Daí, filosofia "analítica". O novo propósito da filosofia é apenas analisar as ferramentas perceptuais, linguísticas e lógicas que a ciência utiliza. Os cientistas *percebem* e organizam suas observações linguisticamente em *conceitos* e *proposições* e, então, estruturam essas unidades linguísticas usando a *lógica*. O trabalho da filosofia, portanto, é entender o que é percepção, linguagem e lógica.

A pergunta então é: a que conclusões a filosofia analítica do século XX chegou com respeito à percepção, à linguagem e à lógica?

Percepção, conceitos e lógica

Na metade do século XX, predominava a conclusão de que a percepção era repleta de teoria. Os grandes nomes da filosofia da ciência — Otto Neurath, Karl Popper, Norwood Hanson, Paul Feyerabend, Thomas Kuhn e W. V. O. Quine —, apesar de suas versões particulares da filosofia analítica, sustentavam que as teorias determinam, em grande parte, aquilo que vemos.[32] Expostas na linguagem original de Kant, nossas intuições perceptuais não se conformam aos objetos; é a nossa intuição que se conforma ao que nossa faculdade de conhecer fornece a partir de si mesma. Essa conclusão sobre a percepção é devastadora para a ciência: se nossos perceptos são apenas teóricos, então a percepção está longe de ser uma verificação neutra e independente de nossas teorias. Se nossas estruturas conceituais moldam nossas observações, e vice-versa, estamos presos em um sistema subjetivo, sem acesso direto à realidade.

Do mesmo modo, em meados do século predominava a conclusão de que os conceitos e as proposições da lógica e da matemática são convencionais. A maior parte dos positivistas lógicos partia da conclusão de Hume e Kant de que as proposições lógicas e matemáticas são analíticas ou *a priori* e necessárias. Por essa interpretação, *dois mais dois é igual a quatro*, por exemplo, é necessariamente verdadeiro, e podemos atestar sua veracidade sem apelar à experiência, analisando apenas o significado de seus conceitos constituintes. Essa proposição contrasta, por exemplo, com *O carro de*

Beatriz é branco, que é uma proposição sintética — nem "carro" nem "branco" está contido no significado do outro conceito. Portanto, é a experiência que conecta ambos, e a conexão estabelecida entre eles é meramente contingente — o carro poderia ter sido pintado com qualquer cor.

Essa dicotomia analítico-sintética humiana/kantiana leva a uma implicação bastante problemática: as proposições lógicas e matemáticas estão dissociadas da realidade empírica. As proposições sobre o mundo da experiência como *O carro de Beatriz é branco* nunca são necessariamente verdadeiras, e as proposições da lógica e da matemática como *Dois mais dois são quatro*, sendo necessariamente verdadeiras, não podem referir-se ao mundo da experiência. As proposições lógicas e matemáticas, escreveu Schlick, "não lidam com fatos, apenas com os símbolos pelos quais os fatos são expressados".[33] Da mesma forma, a lógica e a matemática nada nos dizem sobre o mundo empírico dos fatos. Como Wittgenstein resumiu no *Tractatus*: "Todas as proposições da lógica dizem a mesma coisa, ou seja, nada".[34] A lógica e a matemática, portanto, estão prestes a se tornar meros jogos de manipulação simbólica.[35]

Essas conclusões sobre a lógica e matemática são devastadoras para a ciência: se elas estão dissociadas da realidade empírica, então, suas regras pouco dizem acerca da realidade. Isso implica que as comprovações lógicas ou matemáticas são inócuas quando se trata de decidir entre afirmações factuais antagônicas.[36] As proposições analíticas "são totalmente desprovidas de conteúdo factual. E isso porque nenhuma experiência pode refutá-las".[37] É inútil, portanto, oferecer comprovações lógicas sobre questões de fato reais. Da mesma forma, é inútil esperar que as evidências factuais levem a uma conclusão necessária ou universal.

Se aceitamos que as proposições da lógica e da matemática não têm base na realidade empírica e, por isso, nada nos dizem sobre a realidade, somos levados a indagar de onde vêm a lógica e a matemática. Se elas não têm fonte objetiva, então sua origem deve ser subjetiva.

Nesse ponto surgem duas amplas vertentes dentro da filosofia analítica. A vertente neokantiana, enfatizada pelos nativistas e pelos teóricos da coerência, sustentava que as proposições básicas da lógica e da matemática são inatas em nós ou emergem psicologicamente quando começamos a usar as palavras. Alguns desse neokantianos escandalizaram os kantianos mais puros ao manter a esperança de que essas proposições inatas ou emergentes refletem ou representam, de alguma forma, uma realidade externa. Mas, perguntavam os críticos, dado que a percepção é carregada de teoria, como determinar que tal conexão existe? Qualquer crença em uma conexão entre a realidade e uma lógica subjetivamente gerada dependeria de um salto de fé.

Foi a vertente neo-humiana, enfatizada por pragmatistas como Quine, Nelson Goodman e Ernest Nagel, que prevaleceu. Segundo eles, as proposições lógicas e matemáticas são meramente uma função de como *decidimos* usar as palavras e das combinações de palavras que *decidimos* privilegiar. Os conceitos são apenas nominais, baseados em escolhas humanas subjetivas sobre como repartir o fluxo da experiência fenomênica.

O relativismo conceitual deriva diretamente desse nominalismo: poderíamos ter escolhido usar conceitos diferentes; poderíamos ter dividido o mundo de maneira diferente — e ainda podemos. Poderíamos, por exemplo, decidir não escolher um determinado setor do espectro de cores e chamá-lo de "azul", chamando o setor vizinho de "verde", preferindo, em vez disso, escolher uma área de sobreposição entre eles e, recorrendo às palavras de Goodman para um propósito ligeiramente diferente, chamá-lo de "verdazul" ou "azuverde". É uma questão de convenção.

Se todos os conceitos são nominais, a principal consequência disso é que não há base para distinguir entre proposições analíticas e sintéticas.[38] Todas as proposições, portanto, tornam-se *a posteriori* e meramente contingentes.

O relativismo lógico é a consequência seguinte. Os princípios lógicos são constructos de conceitos. O que conta como um princípio da lógica, então, não é ditado pela realidade; na verdade, depende de nós: "Os princípios da lógica e da matemática são universalmente verdadeiros simplesmente porque nunca permitimos que fossem qualquer outra coisa".[39] Os princípios lógicos variam conforme as formulações que estamos "dispostos" a aceitar, conforme gostemos ou não das consequências de aceitar determinado princípio.[40] A justificativa lógica, escreveu Rorty sobre a doutrina de Quine, "não tem a ver com alguma relação especial entre as ideias (ou as palavras) e os objetos; é uma questão de conversa, de prática social".[41] Mas e se alguém não gosta das consequências de adotar determinado princípio lógico? E se as práticas conversacionais ou sociais

GUERRA CULTURAL

mudarem? Se as regras da lógica e da linguagem são convencionais, o que impede alguém, por qualquer razão, de adotar convenções diferentes?

Absolutamente nada. As regras da lógica e da gramática, portanto, podem ser tão variáveis quanto outras convenções — como saudar alguém com um aperto de mãos, um abraço ou três beijos. Nenhuma forma de saudação ou sistema de lógica é objetivamente mais correto do que outro.

Na década de 1950, essas conclusões eram comuns. A linguagem e a lógica eram consideradas sistemas internos, convencionais — e não ferramentas objetivas de cognição, baseadas na realidade.

Do colapso do positivismo lógico a Kuhn e Rorty

O passo seguinte foi dado por Thomas Kuhn. A publicação, em 1962, de seu notável livro *A Estrutura das Revoluções Científicas* [The Structure of Scientific Revolutions] anunciou os avanços ocorridos na filosofia analítica nas quatro décadas anteriores, destacando o beco sem saída a que ela havia chegado. Se as ferramentas da ciência são a percepção, a lógica e a linguagem, então a ciência, uma das filhas queridas do iluminismo, é apenas um projeto socialmente subjetivo em desenvolvimento, sem direito maior que qualquer outro sistema de crenças de reivindicar para si a objetividade. A ideia de que a ciência trata da realidade ou da verdade é uma ilusão. Não existe Verdade; só verdades, e as verdades mudam.[42]

Consequentemente, na década de 1960, o espírito pró-objetividade e pró-ciência entrou em colapso na tradição anglo-americana.

Richard Rorty, o mais ilustre dos pós-modernistas americanos, generaliza a questão ao antirrealismo. Como Kant dissera dois séculos antes, não podemos dizer absolutamente nada sobre o número, sobre o que é de fato real. O antirrealismo de Rorty toca exatamente no mesmo ponto:

> Dizer que devemos descartar a ideia de que a verdade está ali fora esperando ser descoberta não é dizer que descobrimos que não existe verdade lá fora. É dizer que nossos propósitos seriam mais bem atendidos se

deixássemos de ver a verdade como um assunto profundo, um tema de interesse filosófico, ou "verdadeiro" como um termo que compensa a "análise". "A natureza da verdade" é um tema infrutífero, semelhante, nesse aspecto, à "natureza do homem" e à "natureza de Deus".[43]

Resumo: um vácuo a ser preenchido pelo pós-modernismo

Falando sobre a era pós-Kuhn na filosofia anglo-americana, o historiador da filosofia John Passmore afirmou, de maneira categórica e precisa: "A retomada de Kant é tão generalizada que nem precisa de exemplos".[44]

As várias escolas analíticas tiveram início com a conclusão de Kant de que as questões metafísicas são irrespondíveis, contraditórias ou sem sentido, devendo ser deixadas de lado. Os filósofos se viram forçados a repensar sua disciplina como um campo de atuação puramente crítico ou analítico. Como parte disso, alguns dos primeiros filósofos analíticos buscaram características universais e necessárias na gramática e na lógica. Entretanto, sem nenhuma base metafísica externa para a linguagem e a lógica, recuaram ainda mais, voltando-se para o subjetivo e o psicológico. Uma vez aí, concluíram que o subjetivo e o psicológico eram profundamente convencionais e variáveis, e assim foram forçados a concluir que a linguagem e a lógica não têm relação com a realidade, sendo elas próprias convencionais e variáveis.

Logo depois, surgiu a questão do status da ciência. Os filósofos analíticos tinham decidido, por alguma razão, que gostavam da ciência e, por isso, escolheram analisar seus conceitos e métodos. Mas tiveram de se perguntar, como Paul Feyerabend recomendara: Por que a ciência era tão especial? Por que analisar os conceitos e métodos da teologia? Ou da poesia? Ou da feitiçaria?[45]

Após abandonar a discussão da "verdade" como uma especulação metafísica inútil, os filósofos analíticos não podiam afirmar que os conceitos da ciência eram mais verdadeiros ou que seus métodos eram especiais porque nos aproximavam da verdade. Eles só eram capazes de dizer que a ciência mobilizava seu senso de valor pessoal.

Agora vale questionar a questão do valor: se a base para o estudo da ciência é a mobilização de nossos valores pessoais, qual é o status dos valores pessoais? Nessa questão, na metade do século XX, a tradição anglo-americana concordava com os europeus continentais. Novamente, as conclusões da tradição analítica foram fortemente subjetivistas e relativistas. Aceitando a dissociação entre fatos e valores proposta por Hume, a maioria dos filósofos concluiu que as expressões de valor não são objetivas, muito menos sujeitas à razão. Resumindo a situação da profissão naquele período, Brian Medlin escreveu: "Hoje é amplamente aceito pelos filósofos profissionais que os princípios éticos fundamentais devem ser arbitrários".[46] Essa arbitrariedade pode estar enraizada em simples atos de vontade, em convenções sociais ou, como argumentavam os positivistas lógicos, na expressão emocional subjetiva.[47]

Chegando a essas conclusões sobre o conhecimento, a ciência e os valores, o mundo intelectual anglo-americano estava pronto para levar a sério Nietzsche e Heidegger.

Primeira tese: o pós-modernismo é o produto final da epistemologia kantiana

Após essa jornada por 220 anos de filosofia, posso agora resumir e oferecer minha primeira hipótese sobre as origens do pós-modernismo:

> *O pós-modernismo é a primeira afirmação consistente das consequências da rejeição à razão — consequências necessárias, dada a história da epistemologia desde Kant.*

Os ingredientes principais do pós-modernismo foram estabelecidos pelos filósofos da primeira parte do século XX. Os avanços da filosofia continental até Heidegger orientaram e motivaram o pós-modernismo; e os avanços negativos na filosofia anglo-americana até o colapso do positivismo lógico deixaram os defensores da razão e da ciência desmotivados e sem rumo, incapazes de formular uma resposta significativa aos argumentos céticos e relativistas usados pelos pós-modernistas.[48]

Ainda assim, grande parte da filosofia do século XX tinha sido fragmentada e assistemática, especialmente na tradição anglo-americana. O pós-modernismo é a primeira síntese das implicações de grandes tendências. Nele, encontramos o antirrealismo metafísico, a subjetividade epistemológica, a inserção do sentimento na raiz de todas as questões de valor, o relativismo consequente do conhecimento e dos valores, e a desvalorização consequente do projeto científico.

A metafísica e a epistemologia estão no cerne dessa descrição do pós-modernismo. Embora os pós-modernistas se digam contrários a elas, seus escritos focam exclusivamente nelas. Heidegger ataca a lógica e a razão para dar espaço à emoção. Foucault reduz o conhecimento a uma expressão de poder social. Derrida descontrói a linguagem e a transforma em um veículo do jogo estético. E Rorty faz uma cronologia das falhas da tradição realista e objetivista em termos quase exclusivamente metafísicos e epistemológicos.

As consequências sociais pós-modernas seguem diretamente de sua metafísica antirrealista e epistemologia antirrazão. Quando descartamos a realidade e a razão, o que nos resta para seguir em frente? Podemos, como os conservadores preferem, simplesmente recorrer às tradições de nosso grupo e segui-las. Ou, como os pós-modernistas preferem, recorrer aos nossos sentimentos e segui-los. Se, então, nos perguntarmos quais são nossos sentimentos nucleares, deparamos com as respostas dadas pelas teorias sobre a natureza humana predominantes no passado. Com Kierkegaard e Heidegger, aprendemos que nosso núcleo emocional consiste em uma profunda sensação de medo e culpa. Com Marx, experimentamos uma profunda sensação de alienação, vitimização e raiva. Com Nietzsche, descobrimos uma necessidade profunda de poder. Com Freud, revelamos os desejos de uma sexualidade obscura e agressiva. Raiva, poder, culpa, luxúria e medo constituem o centro do universo emocional pós-moderno.

Os pós-modernistas se dividem sobre se esses sentimentos são determinados biológica ou socialmente, com a versão social como favorita. Em todo caso, porém, os indivíduos não controlam seus sentimentos: sua identidade é produto do grupo a que pertence, seja ele econômico, sexual ou racial. Visto que as experiências ou os processos econômicos, sociais ou raciais variam de grupo para grupo, grupos distintos não têm uma base comum de experiências. Sem nenhum padrão objetivo pelo qual mediar suas diferentes perspectivas e sentimentos, e sem nenhum apelo possível à razão, resulta inevitável a separação e o conflito entre eles.

A tática deplorável do politicamente correto faz então todo o sentido. Após ter rejeitado a razão, não poderemos esperar, nem de nós mesmos nem dos outros, um comportamento razoável. Uma vez tendo colocado em primeiro plano nossas paixões, agiremos e reagiremos com mais crueldade, no calor do momento. Depois de perdida a percepção de nós mesmos como indivíduos, buscaremos nossa identidade em nossos grupos. Tendo pouco em comum com os diferentes grupos, passaremos a vê-los como inimigos competitivos. Após ter abandonado o recurso a padrões neutros e racionais, a competição violenta parecerá prática. E, por fim, tendo descartado a resolução pacífica dos conflitos, a prudência ditará que apenas os mais impiedosos conseguirão viver.

As reações pós-modernistas à perspectiva de um mundo social pós-moderno brutal se dividem em três categorias principais, dependendo de qual variante tem primazia: se a de Foucault, Derrida ou Rorty. Foucault, seguindo Nietzsche mais de perto, reduz o conhecimento a uma expressão de poder social, convocando-nos ao brutal jogo político — embora, contrário a Nietzsche, ele nos peça que o joguemos em nome dos historicamente destituídos de poder.[49] Derrida, seguindo Heidegger mais de perto, purifica-o, descontrói a linguagem e refugia-se nela como veículo de um jogo estético, afastando-se do confronto. Rorty, abandonando a objetividade, espera que busquemos o "consenso intersubjetivo" entre os "membros de nossa própria tribo"[50] e, fiel às suas raízes na esquerda progressista americana, pede-nos que sejamos gentis uns com os outros ao fazermos isso.[51] Resumindo, as opções pós-modernas são: entrar no confronto; retirar-se e afastar-se dele; ou tentar atenuar seus excessos.

O pós-modernismo, portanto, é o resultado final do contrailuminismo inaugurado pela epistemologia kantiana.

CAPÍTULO 4

A atmosfera do coletivismo

DA EPISTEMOLOGIA À POLÍTICA PÓS-MODERNA

Há um problema em fundamentar a explicação do pós-modernismo na epistemologia. Na verdade, o problema é a política pós-modernista.

Se os elementos mais importantes da história do pós-modernismo fossem o profundo ceticismo acerca da razão e o subjetivismo e relativismo que dele decorrem, não surpreenderia descobrir que o engajamento dos pós-modernistas na política tem uma distribuição relativamente aleatória. Se os valores e a política dependem sobretudo de uma adesão subjetiva ao que corresponde a nossas preferências individuais, então veríamos as pessoas aderindo a variados programas políticos.

Não é isso que vemos no caso dos pós-modernistas. Eles não são indivíduos que chegaram a conclusões relativistas sobre epistemologia e depois encontraram abrigo em uma ampla variedade de convicções políticas. Os pós-modernistas são monoliticamente de extrema esquerda em suas posições políticas.

Michel Foucault, Jacques Derrida, Jean-François Lyotard e Richard Rorty são todos de extrema esquerda. Assim como Jacques Lacan, Stanley Fish, Catharine MacKinnon, Andreas Huyssen e Frank Lentricchia. Entre os principais nomes do movimento pós-modernista, não existe nenhum que não esteja comprometido com a esquerda.

Logo, deve haver algo mais em jogo, além da epistemologia.

Parte desse "algo mais" é que os pós-modernistas levaram muito a sério a observação de Fredric Jameson de que "tudo é, 'em última análise', político".[1] O espírito dessa observação está por trás das acusações persistentes dos pós-modernistas de que (i) a epistemologia é apenas uma ferramenta de poder e (ii) todas as alegações de objetividade e racionalidade mascaram agendas políticas opressoras. É óbvio, portanto, que o apelo pós-moderno à subjetividade e à irracionalidade também pode estar a serviço de objetivos políticos. Mas por quê?

Outra parte desse "algo mais" é que as ideias de esquerda dominaram o pensamento político entre os intelectuais do século XX, principalmente entre os acadêmicos. Mesmo assim, o predomínio do pensamento de esquerda entre os pós-modernistas ainda é um enigma — pois, durante a maior parte de sua história intelectual, o socialismo quase sempre foi defendido com argumentos modernistas da razão e da ciência. O socialismo de Marx tem sido a forma mais popular no pensamento de extrema esquerda, e "socialismo científico", o termo usado pelos marxistas para descrever sua doutrina.[2]

É difícil explicar também por que os pós-modernistas — particularmente aqueles mais envolvidos com a aplicação prática das ideias pós-modernistas ou com sua prática em salas de aula e reuniões do corpo docente — são os mais propensos a ser hostis ao debate e a divergências, a utilizar argumentos *ad hominem* e insultos, a implantar medidas autoritárias "politicamente corretas" e a usar o ódio e a raiva como táticas argumentativas.

Seja Stanley Fish chamando de racistas todos os oponentes da ação afirmativa, igualando-os aos membros da Ku Klux Klan,[3] seja Andrea Dworkin vilipendiando os homens heterossexuais ao chamá-los de estupradores,[4] a retórica é frequentemente dura e agressiva. Então, a questão que nos intriga é: por que é a extrema esquerda — que tradicionalmente se promoveu como a única defensora verdadeira da civilidade, da tolerância e da lisura — quem menos pratica e até denuncia esses hábitos?

A evidência, a razão, a lógica, a tolerância e a civilidade eram partes integrais do pacote modernista de princípios. Em sua forma moderna, o socialismo aceitava esse pacote.

O argumento dos três próximos capítulos

Enquanto modernistas, os socialistas argumentavam que a evidência e a análise racional podiam comprovar o socialismo, e, uma vez que a evidência estivesse na superioridade moral e econômica do socialismo em relação ao capitalismo, seria clara para quem quisesse ver.

Isso é importante, porque o socialismo assim concebido se comprometia com uma série de proposições que podiam ser submetidas ao exame empírico, racional e científico. O resultado final desse escrutínio fornece outra chave para explicar o pós-modernismo.

O socialismo marxista clássico caracteriza-se por quatro afirmações centrais:

1. O capitalismo é explorador: os ricos escravizam os pobres; internamente, é brutalmente competitivo; e, internacionalmente, é imperialista.
2. O socialismo, ao contrário, é humano e pacífico: as pessoas compartilham, são iguais e cooperam.
3. O capitalismo é menos produtivo que o socialismo: os ricos ficam mais ricos, e os pobres, mais pobres; todo o consequente conflito de classe levará ao colapso final do capitalismo.
4. As economias socialistas, por sua vez, serão mais produtivas, inaugurando uma nova era de prosperidade.

Essas proposições foram enunciadas pela primeira vez pelos socialistas no século XIX, e repetidas com frequência no século XX, antes da catástrofe. Que catástrofe? Que as quatro afirmações do socialismo foram refutadas tanto na teoria quanto na prática.

Na teoria, os economistas de livre mercado venceram o debate. Ludwig von Mises, Friedrich Hayek e Milton Friedman demonstraram a eficiência dos mercados e, inversamente, o fracasso inevitável das economias socialistas planificadas. Economistas ilustres de esquerda, como Robert Heilbroner, admitiram em publicações que o debate estava encerrado e que os capitalistas haviam vencido.[5]

Na teoria, o debate moral e político está em aberto, mas a tese principal é a de que alguma forma de liberalismo, de modo geral, é essencial para proteger os direitos civis e a sociedade civil — e os debates mais acalorados giram em torno de qual seria a melhor versão do liberalismo: se a conservadora, a libertária ou uma variante modificada do welfarismo. Muitos esquerdistas decidiram se reagrupar como comunitaristas moderados, e isso indica quanto o debate pendeu na direção do liberalismo.

As evidências empíricas foram ainda mais duras com o socialismo. Do ponto de vista econômico, as nações capitalistas liberais são cada vez mais produtivas e prósperas, e não há indícios de mudança. Os ricos — e os pobres — estão enriquecendo. E, em contraste direto e brutal, todo experimento socialista tem resultado em terrível fracasso econômico — desde a União Soviética e o bloco oriental até Coreia do Norte, Vietnã, Cuba, Etiópia e Moçambique.

Do ponto de vista moral e político, o histórico dos países capitalistas liberais é sólido no campo humanitário, por respeitar amplamente os direitos e as liberdades e possibilitar às pessoas ter uma vida próspera e significativa. A prática socialista vem se mostrando mais brutal do que as piores ditaduras da história anterior ao século XX. Todos os regimes socialistas descambaram em ditaduras e praticaram assassinatos em grande escala. Todos produziram escritores dissidentes, como Alexander Solzhenitsyn e Nien Cheng, que documentaram as atrocidades desses regimes.

Esses fatos são bastante conhecidos, e me baseio neles para demonstrar a crise profunda que representaram para os intelectuais socialistas. Na década de 1950, essa crise se fez sentir profundamente.

Em vez de ruírem na Grande Depressão na década de 1930, como esperavam os coletivistas de direita e de esquerda, os países capitalistas liberais se recuperaram após a Segunda Guerra Mundial, e, já na década de 1950, desfrutavam de paz, liberdade e novos níveis de prosperidade. A Segunda Guerra Mundial tinha destruído a direita coletivista — os nacional-socialistas e os fascistas —, deixando a esquerda sozinha no campo de batalha contra um capitalismo liberal triunfante e convencido. Ainda assim, embora a recuperação do Ocidente liberal e sua supremacia política e econômica incomodasse os intelectuais da extrema esquerda do Ocidente,

A ATMOSFERA DO COLETIVISMO

restava a esperança oferecida pela URSS, o "experimento nobre", e, em menor medida, pela China comunista.

Mas mesmo essa esperança foi brutalmente destruída em 1956. Diante dos olhos do mundo inteiro, os soviéticos enviaram tanques para a Hungria a fim de reprimir protestos de estudantes e trabalhadores — demonstrando, assim, a solidez de seu compromisso humanitário. E, ainda mais devastador, Nikita Kruschev admitiu publicamente o que muitos no Ocidente já suspeitavam: que o regime de Josef Stálin assassinara dezenas de milhões de seres humanos — números tão estarrecedores que faziam as ações nazistas parecerem amadoras.

Resposta à crise da teoria e da evidência do socialismo

Do Manifesto Comunista de 1848 até as revelações publicadas em 1956 transcorrera mais de um século de teoria e evidência. Para a esquerda, a crise decorria do fato de que a lógica e a evidência eram contrárias ao socialismo. Coloque-se no lugar de um socialista inteligente e informado que depara com todos esses dados. Como você reagiria? Você tem um profundo compromisso com o socialismo: você sente que o socialismo é verdadeiro; quer que seja verdadeiro; você depositou nele todos os seus sonhos de uma sociedade futura próspera e pacífica e todas as suas esperanças de resolver os males da sociedade atual.

Essa é a hora da verdade para qualquer pessoa que vivenciou a agonia de ver sua hipótese tão querida tropeçar nas pedras da realidade. O que você faz? Abandona sua teoria e aceita os fatos — ou tenta encontrar uma forma de manter a crença em sua teoria?

Aqui está a minha segunda hipótese sobre o pós-modernismo:

O pós-modernismo é a estratégia epistemológica da extrema esquerda acadêmica para responder à crise causada pelas falhas do socialismo na teoria e na prática.

Um paralelo histórico pode ajudar aqui. Nas décadas de 1950 e 1960, a esquerda enfrentou o mesmo dilema dos pensadores religiosos no fim do século XVIII. Em ambos os casos, a evidência estava contra eles. Durante o iluminismo, os argumentos da teologia natural foram acusados de apresentar inúmeras lacunas, enquanto a ciência oferecia explicações naturalistas e contrárias às que a religião propusera. A religião corria sério risco de ser banida do meio intelectual. Nas décadas de 1950 e 1960, os argumentos da esquerda a favor da produtividade e da decência do socialismo estavam fracassando na teoria e na prática, ao passo que o capitalismo liberal rapidamente melhorava o padrão de vida de todos e demonstrava respeito pelas liberdades humanas. Já no fim da década de 1700, os pensadores religiosos tinham uma escolha: aceitar a evidência e a lógica como o supremo tribunal de apelação e, portanto, abrir mão de seus ideais religiosos profundamente arraigados — ou se manter fiéis a seus ideais e combater a ideia de que a evidência e a lógica eram válidas. "Tive de negar o conhecimento", escreveu Kant no prefácio da primeira *Crítica*, "para dar espaço à fé". "Fé", escreveu Kierkegaard em *Temor e tremor*, "requer a crucificação da razão"; então, ele partiu para crucificar a razão e glorificar o irracional.

Os pensadores esquerdistas das décadas de 1950 e 1960 tiveram de enfrentar a mesma escolha. Como argumentarei nos próximos dois capítulos, a extrema esquerda viu-se diante do mesmo dilema. Confrontada pelo desenvolvimento contínuo do capitalismo e pela pobreza e brutalidade contínuas do socialismo, ela poderia aceitar a evidência e abrir mão de seus ideais profundamente arraigados — ou se manter fiel a seus ideais e combater a ideia de que a evidência e a lógica eram válidas. Alguns filósofos, como Kant e Kierkegaard, decidiram limitar a razão — crucificá-la. E, para isso, Heidegger e sua exaltação do sentimento sobre a razão surgiram como uma bênção, assim como os paradigmas carregados de teoria de Kuhn e a descrição pragmática e internalista de Quine acerca da linguagem e da lógica.

Não é, portanto, mera coincidência que os principais intelectuais pós-modernos — de Foucault, Lyotard e Derrida a Rorty e Fish — tenham aparecido nas décadas de 1950 e 1960.

O pós-modernismo nasceu do casamento da política esquerdista com a epistemologia cética. Com o pensamento político socialista em crise na década de 1950, a epistemologia acadêmica, na Europa, decidiu levar Nietzsche e Heidegger a sério, e o mundo anglo-americano assistia ao declínio do positivismo lógico em Quine e Kuhn. O predomínio das epistemologias subjetivista e relativista na filosofia acadêmica forneceu à esquerda uma nova tática. Confrontada com a evidência implacável e a lógica impiedosa, a extrema esquerda respondeu prontamente: isso é apenas lógica e evidência; a lógica e a evidência são subjetivas; não se pode provar nada de fato; os sentimentos são mais profundos que a lógica; e nossos sentimentos dizem sim para o socialismo.

Esta é a minha segunda hipótese: o pós-modernismo é a resposta para a crise de fé da extrema esquerda acadêmica. Sua epistemologia justifica o salto de fé necessário para continuar acreditando no socialismo, e essa mesma epistemologia justifica usar a linguagem não como um meio para buscar a verdade, mas como uma arma retórica na batalha contínua contra o capitalismo.

De volta a Rousseau

Para justificar essa hipótese é preciso explicar o que levou o pensamento socialista a uma crise tão profunda na década de 1950 e por que razão, para tantos intelectuais de esquerda, a estratégia epistemológica pós-moderna se mostrava como a única possível. O núcleo dessa explicação exige que se mostre por que o liberalismo clássico, apesar de prosperar culturalmente, tinha se tornado uma questão irrelevante na mente da maioria dos intelectuais, especialmente os europeus. Não importava que conflitos existissem entre a esquerda e a direita antiliberal, nenhuma reconsideração séria do liberalismo seria contemplada.

Novamente, a origem dessa história é a batalha entre o iluminismo e o contrailuminismo. Dessa vez, ela se dá entre o individualismo e o liberalismo do iluminismo, representados pelos lockianos, e o anti-individualismo e antiliberalismo de Jean-Jacques Rousseau e seus seguidores.

Rousseau é a figura mais importante do contrailuminismo político. Sua filosofia moral e política inspirou Immanuel Kant, Johann Herder, Johann Fichte e G. W. F. Hegel e, por intermédio deles, a direita coletivista. E inspirou talvez mais ainda a esquerda coletivista: os escritos de Rousseau foram a bíblia dos líderes jacobinos da Revolução Francesa, absorvida por muitos dos esperançosos revolucionários russos do fim do século XIX e influente para os socialistas da China e do Camboja no século XX. No mundo teórico do socialismo acadêmico, o coletivismo de Rousseau foi eclipsado pelo de Marx durante grande parte dos séculos XIX e XX. Contudo, a explicação do pensamento pós-moderno reside na retomada dos temas rousseaunianos por pensadores originalmente inspirados em Marx, mas que estavam desiludidos com seus resultados.

O contrailuminismo de Rousseau

O primeiro grande ataque contra o iluminismo foi lançado por Jean-Jacques Rousseau (1712-1778), que tem a merecida reputação de *bad boy* da filosofia francesa do século XVIII. No contexto da cultura intelectual iluminista, Rousseau era a principal voz dissonante. Ele admirava todas as coisas espartanas — a Esparta do comunalismo militarista e feudal — e desprezava tudo que fosse ateniense — a Atenas clássica do comércio, do cosmopolitismo e das altas artes.

A civilização é totalmente corruptora, dizia Rousseau — referindo-se não apenas ao sistema feudal opressor da França do século XVIII, com sua aristocracia decadente e parasitária, mas também à alternativa iluminista, que exaltava a razão, a propriedade, as artes e as ciências. Diga uma característica dominante qualquer do iluminismo: Rousseau era contra.

Em seu *Discurso sobre a Origem e os Fundamentos da Desigualdade entre os Homens* [Discourse on the Origin of Inequality], Rousseau iniciou seu ataque à base do projeto iluminista: a razão. Os *filósofos* estavam totalmente corretos ao afirmar que a razão era a base da civilização. No entanto, o progresso racional da civilização é qualquer coisa menos progresso,

A ATMOSFERA DO COLETIVISMO

pois só se alcança a civilização à custa da moralidade. Existe uma relação inversa entre o desenvolvimento cultural e o desenvolvimento moral: a cultura gera muito conhecimento, luxo e sofisticação — mas conhecimento, luxo e sofisticação levam à degradação moral.

A raiz de nossa degradação moral é a razão, o pecado original da humanidade.[6] Antes do despertar da razão, os humanos eram seres simples, majoritariamente solitários, que satisfaziam suas necessidades facilmente retirando o que precisavam de seu entorno. Esse estado feliz era o ideal: "Esse autor deveria ter dito que, dado que o estado natural é aquele em que a preocupação com nossa autopreservação é menos prejudicial para os demais, esse estado era, consequentemente, o mais adequado para a paz e para a raça humana".[7]

Mas por algum acontecimento inexplicável e infeliz a razão despertou;[8] uma vez desperta, despejou uma caixa de Pandora de problemas sobre o mundo, transformando a natureza humana a ponto de não podermos retornar ao nosso estado original de felicidade.

Enquanto os filósofos anunciavam o triunfo da razão no mundo, Rousseau queria demonstrar que "todo o progresso subsequente foi, aparentemente, rumo ao aperfeiçoamento do indivíduo, porém levou à decadência da espécie".[9] Quando sua capacidade de raciocínio despertou, os humanos se deram conta de sua condição primitiva, e isso os deixou insatisfeitos. Então, começaram a fazer melhorias que culminaram, principalmente, nas revoluções agrícola e metalúrgica. É inegável que essas revoluções melhoraram a condição material da humanidade, mas essas melhorias, na verdade, destruíram a espécie: "Foi o ferro e o trigo que civilizaram os homens e arruinaram o gênero humano".[10]

A ruína ocorreu de várias formas. Economicamente, a agricultura e a tecnologia geraram riqueza excedente. Esta, por sua vez, criou a necessidade do direito de propriedade.[11] A propriedade, porém, tornou os humanos competitivos, e eles passaram a se ver como inimigos.

Fisicamente, conforme enriqueciam, os humanos desfrutavam de mais conforto e luxo, que levaram à degradação física. Começaram a comer demais e mal, tornando-se menos saudáveis. Passaram a usar cada vez mais ferramentas e tecnologias, ficando fisicamente mais fracos. Uma espécie antes vigorosa passou a depender de médicos e aparelhos.[12]

Socialmente, o luxo despertou os padrões estéticos de beleza, que transformaram a vida sexual dos humanos. O ato da copulação passou a ser associado ao amor, e o amor é confuso, exclusivo e preferencial. Consequentemente, esse amor despertou o ciúme, a inveja e a rivalidade[13] — outras coisas que colocaram os seres humanos em conflito entre si.

Assim, a razão levou ao desenvolvimento de todas as características da civilização — agricultura, tecnologia, propriedade e estética — que acabaram por tornar a humanidade mole e preguiçosa, afundada em conflito econômico e social.[14]

Mas a situação piora, pois os conflitos sociais constantes deram origem a uns poucos vencedores, no topo da pirâmide social, e a muitos perdedores oprimidos abaixo deles. A desigualdade tornou-se uma consequência proeminente e condenável da civilização. A desigualdade é danosa, porque todas as desigualdades, "como ser mais rico, mais honrado, mais poderoso", são "privilégios de que alguns desfrutam à custa de outros".

Desse modo, a civilização tornou-se um jogo de soma zero em várias dimensões sociais, com os vencedores ganhando e usufruindo cada vez mais, enquanto os vencidos sofrem e ficam para trás.

Mas as patologias da civilização ficaram ainda piores, pois a razão, que produziu as desigualdades da civilização, também fez com que os indivíduos em melhor condição desconsiderassem o sofrimento dos menos afortunados. A razão, segundo Rousseau, opõe-se à compaixão: ela cria a civilização, que é a causa fundamental do sofrimento das vítimas da desigualdade, e também cria os argumentos para ignorar esse sofrimento. Escreveu Rousseau:

> A razão engendra o egocentrismo, e a reflexão o fortalece. A razão faz o homem fechar-se em si próprio: separa-o de tudo que o incomoda e aflige. A filosofia o isola e o faz dizer, em segredo, quando vê um homem sofrendo: "Morra, se quiser; eu estou são e salvo".[15]

Na civilização contemporânea, essa falta de compaixão é muito pior que uma omissão. Rousseau argumentava que, tendo vencido as competições da vida civilizada, os vencedores têm um interesse pessoal em preservar o sistema. Os defensores da civilização — especialmente aqueles que vivem no topo da pirâmide, isolados dos males piores — empenham-se em elogiar os avanços da civilização na tecnologia, na arte e na ciência. Contudo, esses avanços e os elogios acumulados sobre eles simplesmente mascaram os males da civilização.

Antecipando Herbert Marcuse e Foucault, Rousseau escreveu em um ensaio que o tornou famoso, o *Discurso sobre as Ciências e as Artes* [Discourse on the Sciences and the Arts]: "Os príncipes sempre veem com prazer a difusão, entre seus súditos, do gosto pelas artes do entretenimento e do supérfluo". Esses gostos adquiridos pelo povo "são correntes que o prendem".

> As ciências, as letras e as artes [longe de libertarem e elevarem a humanidade] estendem guirlandas de flores sobre as correntes de ferro que os homens carregam, sufocam neles o sentido dessa liberdade original para a qual parecem ter nascido, fazendo-os amar sua escravidão, e os convertem no que chamamos de povos civilizados.[16]

O edifício da civilização está tão corrompido que nenhuma reforma é possível. Contrariando os tímidos moderados que desejam melhorar a sociedade aos poucos, Rousseau conclama à revolução. "As pessoas tentavam sempre remendá-lo [o Estado], quando deveriam ter começado por limpar o ar e descartar os materiais velhos, como Licurgo fez em Esparta, para erguer depois um bom edifício."[17]

O coletivismo e o estatismo de Rousseau

Quando toda a corrupção for eliminada, o projeto de construção de uma sociedade moral pode começar. Naturalmente, o bom edifício deve ter uma boa fundação. O estado natural primitivo era bom, mas infelizmente não podemos retornar a ele. A razão, uma vez desperta, não pode ser totalmente silenciada. Tampouco podemos tolerar qualquer coisa que nos leve de volta à avançada civilização contemporânea. Felizmente, a história nos oferece bons modelos, pois, analisando a maioria das culturas tribais do passado, vemos que suas sociedades

> mantêm uma posição intermediária entre a indolência de nosso estado primitivo e a atividade petulante de nosso egocentrismo: deve ter sido a época mais feliz e duradoura. Quanto mais refletimos sobre esse Estado, mais descobrimos que ele era mais pacífico, o melhor para o homem.[18]

Portanto, o melhor que podemos fazer é tentar recriar esse tipo de sociedade, mas com feições modernas.

Essa recriação deve começar com uma compreensão apropriada da natureza humana. Contrariando as afirmações dos filósofos do iluminismo, o homem é um animal passional por natureza, e não racional;[19] as paixões mais profundas do homem devem traçar o rumo de sua vida, e a razão deve sempre recuar diante delas.

As paixões são uma base apropriada para a sociedade, dado que um dos desejos mais profundos do homem é crer na religião e, para Rousseau, ela é essencial para a estabilidade social. Esse desejo de crer pode e deve suplantar todas as objeções iluministas. "Creio, portanto, que o mundo é governado por uma vontade sábia e poderosa. Vejo-a, ou melhor, sinto-a."[20] Rousseau sente que Deus existe, mas isso não lhe fornece informações detalhadas sobre a natureza de Deus. Deus "escapa aos meus sentidos e à minha compreensão", portanto, esse sentir lhe propicia apenas a sensação de que um ser poderoso, inteligente e bondoso criou o mundo. Os argumentos filosóficos a respeito de Deus, além de não esclarecem a questão, pioram as coisas: "Quanto mais penso nisso", escreveu Rousseau, "mais confuso eu fico".[21]

Assim, ele resolveu ignorar os filósofos — "consciente de minha insuficiência, nunca refletirei sobre a natureza de Deus"[22] — deixando os sentimentos guiarem suas crenças religiosas, sustentando que os sentimentos são um guia mais confiável que a razão. "Escolhi outro guia, e disse a mim mesmo: 'Consultemos a luz interior; ela me desviará menos do caminho que eles'."[23] A luz interior de Rousseau revelou-lhe o sentimento inabalável de que a existência de Deus está na base de todas as explicações, sendo ele imune a reconsiderações e refutações: "Podem discutir comigo sobre isso, mas é o que sinto, e isso é mais forte do que a razão que o combate".[24]

A ATMOSFERA DO COLETIVISMO

Esse sentimento não era apenas um dos caprichos pessoais de Rousseau. Na base de todas as sociedades civis, argumentava Rousseau, encontra-se uma sanção religiosa para o que seus líderes fazem. Pode ser que os líderes que fundam a sociedade nem sempre acreditem genuinamente nas sanções religiosas que invocam, mas mesmo assim é essencial invocá-las. Se as pessoas acreditarem que seus líderes agem segundo a vontade dos deuses, obedecerão mais facilmente, e "suportarão com docilidade o jugo do bem público".[25] A razão iluminista, em contraste, leva à descrença; a descrença, à desobediência; e a desobediência, à anarquia. No entender de Rousseau, é por isso também que "o estado de reflexão se opõe à natureza, e o homem que reflete é um animal depravado". A razão, portanto, é destrutiva para a sociedade, e deveria ser restringida e substituída pela paixão natural.[26]

A religião é tão importante para a sociedade, escreveu Rousseau em *O Contrato Social* [The Social Contract], que o Estado não pode ser indiferente às questões religiosas. Não pode ser tolerante com os incrédulos, nem considerar a religião uma questão de consciência individual. Assim, deve rejeitar totalmente as perigosas noções iluministas de tolerância religiosa e separação entre Igreja e Estado. E mais: a religião é tão fundamentalmente importante que os incrédulos devem receber a pena máxima:

> Embora o Estado não possa obrigar uma pessoa, pode bani-la não por impiedade, mas como ser antissocial, incapaz de respeitar as leis e a justiça, e de sacrificar, se necessário, sua vida ao dever. Se, após reconhecer publicamente esses dogmas, a pessoa agir como se não acreditasse neles, deve ser condenada à morte.[27]

Uma sociedade corretamente fundada na paixão natural e na religião superará o individualismo egocêntrico ao qual a razão conduz, possibilitando aos indivíduos formar um novo organismo social coletivizado. Quando se unem para tal, "a particularidade individual de cada contratante se rende a um novo organismo moral e coletivo, que tem identidade, vida, corpo e vontade próprios". A vontade de cada indivíduo deixa de ser individual para se tornar comum ou geral, sob a direção de um representante do todo. Na sociedade moral, "o indivíduo se funde ao todo, [e] assim cada um de nós subordina sua pessoa e seu poder à direção suprema dos líderes da sociedade".[28]

89

Na nova sociedade, a liderança expressa a "vontade geral" e introduz políticas que sejam mais benéficas para todos, possibilitando assim que todos os indivíduos alcancem seus verdadeiros interesses e a verdadeira liberdade. Os requisitos da "vontade geral" superam todas as outras considerações; portanto, o cidadão "deve prestar ao Estado todos os serviços que o soberano solicitar".[29]

No entanto, existe algo na natureza humana, corrompida como está hoje pela razão e pelo individualismo, que conspira e sempre conspirará contra a vontade geral. Os indivíduos raramente consideram que seus desejos individuais estejam em harmonia com a vontade geral e, por consequência, "a vontade particular age constantemente contra a vontade geral".[30] Então, para combater essas tendências individualistas socialmente destrutivas, justifica-se que o Estado use a coerção: "Quem se negar a obedecer à vontade geral será forçado a fazê-lo pelo corpo social; isso significa simplesmente que será forçado a ser livre".[31] O poder da vontade geral sobre a vontade do indivíduo é total. "O Estado (...) deve ter uma força coercitiva universal para mover e dispor de cada parte da forma mais adequada para o todo."[32] E se os líderes do Estado disserem ao cidadão "'é vantajoso para o Estado que você morra', ele deve morrer".[33]

Em Rousseau, encontramos uma série de temas claramente contrailuministas, que confrontam os temas iluministas da razão, das artes e das ciências, do individualismo ético e político e do liberalismo. Rousseau foi contemporâneo dos revolucionários americanos da década de 1770, e existe um contraste revelador entre os temas lockianos da vida, da liberdade e da busca da felicidade presentes na Declaração da Independência dos Estados Unidos e o juramento do contrato social de Rousseau em seu projeto de constituição para a Córsega: "Junto-me, com meu corpo, meus bens, minha vontade e todas as minhas capacidades, à nação corsa, dando-lhe plena posse de mim mesmo e de tudo que depender de mim".[34]

A política iluminista de Locke e a política contrailuminista de Rousseau levarão a aplicações práticas opostas.

Rousseau e a Revolução Francesa

Rousseau morreu em 1778, quando a França estava no apogeu do iluminismo. Nessa época, seus textos eram bem conhecidos no país, embora ele não tivesse a influência que teve quando a França fez sua revolução. Foram os seguidores de Rousseau que prevaleceram na Revolução Francesa, especialmente em sua destrutiva terceira fase.

A Revolução começou com a nobreza. Ao detectar a fragilidade da monarquia francesa, os nobres tiveram êxito em forçar, em 1789, uma assembleia dos Estados gerais, instituição que eles geralmente controlavam. Alguns nobres buscavam aumentar o poder da nobreza à custa da monarquia, e outros pretendiam instituir reformas iluministas.

Os nobres, no entanto, foram incapazes de formar uma coalizão unificada, e não puderam competir com o vigor dos representantes liberais e radicais. O controle dos acontecimentos escapou de suas mãos, e a Revolução entrou em uma segunda fase, mais liberal. Essa fase foi amplamente dominada por liberais lockianos, e foram eles que redigiram a Declaração dos Direitos do Homem e do Cidadão.

Os liberais, por sua vez, não podiam competir com o vigor dos membros mais radicais da Revolução. À medida que os membros dos partidos girondino e jacobino obtinham mais poder, a Revolução foi entrando em sua terceira fase.

Os líderes jacobinos eram discípulos declarados de Rousseau. Jean Paul Marat, que adotou uma aparência desalinhada e suja, explicou que fazia isso para "viver com simplicidade e de acordo com os preceitos de Rousseau". Louis de Saint-Just, talvez o mais sanguinário dos jacobinos, deixou clara sua devoção a Rousseau nos discursos que fez na Convenção Nacional. E, falando pelos revolucionários mais radicais, Maximilien Robespierre expressou a reverência que nutria pelo grande homem: "Rousseau é aquele que, pela elevação de sua alma e grandeza de seu caráter, mostrou-se digno do papel de mestre da humanidade".

Sob os jacobinos, a Revolução tornou-se mais radical e violenta. Agora, como porta-vozes da vontade geral, tendo à sua disposição a "força coerciva universal" com que Rousseau sonhara para combater as vontades particulares recalcitrantes, os jacobinos consideraram vantajoso que

GUERRA CULTURAL

muitos morressem. A guilhotina não teve descanso enquanto os radicais cruelmente matavam nobres, sacerdotes e qualquer pessoa cujas ideias políticas parecessem suspeitas. "Não devemos castigar só os traidores", conclamava Saint-Just, "mas também todas as pessoas que não estejam entusiasmadas." A nação afundou em uma guerra civil brutal e, em um ato profundamente simbólico, Luís XVI e Maria Antonieta foram executados em 1793.*

Isso serviu apenas para piorar a situação, e a França mergulhou em um reinado de terror.

O terror terminou com a prisão e execução de Robespierre em 1794, mas já era tarde demais para a França. Suas energias haviam se dissipado, a nação estava exausta, e surgiu um vácuo de poder que Napoleão Bonaparte logo preencheria.

A história do contrailuminismo desloca-se, então, para os Estados germânicos. Entre os intelectuais alemães houve uma simpatia inicial pela Revolução Francesa. Eles sabiam da penetração do iluminismo na Inglaterra e na França, e muitos deles se sentiram atraídos pelos temas iluministas. Em meados do século XVIII, Frederico, o Grande, levou a Berlim vários cientistas e outros intelectuais com mentalidade iluminista. Berlim foi por um tempo um caldeirão de influências francesas e inglesas.

De modo geral, porém, o iluminismo teve pouca penetração entre os intelectuais nos Estados germânicos. Nas esferas política e econômica, a Alemanha era um conjunto de Estados feudais. A servidão só seria abolida no século XIX. A maioria da população era analfabeta, agrária e profundamente religiosa — com predomínio dos luteranos. A obediência inquestionável a Deus e ao senhor feudal havia se arraigado durante séculos, especialmente na Prússia, cujo povo foi descrito por Gotthold Lessing como "o mais servil da Europa".

Assim, entre os alemães, os relatos do terror da Revolução Francesa causaram horror: os revolucionários mataram o seu *rei* e a sua *rainha*. Perseguiram *sacerdotes*, cortaram-lhes a cabeça e desfilaram pelas ruas de Paris com elas fincadas na ponta de estacas.

---

* Luís XVI foi executado na guilhotina em 21 de janeiro; Maria Antonieta, em 16 de outubro.

A ATMOSFERA DO COLETIVISMO

No entanto, a maioria dos intelectuais alemães *não* associou os desdobramentos da Revolução Francesa à filosofia rousseauniana. Para eles, a culpa era claramente da filosofia iluminista. O iluminismo era antifeudal, destacavam, e a Revolução demonstrou na prática o que isso significava: o sacrifício da nobreza governante. O iluminismo era antirreligião, observavam, e a Revolução foi uma demonstração prática do que isso significava: matar homens de Deus e queimar igrejas.

Para os alemães, no entanto, a situação tornou-se ainda mais grave, pois do vácuo de poder na França e do enfraquecimento da Europa feudal surgiu Napoleão.

Napoleão também forneceu uma oportunidade para uma Europa feudal enfraquecida. As centenas de pequenas unidades dinásticas europeias não eram páreo para as novas táticas militares de Napoleão. Ele marchou sobre a velha Europa feudal, invadiu os Estados alemães, derrotou os prussianos em 1806 e mudou tudo.

Na visão dos alemães, Napoleão não era apenas um conquistador estrangeiro, mas um produto do iluminismo. Nos lugares que conquistou e governou, ele estendeu a igualdade perante a lei, abriu postos no governo para a classe média e garantiu a propriedade privada. Interferiu nos assuntos religiosos destruindo os guetos, concedendo liberdade de culto aos judeus e estendendo a eles o direito de possuir terras e praticar todo tipo de comércio. Abriu escolas públicas seculares e modernizou a rede de transportes da Europa.

Ao tomar essas medidas, Napoleão revoltou muitas forças poderosas. Acabou com as guildas. Irritou o clero ao extinguir os tribunais da Igreja, o dízimo, os mosteiros, os conventos e os Estados eclesiásticos. Confiscou grande parte dos bens da Igreja. Irritou os nobres ao abolir as propriedades e as obrigações feudais, dividir latifúndios e reduzir, por fim, o poder dos nobres sobre os camponeses. De fato, da perspectiva iluminista, ele agiu como um ditador benevolente: se por um lado implementou muitos dos ideais modernos, por outro, usou de toda a força à disposição do governo para impô-los.

Suas imposições ditatoriais não pararam por aí. Ele implantou a censura por onde passou, obrigou os povos subjugados a lutar em batalhas estrangeiras e a pagar impostos para financiar a França.

Portanto, a maioria dos intelectuais alemães enfrentava agora uma séria crise. Para eles, o iluminismo não era apenas uma catástrofe estrangeira do outro lado do Reno — era uma presença ditatorial que governava a Alemanha na pessoa de Napoleão Bonaparte. "Como Napoleão venceu?", indagavam os alemães. O que eles haviam feito de errado? O que podiam fazer?

O poeta Johann Hölderlin, colega de quarto de Hegel na faculdade, declarou: "Kant é o Moisés de nossa nação". Para entender como o falecido Kant libertaria a Alemanha do cativeiro, devemos retornar a Königsberg.

A política do contrailuminismo: coletivismo de direita e de esquerda

Depois de Rousseau, o pensamento político coletivista dividiu-se em correntes de esquerda e de direita, ambas inspiradas nele. A história da corrente de esquerda será o tema do próximo capítulo. Neste capítulo, meu propósito é destacar os desdobramentos do pensamento coletivista de direita e mostrar que, em sua essência, ele se ocupava dos mesmos temas que a esquerda coletivista — relacionados, de maneira geral, com a oposição ao capitalismo liberal.

A direita e a esquerda concordam em um conjunto central de temas: o anti-individualismo; a necessidade de um governo forte; a visão de que a religião é um assunto de Estado (seja para promovê-la ou erradicá-la); a visão de que a educação é um processo de socialização; a incerteza quanto à ciência e à tecnologia e quanto a temas complexos como conflitos de grupos, violência e guerra. Com frequência, discordam fortemente sobre quais temas são prioritários e como devem ser aplicados. Apesar de suas diferenças, os coletivistas de direita e de esquerda sempre reconheceram um inimigo comum: o capitalismo liberal, com seu individualismo, sua limitação do papel do governo, sua separação entre Igreja e Estado, sua visão constante de que a educação não é, principalmente, uma questão de socialização política, e seu persistente otimismo sobre a cooperação e o comércio pacíficos entre os membros de todas as nações e de todos os grupos.

A ATMOSFERA DO COLETIVISMO

Rousseau, por exemplo, é normalmente considerado um homem de esquerda, e influenciou várias gerações de pensadores de esquerda. Mas também inspirou Kant, Fichte e Hegel — todos eles de direita. Fichte, por sua vez, foi usado como modelo para os pensadores de direita, mas também inspirou socialistas de esquerda como Friedrich Ebert, presidente da República de Weimar após a Primeira Guerra Mundial. O legado de Hegel, como bem sabemos, ganhou formas de esquerda e de direita.

Embora os detalhes sejam confusos, o ponto geral é claro: os coletivistas de direita e de esquerda estão unidos em seus objetivos principais e identificam o mesmo inimigo. Nenhum desses pensadores, por exemplo, disse nada de bom sobre a política de Locke. No século XX, persistiu a mesma tendência. Os acadêmicos debatiam se George Sorel era de esquerda ou direita — e isso faz sentido, já que ele inspirava tanto Lênin quanto Mussolini e os admirava. E só mais um exemplo: em termos políticos, Heidegger e os pensadores da Escola de Frankfurt têm mais em comum entre si do que com o pensamento de John Stuart Mill. Isso explica, por sua vez, por que pensadores como Herbert Marcuse, Alexandre Kojève e Maurice Merleau-Ponty defendiam a ideia de que Marx e Heidegger eram compatíveis, porém nunca sonharam em ligá-los a Locke ou John Stuart Mill.

A questão é que o liberalismo não penetrou profundamente nas principais linhas do pensamento político da Alemanha. Como aconteceu com a metafísica e a epistemologia, os avanços mais vigorosos na filosofia social e política do século XIX e início do século XX ocorreram na Alemanha, e a filosofia sociopolítica alemã foi dominada por Kant, Fichte, Hegel, Marx, Nietzsche e Heidegger.[35] No início do século XX, portanto, o debate entre os pensadores políticos da Europa continental girava em torno de dois temas: quando o capitalismo liberal entraria em colapso — e não se era uma opção viável — e qual versão de coletivismo, de direita ou de esquerda, tinha condições legítimas de se tornar o socialismo do futuro. A derrota da direita coletivista na Segunda Guerra Mundial significava, então, que a esquerda levaria o manto socialista adiante. Assim, uma vez que a esquerda deparou com seus próprios grandes infortúnios à medida que o século XX progredia, entender o que a esquerda tinha em comum com a direita coletivista ajuda a explicar por que a esquerda, em seu desespero, frequentemente adotou táticas "fascistas".

GUERRA CULTURAL

O coletivismo e a guerra em Kant

De todas as principais figuras da filosofia alemã na era moderna, Kant talvez seja a mais influenciada pelo pensamento social iluminista.

Existe uma conexão intelectual clara entre Rousseau e Kant. Os biógrafos repetem com frequência a anedota de Heinrich Heine sobre Kant. Segundo Heine, Kant sempre saía para caminhar à tarde no mesmo horário, de forma tão pontual que os vizinhos podiam acertar seus relógios pelo momento em que ele aparecia. Somente em uma ocasião ele se atrasou, porque ficara tão absorto na leitura de *Emile,* de Rousseau, que perdeu a hora. Kant fora criado no pietismo, uma versão do luteranismo que enfatizava a simplicidade e evitava a decoração externa. Portanto, na casa de Kant não havia retratos ou pinturas nas paredes, com uma exceção: acima de sua escrivaninha, via-se uma foto de Rousseau pendurada na parede.[36] "Aprendi a respeitar a humanidade lendo Rousseau",[37] escreveu Kant.

Os pensadores neoiluministas atacam Kant por duas razões: (i) sua epistemologia cética e subjetivista e (ii) sua ética do dever altruísta. Na epistemologia, ele distancia a razão do contato cognitivo com a realidade, destruindo o conhecimento; na ética, separa a moral da felicidade, destruindo o propósito da vida. Como vimos no capítulo 2, os argumentos de Kant desferiram um duro golpe no iluminismo.

Na política, todavia, Kant às vezes é considerado liberal e, no contexto da Prússia do século XVIII, há alguma verdade nisso. No contexto do liberalismo iluminista, todavia, Kant divergia do liberalismo em dois grandes aspectos: seu coletivismo e sua defesa da guerra como meio para alcançar os fins coletivistas.

Em um ensaio de 1784, *Ideia de uma História Universal de um Ponto de Vista Cosmopolita* [Idea for a Universal History With Cosmopolitan Intent], Kant declarou que a espécie humana tem um destino inevitável. A natureza tem um plano. Trata-se, porém, de "um plano oculto",[38] e, como tal, requer um discernimento especial dos filósofos. Esse destino é o desenvolvimento pleno de todas as capacidades naturais do homem, especialmente a razão.[39]

Por "homem", entenda-se, Kant não quis dizer o indivíduo. O objetivo da natureza é coletivista, ou seja, o desenvolvimento da espécie. Para

Kant, as capacidades do homem "só se desenvolverão na espécie, não no indivíduo".[40] O indivíduo é apenas forragem para o objetivo da natureza, como Kant expõe em sua "Review of Herder": "A natureza não nos permite ver outra coisa senão o fato de que ela abandona os indivíduos à completa destruição, mantendo apenas a espécie".[41] E novamente, em seu artigo "Speculative Beginning of Human History", de 1786, Kant afirmou que "o caminho que leva a espécie ao progresso não faz o mesmo pelo indivíduo".[42] O desenvolvimento do indivíduo está em conflito com o desenvolvimento da espécie, e só este importa.

Mas isso não significa que o desenvolvimento da espécie tem como objetivo a felicidade ou a realização. "A natureza é totalmente indiferente ao bem-estar do homem."[43] O indivíduo e todo o coletivo de indivíduos que hoje existem são apenas estágio de um processo, e seu sofrimento não importa à luz do objetivo final da natureza. Na verdade, argumentava Kant, o homem deve sofrer, e merecidamente. O homem é uma criatura pecadora, inclinada a seguir seus próprios desejos, em vez de atender às exigências do dever.

Como Rousseau, Kant culpava a humanidade por ter escolhido usar a razão, quando os instintos teriam nos servido perfeitamente bem.[44] Agora que a razão fora despertada, aliara-se ao egoísmo para perseguir desejos desnecessários e depravados. Assim, a fonte de nossa alardeada liberdade, escreveu Kant, é também nosso pecado original: "A história da *liberdade* começa com a maldade, pois é obra do *homem*".[45]

Portanto, advertiu-nos Kant, "estamos longe de poder considerar-nos *morais*".[46] O homem é uma criatura feita de "madeira empenada".[47] Logo, precisamos de forças poderosas para tentar corrigir nossa natureza distorcida.

Uma dessa forças é uma moralidade do dever, rigorosa e intransigente, que se oponha às inclinações animais do homem. Vida moral é aquela que nenhuma pessoa racional "desejaria que fosse mais longa do que de fato é",[48] pois devemos viver e nos desenvolver[49] para o bem da espécie. Inculcar essa moralidade nos homens é uma das forças da natureza.

Outra força para endireitar a madeira é a política. O homem é *"um animal que,* para viver entre outros membros de sua espécie, *necessita de um senhor"*. E isso porque "suas propensões animais egoístas o induzem a excluir-se [das regras morais] sempre que possível". Kant introduziu, então, sua versão da vontade geral de Rousseau. Politicamente, o homem "precisa, portanto, de um *senhor* que quebre sua vontade pessoal e o obrigue a obedecer a uma vontade universalmente válida".[50]

No entanto, o dever rigoroso estrito e os senhores políticos não são suficientes. A natureza concebeu ainda mais uma estratégia para levar a espécie humana a um desenvolvimento superior. Essa estratégia é a guerra. Como escreveu Kant em seu *Ideia de uma História Universal*: "O meio que a natureza emprega para promover o desenvolvimento de todas as capacidades do homem é o antagonismo entre os homens em sociedade".[51] Assim, o conflito, o antagonismo e a guerra são bons: destroem muitas vidas, mas são o método natural para favorecer o desenvolvimento superior das capacidades humanas. "No estágio atual da cultura do homem", afirmou Kant claramente em "Começo Especulativo da História Humana" [Speculative Beginning], "a guerra é um meio indispensável para conduzi-lo a um estágio ainda mais elevado".[52] A paz seria um desastre moral, logo é nosso dever não recuar diante da guerra.[53]

Kant esperava que da abnegação dos indivíduos e da guerra entre nações viriam o pleno desenvolvimento da espécie e uma federação de Estados internacional e cosmopolita que viveria em paz e harmonia, possibilitando o completo desenvolvimento moral de seus membros.[54] Então, concluiu Kant em um ensaio de 1794 intitulado *O Fim de Todas as Coisas* [The End of All Things], os homens por fim estariam prontos para o dia da "sentença de perdão ou condenação pelo juiz do mundo".[55] Esse é o plano oculto da natureza; está destinado a acontecer; sabemos, portanto, o que nos espera.

Herder e o relativismo multicultural

Johann Herder acreditava que nosso futuro não será nada animador. Às vezes chamado de "Rousseau alemão",[56] Herder estudou filosofia e teologia na Universidade de Konigsberg . Kant foi seu professor de filosofia; e nessa universidade, Herder também se tornou discípulo de Johann Hamann.

A ATMOSFERA DO COLETIVISMO

Herder é kantiano em seu desprezo pelo intelecto; mas, ao contrário do rígido e estático Kant, ele introduz em suas ideias um componente ativista e emocionalista hamanniano: "Não estou aqui para pensar", escreveu Herder, "mas para ser, sentir, viver!".[57]

Herder não se distingue por sua epistemologia, mas por sua análise da história e do destino da humanidade. Que significado podemos discernir na história? Existe um plano ou trata-se apenas de sucessão aleatória de eventos desconexos?

Existe um plano.[58] A história, sustenta Herder, é movida por um avanço dinâmico necessário que empurra o homem à vitória sobre a natureza. Esse avanço necessário culmina nas realizações da ciência e das artes, e na liberdade. Até aqui, nada de novo em Herder. O cristianismo já sustentava que o plano de Deus para o mundo implica uma dinâmica necessária para o desenvolvimento da história. E os pensadores do iluminismo já haviam projetado a vitória da civilização sobre as forças primitivas da natureza.

No entanto, os pensadores iluministas postulavam uma natureza humana universal e defendiam a tese de que a razão humana podia se desenvolver de forma igual em todas as culturas. A partir disso, deduziram que todas as culturas atingiriam eventualmente o mesmo grau de progresso. Quando isso ocorresse, os seres humanos eliminariam todas as superstições e preconceitos irracionais que os separavam, e a humanidade alcançaria, então, uma ordem social liberal, pacífica e cosmopolita.[59]

Não é assim, diz Herder. Em vez disso, cada povo (*Volk*) é uma única "grande família".[60] Cada qual possui uma cultura característica e é, em si, uma comunidade orgânica que se transforma no tempo. Cada qual possui o próprio talento, os próprios traços. Suas culturas são necessariamente opostas entre si. Como cada uma delas cumpre o próprio destino, sua rota de desenvolvimento é singular e entrará em conflito com a das outras culturas.

Esse conflito é ruim ou errado? Segundo Herder, não se pode julgá-lo. Os juízos de bom e mau são definidos cultural e internamente, com base nos objetivos e aspirações de cada cultura. Os padrões de cada cultura se originam e se desenvolvem a partir de circunstâncias e necessidades específicas, não de um conjunto universal de princípios; sendo assim, concluiu Herder, "deixemos de fazer generalizações sobre o significado de aprimoramento".[61] Herder insistia, portanto, em uma "interpretação estritamente

99

relativista do progresso e do aperfeiçoamento humano".[62] Consequentemente, cada cultura só pode ser julgada segundo os próprios padrões. Não se pode julgar uma cultura pela perspectiva de outra; podemos apenas aprofundar nossa compreensão acerca das manifestações culturais alheias e julgá-las conforme os próprios termos.

Para Herder, não é uma boa ideia tentar compreender outras culturas; tentar incorporar elementos de outras culturas conduz à decadência de nossa própria cultura: "Quando os homens começam a insistir em devaneios de terras estrangeiras, à procura de esperança e salvação, revelam os primeiros sintomas de enfermidade, flatulência, opulência doentia e proximidade da morte!".[63] Para sermos vigorosos, criativos e vivos, dizia ele, devemos evitar misturar nossa própria cultura com a dos outros e, em vez disso, mergulhar em nossa própria cultura, impregnando-nos dela.

Para os alemães, consequentemente, levando em conta suas tradições culturais, a tentativa de enxertar os ramos do iluminismo no cepo alemão tinha sido, e sempre seria, um desastre. "A filosofia de Voltaire se espalhou, mas essencialmente para prejuízo do mundo."[64] O alemão não é talhado para a sofisticação, o liberalismo, a ciência etc. Logo, deve apegar-se às suas tradições, ao idioma e aos sentimentos locais. Para o alemão, a cultura popular é preferível à cultura erudita; é melhor não se deixar corromper pelos livros e pela instrução. O conhecimento científico é artificial; os alemães devem ser naturais e ter raízes firmes. Para o alemão, a parábola da árvore do conhecimento no Jardim do Éden é verdadeira: "Não coma dessa árvore! Viva! Não pense! Não analise!".

Herder não dizia que o jeito alemão era melhor, nem queria que os alemães se tornassem imperialistas e impusessem sua cultura sobre os outros — esse passo foi dado por seus seguidores. Ele simplesmente argumentava como um alemão em favor do povo alemão, encorajando-o a seguir o próprio caminho, diametralmente oposto ao iluminismo.

Herder é relevante devido à sua enorme influência sobre os movimentos nacionalistas que logo se espalhariam por toda a Europa central e oriental. Também é relevante para compreender como o pensamento iluminista estava distante do contrailuminismo alemão. Se Kant é parcialmente atraído pelos ideais iluministas, Herder rejeita esses elementos da filosofia de Kant. Embora sua epistemologia seja amplamente kantiana, ele rejeita o universalismo de Kant: o modo como a razão se configura e se estrutura depende de cada cultura. E, em oposição à visão kantiana de um futuro cosmopolita e pacífico, Herder projeta um futuro de conflitos multiculturais. Assim, no contexto do debate intelectual alemão, as opções disponíveis eram: Kant e seu semi-iluminismo, e Herder e seu contrailuminismo.

Fichte e a educação como socialização

Johann Fichte foi discípulo de Kant. Nascido em 1762, estudou teologia e filosofia em Jena, Wittenberg e Leipzig. Em 1788, leu *Crítica da Razão Prática* [Critique of Practical Reason], de Kant, e essa leitura mudou sua vida. Ele viajou até Königsberg para conhecer Kant, na época o filósofo mais influente da Alemanha, mas o grande homem inicialmente se mostrou distante. Então, Fichte trabalhou como tutor em Königsberg enquanto escrevia seu tratado moral, *Attempt at a Critique of All Revelation*. Quando terminou, dedicou-o a Kant, que leu, gostou e insistiu para que Fichte o publicasse. Foi publicado anonimamente em 1792, e assim Fichte ganhou fama nos círculos intelectuais. O texto era tão kantiano em estilo e conteúdo que muitos pensaram ter sido escrito pelo próprio Kant, como sua quarta Crítica. Kant negou a autoria e elogiou o jovem autor, lançando assim a carreira acadêmica de Fichte.

Mas o grande avanço — o evento que consolidou Fichte no cenário alemão não só como um filósofo independente, mas também como um líder cultural — veio em 1807. Um ano após a derrota dos prussianos por Napoleão, Fichte saiu em praça pública para proferir seu firme chamado às armas, os *Discursos à Nação Alemã* [Addresses *to the* German *Nation*].

Nesses discursos, Fichte falou como um filósofo que desceu do mundo das abstrações para tratar de assuntos práticos, buscando situá-los no contexto do mais metafísico.* Ele se dirigia aos alemães derrotados,

---

* Fichte disse certa vez a Madame de Staël: "Entenda minha metafísica, madame, depois compreenderá minha ética".

convocando-os a renovar seu espírito e caráter. Os alemães tinham perdido a batalha física, argumentava Fichte, mas havia outra batalha, mais importante: a batalha do caráter.

Por que a Alemanha caiu sob o domínio de Napoleão? Fichte atribuiu isso a muitos fatores, a maioria deles relacionados com a infiltração das crenças debilitantes do iluminismo — "todos os males que nos levaram à ruína são de origem estrangeira".[65] Era preciso reformar as Forças Armadas, a religião e a administração do governo.

Contudo, o problema fundamental era claro: o sistema educacional fracassara na Alemanha. Apenas com uma revisão total dos métodos educacionais infantis a Alemanha poderia esperar tornar-se imune aos Napoleões do futuro. "Em uma palavra, proponho uma mudança total do sistema educacional, se quisermos preservar a existência da nação alemã."[66] Na filosofia educacional de Fichte, as ideias de Rousseau, Hamann, Kant e Schleiermacher são integradas em um projeto que seria influente por mais de cem anos.

Em seus *Discursos*, Fichte não tem a menor dúvida sobre qual sistema abstrato é o correto. Com Kant, "o problema foi totalmente resolvido entre nós, pois a filosofia foi aperfeiçoada".[67] Mas a filosofia de Kant ainda não tinha sido aplicada sistematicamente à educação infantil.

Fichte começou olhando para trás, tentando descobrir como a Alemanha chegara àquele estado lamentável. A Alemanha costumava ser uma potência. Na Idade Média, "os burgueses alemães eram o povo civilizado", e "esse é o único período da história alemã em que essa nação foi famosa e brilhante". O bom dos burgueses era "seu espírito de piedade, honra e modéstia, e seu sentido de comunidade". Eles eram grandiosos porque não eram individualistas. "Raramente o nome de um indivíduo se destacava ou se distinguia, pois todos compartilhavam o mesmo espírito e sacrifício pelo bem comum."[68]

Fichte não era, contudo, um apologista conservador dos velhos tempos. No contexto da Alemanha feudal, ele era um reformista que atribuía à corrupção das classes altas a ruína de seu país: "Seu florescimento [foi] destruído pela avareza e tirania dos príncipes".[69] Os alemães se deixaram corromper pelo mundo moderno, o que os tornou presa fácil para Napoleão. O que no mundo moderno levava à corrupção? O egoísmo. "O

A ATMOSFERA DO COLETIVISMO

avanço do egoísmo o destruiu", e "um povo pode ser completamente corrupto, ou seja, egoísta — pois o egoísmo é a raiz de toda corrupção."[70]

E isso porque, citando Rousseau, os homens se tornaram racionais sob a influência do iluminismo. Ele enfraqueceu a religião e a força moral. "A iluminação do entendimento, com seus cálculos puramente materiais, foi a força que destruiu a conexão, estabelecida pela religião, entre uma vida futura e a vida presente." Em consequência, o governo se tornou liberal e moralmente complacente: "a fraqueza dos governos" permitiu com frequência que "o descumprimento do dever ficasse impune".[71]

Em resumo: o alemão tinha vendido sua alma, perdido seu verdadeiro eu, sua identidade. "Por essa razão, o meio de salvação que prometo indicar consiste em forjar um eu inteiramente novo, que talvez tenha existido antes nos indivíduos como exceção, mas nunca como um eu universal e nacional, e na educação da nação." Inspirando-se mais uma vez em Rousseau: "Por meio da nova educação, queremos moldar os alemães em um corpo coletivo, estimulado e animado em todos pelo mesmo interesse".[72]

Para começar, a educação deve ser igualitária e universal, ao contrário da anterior, que era feudal e elitista: "Assim, só nos resta aplicar o novo sistema a todos os alemães, sem exceção, visando educar não só uma classe, mas toda a nação". Essa educação ajudará a criar uma sociedade sem classes: "Todas as diferenças de classes (...) serão completamente eliminadas e deixarão de existir. Dessa forma, cultivaremos entre nós não a educação vulgarizada, mas a verdadeira educação nacional germânica".[73]

A verdadeira educação deve buscar a fonte da natureza humana. A educação deve exercer "uma influência que penetre as raízes do impulso vital e da ação". Essa era uma grande falha da educação tradicional, pois ela se baseava no livre-arbítrio do estudante e a ele apelava. "Devo responder que o próprio reconhecimento e a dependência do livre-arbítrio do aluno são o primeiro erro do antigo sistema." A coação, não a liberdade, é melhor para os estudantes:

> Por outro lado, a nova educação deve consistir essencialmente nisto: (i) destruir a liberdade da vontade no campo que pretende cultivar e (ii) introduzir a estrita necessidade nas decisões da vontade, sendo o oposto impossível. Só assim pode-se recorrer com confiança e certeza a essa vontade.[74]

Infelizmente, é difícil fazer isso no estilo de vida contemporâneo, em que as crianças vão à escola e depois retornam, no final do dia, às influências corruptoras de seu lar e sua vizinhança. "É essencial", advertia Fichte, "que desde o início o aluno esteja sob influência total e contínua dessa educação, sendo totalmente separado da comunidade e impedido de qualquer contato com ela."[75]

Uma vez separadas as crianças, os educadores podem voltar sua atenção para as disciplinas internas. Em seu ensaio sobre educação, Kant comentou que "a obediência, acima de tudo, é um atributo essencial no caráter de uma criança, especialmente no caso de estudantes".[76] Contudo, destacou Fichte, crianças são crianças e, como tais, não assumirão deveres espontaneamente. Por essa razão, as autoridades escolares devem impor-lhes os deveres:

> A legislação deveria manter um padrão elevado de severidade e proibir várias ações. Essas proibições, que simplesmente devem existir e das quais depende a existência da comunidade, devem ser cumpridas através do medo e da punição imediata, se necessário. Essa lei penal deve ser administrada sem indulgência nem exceção.[77]

Um dos deveres a ser inculcados nos estudantes é a obrigação dos mais capazes de ajudar os que precisam. No entanto, "não devem esperar recompensa por isso, pois nesse sistema de governo todos são iguais no que se refere ao trabalho e ao prazer, nem mesmo elogios, dado que a atitude que prevalece é a de que todos devem agir dessa forma". Antecipando-se a Marx, Fichte acreditava que a escola deve ser um microcosmo da sociedade ideal: "Sob esse sistema de governo, portanto, a aquisição de maiores habilidades e o esforço dedicado para tal resultarão apenas em um esforço adicional, cabendo ao aluno mais hábil que os demais muitas vezes vigiar enquanto os outros dormem, e refletir enquanto os outros brincam".[78]

De forma mais ampla, a nova educação eliminará qualquer interesse pessoal e inculcará o amor puro do dever pelo dever, enaltecido por Rousseau e Kant:

Em lugar do amor-próprio, que nenhum benefício pode nos trazer, devemos criar e estabelecer no coração daqueles com quem desejamos contar em nossa nação esse outro tipo de amor, diretamente associado ao bem, por si só e a serviço de si mesmo.[79]

Se esse sistema tiver êxito, estes serão seus frutos: "Seus alunos saem no momento oportuno como uma máquina fixa e ajustada".[80]

Mas essa educação moral não é suficiente. Inspirando-se em Hamann e Schleiermacher, Fichte voltou-se em seguida para a religião:

Nesse sistema educacional, o aluno não é apenas um membro da sociedade humana aqui na Terra, pelo breve tempo de vida que lhe foi concedido. Ele é também, e sua educação assim reconhece, um elo da eterna corrente da vida espiritual em uma ordem social superior. Uma instrução que se compromete a abranger todo seu ser deve, certamente, levá-lo a conhecer também essa ordem superior.[81]

Embora a ortodoxia luterana o considere tolerante em questões religiosas, Fichte afirmava que a educação deve ser também intensamente religiosa. "Sob a orientação apropriada" o estudante finalmente "descobrirá no final que nada existe senão a vida, a vida espiritual que vive no pensamento; e que tudo o mais não existe, só aparenta existir." Ele entenderá que "apenas no contato imediato com Deus e com a vida que emana diretamente dele encontrará a vida, a luz e a felicidade. Por outro lado, caso evite esse contato, encontrará a morte, a escuridão e a miséria". "Educar para a verdadeira religião é, portanto, a tarefa definitiva da nova educação."[82]

Até aqui, o programa educacional de Fichte inclui a separação das crianças, a instrução rigidamente autoritária, o dever moral estrito, a abnegação e a total imersão religiosa. Algo muito diferente do modelo de educação liberal do iluminismo.

Todavia, o programa de Fichte não parava por aí. Faltava ainda acrescentar a importância da etnia. Apenas o alemão é capaz da verdadeira educação. O alemão é o melhor que o mundo tem a oferecer e a esperança para o progresso futuro da humanidade. O alemão "somente, por cima de todas as outras nações europeias, tem a capacidade de responder a essa educação".[83] Na verdade, a Alemanha se encontra na mesma situação que o resto da Europa e toda a humanidade. Ou os alemães respondem ao chamado de Fichte e se reformam ou afundarão no esquecimento. "Mas se a Alemanha afundar, o resto da Europa afundará com ela."[84]

Assim, com seu estilo arrebatado e sua personalidade forte, Fichte incitou os alemães a agir. Os alemães o escutavam com admiração e aprovação. Em 1810, três anos depois de pronunciar seus *Discursos*, Fichte foi nomeado reitor da Faculdade de Filosofia da recém-fundada Universidade de Berlim. (E Schleiermacher, diretor da Faculdade de Teologia.) No ano seguinte, Fichte tornou-se reitor de toda a universidade, e poderia finalmente colocar em prática seu programa educacional.

As ideias de Fichte não foram fogo de palha. Nova centelha surgiu um século mais tarde, em 1919, no discurso de Friedrich Ebert na abertura da Assembleia Nacional em Weimar. Mais uma vez, a Alemanha havia sido derrotada por potências estrangeiras e a nação estava desmoralizada, ressentida e recomeçando. Eleito primeiro presidente da República Alemã em 1919, Ebert fez questão de salientar em seu discurso a relevância de Fichte para a situação da Alemanha:

> Dessa maneira, trabalharemos em nosso grande objetivo: manter o direito da nação alemã, estabelecer na Alemanha uma democracia forte e levá-la ao sucesso com o verdadeiro espírito social e à maneira socialista. Assim, realizaremos a tarefa que Fichte incumbiu à nação alemã.[85]

Hegel e o culto ao Estado

Como estudante em Tübingen, Hegel tinha como leitura favorita Rousseau. "O princípio da liberdade emergiu no mundo com Rousseau e deu força infinita ao homem."[86] Como discutimos no capítulo 2, Hegel também estava profundamente envolvido com os desdobramentos recentes da metafísica e da epistemologia kantiana e fichtiana e suas implicações para o pensamento social e político.

A ATMOSFERA DO COLETIVISMO

Para Hegel, as linhas da batalha eram claras: se a descrição da liberdade humana de Rousseau é a correta, então a descrição iluminista deve ser uma fraude. Decepcionado com o resultado da Revolução Francesa, onde os rousseaunianos tiveram a chance de fazer história, Hegel desprezava a Inglaterra, na época a nação mais desenvolvida do iluminismo: "Das instituições caracterizadas pela liberdade verdadeira, em parte alguma existem tão poucas quanto na Inglaterra". O tal liberalismo das chamadas nações iluministas representava, na verdade, uma "incrível ausência" de direitos e liberdade. Somente com uma atualização dialética do modelo de Rousseau e sua aplicação ao contexto alemão é que se poderia chegar à "liberdade real".[87]

Então, o que é liberdade real para Hegel?

É preciso compreender que todo valor que o ser humano possui, toda sua realidade espiritual, ele só possui por meio do Estado.[88]

No contexto mais amplo da filosofia de Hegel, a história humana é governada pelas operações necessárias do Absoluto — ou Deus, Razão Universal, Ideia Divina —, a verdadeira substância do universo, e seus processos evolutivos são tudo o que existe. "Deus governa o mundo; o funcionamento real de Seu governo, a execução de Seu plano, é a história do mundo."[89]

O Estado, à medida que participa do Absoluto, é o instrumento de Deus para realizar seus propósitos. "O Estado", portanto, "é a Ideia Divina tal como existe na Terra."[90]

Dado que o derradeiro propósito do indivíduo deve ser unir-se à realidade suprema, segue que "o Estado, em si e por si, é o todo ético, a materialização da liberdade".[91] Consequentemente, do ponto de vista moral, o indivíduo tem menos importância que o Estado. Os interesses empíricos e cotidianos do indivíduo são de ordem moral inferior à dos interesses universais do Estado, relacionados com a história do mundo. O Estado tem como propósito final a autorrealização do Absoluto, e "esse propósito final tem direito supremo sobre o indivíduo, cujo dever supremo é ser membro do Estado".[92] O dever, como aprendemos com Kant e Fichte, sempre triunfa sobre os interesses e as inclinações das pessoas.

No entanto, a mera adesão ao Estado por força do dever não basta para Hegel, dada a grandiosidade do divino propósito histórico do Estado. "É preciso cultuar o Estado como uma divindade terrena."[93]

Nessa veneração, acreditava Hegel, encontramos a real liberdade. Afinal, nós, indivíduos, somos apenas aspectos do Espírito Absoluto e ao nos relacionar com ele nos relacionamos com nós mesmos. "Pois a Lei é a objetividade do Espírito, a vontade em sua forma verdadeira. Só a vontade que obedece à lei é livre, pois obedece a si própria — é independente e, por isso, livre."[94] Liberdade, portanto, é a submissão total do indivíduo e o culto ao Estado.

Existe, é claro, o problema de explicar tudo isso ao indivíduo comum. Em seu cotidiano, ele geralmente tem a impressão de que as leis e outras manifestações do Estado não representam a liberdade real. Na maioria dos casos, afirmava Hegel, isso se dá porque o cidadão comum desconhece a liberdade verdadeira,[95] e nenhum tipo de explicação da dialética superior fará com que as leis lhe pareçam outra coisa senão uma violação da liberdade.

Mas também é verdade, admitia Hegel, que, em muitos casos, as liberdades e os interesses do indivíduo serão genuinamente deixados de lado, anulados e até mesmo destruídos. Uma das razões disso é que os princípios gerais do Estado são *universais* e *necessários*, portanto, não se pode esperar que se apliquem perfeitamente ao *particular* e *contingente*. Como explicou Hegel, "a lei *universal* não se destina às massas. Estas podem, de fato, ver seus interesses decididamente relegados a segundo plano".[96]

No entanto, o problema não está apenas em aplicar o universal ao particular. Os indivíduos devem reconhecer que, do ponto de vista moral, não são fins em si mesmos; são instrumentos para atingir objetivos superiores.

> No entanto, podemos tolerar a ideia de que os indivíduos, seus desejos e a gratificação destes sejam sacrificados, e que sua felicidade se renda ao universo da casualidade, ao qual pertence; e que, como regra geral, os indivíduos se subordinem à condição de meios para um fim ulterior.[97]

E, mais uma vez, caso não tenhamos entendido o que Hegel pretende dizer: "Uma pessoa, por si só, é algo subordinado que deve se dedicar ao todo ético". E novamente repetindo Rousseau: "Assim, se o Estado lhe exigir a vida, o indivíduo deve entregá-la".[98]

Os indivíduos entregam sua vida principalmente quando seres humanos especiais surgem para sacudir as coisas e levar adiante o plano de Deus para o mundo. Os "indivíduos históricos", como Hegel os chamou, são aqueles que, quase sem saber, são agentes do desenvolvimento do Absoluto. Esses indivíduos são enérgicos e focados, capazes de acumular poder e dirigir as forças sociais de forma a realizar algo de importância histórica. Seus feitos, sem dúvida, cobram um alto custo humano.

> O indivíduo histórico não é insensato a ponto de permitir que vários desejos dividam sua atenção. Ele se dedica ao Objetivo Único, independente de todo o resto. É possível que esses homens desconsiderem outros interesses importantes, até mesmos sagrados — conduta de fato detestável, passiva de repreensão moral. Mas uma forma tão poderosa deve pisotear muitas flores inocentes — despedaçar muitos objetos em seu caminho.[99]

As flores inocentes não devem se opor à sua destruição. O indivíduo histórico age pelo melhor interesse do todo. O Estado é personificado por esse indivíduo especial, e o Estado é o futuro do coletivo. Mesmo sendo destruída, a flor inocente só tem valor — e glória — quando participa desse futuro maior.

Antecipando-se a Nietzsche, Hegel argumentou que as flores inocentes nem sequer devem levantar objeções meramente morais contra as atividades dos indivíduos históricos. "Pois a história do mundo ocupa um lugar mais elevado do que a moral." As necessidades do desenvolvimento histórico são de categoria superior às da moral, por isso "a consciência dos indivíduos" não deve ser um obstáculo ao cumprimento do destino histórico.[100] Pisotear a moral é lamentável, mas, "por esse ponto de vista, exigências morais irrelevantes não devem obstruir os feitos históricos e sua realização".[101]

GUERRA CULTURAL

De Hegel ao século XX

Um dos alunos de Auguste Comte estudou por um tempo na Alemanha e assistiu às palestras de Hegel. Ao relatar a Comte sobre as doutrinas de Hegel e sua semelhança com as ideias socialistas de seu professor, o aluno escreveu, cheio de entusiasmo: "A semelhança dos resultados existe até nos princípios práticos, já que Hegel é um defensor dos governos, ou seja, inimigo dos liberais".[102]

No século XIX, o verdadeiro significado de "socialismo" foi tema de discussões acaloradas entre os coletivistas de todas as estirpes. Kant, Herder, Fichte e Hegel eram as vozes predominantes. Contudo, nenhum deles era conservador. Os conservadores do século XIX apoiavam o retorno ou o revigoramento das instituições feudais. Nossos quatro personagens, ao contrário, propunham reformas significativas e o fim do feudalismo tradicional. Entretanto, nenhum deles era um liberal iluminista. Os liberais iluministas eram individualistas e seu centro de gravidade político-econômico tendia para a restrição do papel do governo e para a liberdade de mercado. Nossos quatro personagens, por outro lado, expressavam teses fortemente coletivistas no campo da ética e da política, exortando os indivíduos a se sacrificarem pela sociedade — definida como espécie, grupo étnico ou Estado. Kant conclama os indivíduos ao dever de se sacrificarem pela espécie; Herder, a encontrar sua identidade na etnia; Fichte recomenda a educação como processo de socialização total; Hegel prega o governo total, ao qual o indivíduo deve entregar tudo. Para uma escola de pensadores que defendia a socialização total, "socialismo" parecia ser um rótulo apropriado. Sendo assim, muitos pensadores da direita coletivista se consideravam verdadeiros socialistas.

No entanto, o rótulo "socialismo" também era usado pelos coletivistas de esquerda, o que gerou um debate acalorado entre a esquerda e muitos membros da direita acerca de quem teria mais direito a usar o adjetivo "socialista".

O debate não era meramente semântico. Tanto a direita como a esquerda eram anti-individualistas; tanto uma quanto a outra defendiam a gestão governamental de várias áreas da sociedade; ambas dividiam a sociedade humana em grupos que consideravam fundamentais para a identidade do indivíduo; condenavam esses grupos a um conflito inevitável; defendiam a guerra e a revolução violenta como meios para viabilizar a sociedade ideal. E ambas abominavam os liberais.

Coletivismo de direita *versus* coletivismo de esquerda no século XX

Os grandes acontecimentos do início do século XX foram a pedra angular intelectual na batalha entre a esquerda e a direita pela alma do socialista.

A Primeira Guerra Mundial jogou o Oriente contra o Ocidente no primeiro grande conflito do século entre sistemas sociais incompatíveis. Os principais intelectuais alemães da direita política não tinham dúvidas sobre o significado do início da guerra — que destruiria o decadente espírito liberal, o espírito fraco dos comerciantes e negociantes, abrindo espaço para a ascensão do idealismo social.

Johann Plenge, por exemplo, uma das maiores autoridades em Hegel e Marx, fazia parte da direita política. Seu livro crucial, *Hegel and Marx*, reintroduziu os acadêmicos à importância de compreender Hegel para entender Marx.* Segundo Plenge, o liberalismo era um sistema corrupto, e por isso o socialismo haveria de se tornar o sistema social do futuro. Plenge também acreditava que o socialismo despontaria primeiro na Alemanha.

> Pois, no campo das ideias, a Alemanha foi o expoente mais convicto dos sonhos socialistas, e, no campo da realidade, o arquiteto mais capaz de um sistema econômico altamente organizado. O século XX é o século alemão.[103]

---

* Lênin concordava com Plenge: "É impossível entender completamente *O Capital*, de Marx, especialmente o primeiro capítulo, sem estudar e compreender profundamente *A Ciência da Lógica*, de Hegel. Consequentemente, passado meio século, nenhum marxista entendeu Marx!".

Portanto, a Primeira Guerra Mundial devia ser celebrada como o catalisador desse futuro. A economia de guerra que tinha sido criada em 1914 na Alemanha, escreveu Plenge, "é a primeira materialização de uma sociedade socialista, e o seu espírito, a primeira manifestação ativa, e não apenas exigente, de um espírito socialista. As necessidades da guerra estabeleceram a ideia socialista na vida econômica alemã".[104]

Assim, o fato de a Alemanha ter perdido a Primeira Guerra Mundial foi devastador para a direita coletivista. Moeller van den Bruck, sem dúvida alguma um membro da direita alemã e adversário implacável do marxismo, resumiu deste modo a derrota: "Perdemos a guerra contra o Ocidente. O socialismo perdeu para o liberalismo".[105]

A perda avassaladora da guerra e o derrotismo psicológico que a acompanhou contribuíram para o sucesso meteórico da obra *A Decadência do Ocidente* [The Decline of the West], de Oswald Spengler — que também era um homem de direita. Nesse livro, escrito em 1914 mas publicado somente em 1918, Spengler introduziu uma combinação pessimista de Herder e Nietzsche, trazendo temas do conflito cultural e da decadência, argumentando que o triunfo amplo e lento do liberalismo no Ocidente era o indício mais claro de que a cultura ocidental, como aconteceria com todas as culturas, estava caindo para a moleza, a flacidez e, por fim, a insignificância. Todos os marcadores da civilização ocidental, afirmava Spengler, do governo democrático ao capitalismo, passando pelos avanços tecnológicos, eram sintomas de decadência. "A aterradora forma do capitalismo puramente mecânico e desalmado, que tenta controlar todas as atividades e reprime toda individualidade e qualquer impulso livre e independente", prevalecera, e não havia muito que fazer.[106]

Ludwig Wittgenstein ficou aturdido ao ler Spengler. Martin Heidegger, profundamente comovido. *A Decadência do Ocidente* catapultou Spengler para a linha de frente dos intelectuais públicos alemães.

Logo após o sucesso de *Decadência*, Spengler publicou *Prussianism and Socialism* (1920). Migrando da história cultural para a teoria política, Spengler esperava arrancar o rótulo de "socialista" dos marxistas[107] e demonstrar que o socialismo exigia um foco nacional e orgânico. Concordando com os marxistas, Spengler argumentava que o Estado ideal exigia "a organização da produção e da comunicação pelo Estado; todos devem ser servos do Estado". E concordando com os marxistas e contra os liberais moderados, Spengler argumentava que o "socialismo significa poder, poder e mais poder".[108]

Entretanto, contra os marxistas, que eram muito racionalistas e apaixonados pela tecnologia, Spengler argumentava que o socialismo real seria orgânico e enraizado nos ritmos naturais da vida. O marxismo, segundo ele, compartilhava com o capitalismo a responsabilidade de haver gerado o mundo artificial e materialista do Ocidente. "Todas as coisas orgânicas estão morrendo nas garras da organização", escreveu Spengler mais tarde em *O Homem e a Técnica* [Man and Technics], ecoando Rousseau:

> Um mundo artificial está envenenando o mundo natural. A própria civilização tornou-se uma máquina que faz, ou tenta fazer, tudo de forma mecânica. Agora, só pensamos em cavalo-vapor; não conseguimos olhar para uma cachoeira sem transformá-la mentalmente em energia elétrica; não somos capazes de contemplar um campo cheio de gado pastando sem pensar em explorá-lo como fonte de abastecimento de carne; não conseguimos olhar um belo e antigo trabalho artesanal feito por um povo primitivo e incorrupto sem desejar substituí-lo por um processo técnico moderno.[109]

Não podemos recuperar nosso vínculo perdido, acreditava Spengler, por isso é tarde demais para o socialismo. Mas, como os heróis do passado, devemos enfrentar nosso destino estoicamente e sem ilusões. "Otimismo é *covardia*." Tudo que podemos fazer, como seres honrados em um mundo decadente, é persistir em nosso dever:

> Nosso dever é mantermo-nos na posição perdida, sem esperanças, sem resgate, como o soldado romano cujos ossos foram encontrados diante de uma porta em Pompeia e que, durante a erupção do Vesúvio, morreu em seu posto porque esqueceram de liberá-lo. Isso é grandeza.[110]

Apesar do pessimismo de Spengler, outros pensadores de direita ainda viam uma chance para o verdadeiro socialismo. Ernst Jünger, inspirado por Spengler, inspirava alguns deles. Jünger foi ferido três vezes na Primeira Guerra Mundial, mas voltou para casa determinado a retomar a luta contra o decadente mundo ocidental. A guerra foi um fracasso — mas um fracasso que poderia ser superado. Somos "uma nova geração", escreveu Jünger, "uma raça que foi temperada e transformada interiormente pelas chamas dardejantes e pelos golpes titânicos da maior guerra da história".[111]

Outro pensador de direita que ainda acreditava na viabilidade do socialismo era Werner Sombart (1863-1941), renomado sociólogo e crítico ferrenho do capitalismo liberal. Tendo sido um bom marxista durante grande parte de sua carreira, Sombart trocou de lado no início do século XX. Para ele, não se tratava de abandonar o socialismo, mas de fortalecê-lo. Segundo Sombart, era absolutamente essencial "libertar o socialismo do sistema marxista".[112] Assim seria possível forjar uma forma superior de socialismo, com foco nacionalista. E ao rejeitar a pretensão de ser capaz de "'provar' a 'necessidade' do socialismo por meio de 'argumentos científicos'", o socialismo recuperaria sua "capacidade de criar novos ideais e a possibilidade de despertar sentimentos intensos".[113] Com o novo foco nacionalista e a renovação de seus sentimentos idealistas, achava ele, os socialistas estariam mais aptos a combater seu verdadeiro inimigo, o capitalismo liberal. Em seu livro seguinte, *Merchants and Heroes* (1915), Sombart deu prosseguimento a seus ataques ao capitalismo liberal, contrastando dois tipos opostos de ser social: o decadente e o nobre; o ataque de Sombart a esse alvo continuou até 1928, quando, concordando com as ideias de Spengler e Moeller, disse acerca do ideal socialista:

> Esse pensamento está destinado a proteger a humanidade de um perigo que é muito maior que o da burocratização, ou seja, o perigo de sucumbir ao mamonismo, ao demônio da ganância, ao tráfico do interesse material.[114]

"O liberalismo", escreveu Moeller, "é a morte das nações."[115] Portanto, o socialismo tinha que prevalecer sobre ele. No entanto, precisava ser o tipo correto de socialismo — e o tipo correto não era o marxista. O internacionalismo marxista, defendiam os pensadores de direita, de Spengler a Sombart e a Moeller, era uma versão falsa ou ilusória de socialismo. Não existe cultura universal; logo, não existe um conjunto universal de interesses, nem uma forma universal que o socialismo possa adotar. O socialismo deve ser nacional, enraizado no contexto histórico característico de cada cultura. "Cada povo tem seu próprio socialismo", escreveu Moeller. Desse modo, "não existe socialismo internacional."[116]

E, em um comentário que parecia antever a década que se aproximava, Moeller escreveu:

> O socialismo começa onde o marxismo termina. O socialismo alemão é chamado a desempenhar um papel na história espiritual e intelectual da humanidade ao expurgar todo rastro de liberalismo. (...) Esse novo socialismo deve ser a base do terceiro império da Alemanha.[117]

A ascensão do nacional-socialismo: quem são os verdadeiros socialistas?

A ascensão do nacional-socialismo à proeminência política durante a década de 1920 deu um foco particular ao debate, à medida que os nacional-socialistas, os comunistas e os social-democratas propunham variações sobre os mesmos temas e competiam entre si pelos votos dos mesmos eleitores.

Os social-democratas e os comunistas divergiam sobre o caminho que levaria ao socialismo: evolução ou revolução. Surgiram, também, animosidades entre os dois partidos durante a Revolta Espartaquista de 1919, quando os comunistas se levantaram violentamente contra o regime socialista eleito. Assim, os social-democratas — referindo-se à teoria e a fim de atrair votos — frequentemente argumentavam que não havia diferença essencial entre os comunistas e os nacional-socialistas: ambos promoviam a violência em vez de procedimentos pacíficos e democráticos.

Os comunistas muitas vezes retornavam o favor, argumentando que tanto os social-democratas como os nacional-socialistas tinham se vendido ao capitalismo. Ernst Thälmann, por exemplo, em um discurso à sessão plenária do Comitê Central do Partido Comunista da Alemanha, declarou que os social-democratas e os nacional-socialistas eram gêmeos ideológicos.[118] Os social-democratas estavam dispostos a fazer acordos com outros partidos e dividir o poder com eles; disso, só poderiam resultar rixas intermináveis e hesitação, o que serviria para manter o status quo capitalista. Os nacional-socialistas, é claro, estavam na direita política e, por definição, achavam-se necessariamente no bolso dos capitalistas.

Os nacional-socialistas reconheciam ser de direita, enquanto os social-democratas e os comunistas eram de esquerda. Eles, porém, encontraram pouca dificuldade prática para afastar eleitores dos dois partidos ao enfatizar os elementos socialistas do nacional-socialismo. Tampouco achavam que os objetivos teóricos dos três partidos fossem assim tão distantes. Hitler, por exemplo, declarou que "basicamente o nacional-socialismo e o marxismo são iguais"[119]. E Joseph Goebbels, que era doutor em filologia e talvez estivesse mais preparado para entender as questões teóricas, era da mesma opinião.

O pensamento social de Goebbels tinha sido fortemente influenciado por Spengler e pelos principais socialistas de esquerda. Ele representava uma voz forte dentro do Partido Nacional-Socialista em favor das plataformas econômicas socialistas. O ódio de Goebbels pelo capitalismo era lendário, assim como seu ódio pelo dinheiro. O dinheiro, escreveu ele, é "a origem de todo o mal. É como se Mamon fosse a encarnação do mal no mundo. Odeio o dinheiro do mais fundo de minha alma".[120] Apenas o socialismo poderia opor-se à corrupção do liberalismo e do capitalismo. "Liberalismo significa: acredito em Mamon", escreveu Goebbels em seu romance *Michael*, de 1929, que em 1942 já contava com 17 edições. "Socialismo significa: acredito no trabalho".[121]

Assim, Goebbels estava muito mais disposto a fazer discursos e escrever ensaios conciliatórios para os comunistas, pedindo-lhes que reconhecessem que os objetivos principais dos nacional-socialistas e dos comunistas eram os mesmos: derrubar o capitalismo e chegar ao socialismo. E que a única diferença significativa entre eles era que os comunistas acreditavam que o socialismo poderia ser alcançado em nível internacional, ao passo que, para os nacional-socialistas, poderia e deveria ocorrer em âmbito nacional.[122] As diferenças entre o nacional-socialismo e o comunismo se resumiam a uma escolha entre a ditadura do *Volk* e a ditadura do *proletariat*.[123]

Nesse contexto intelectual e cultural, é compreensível que os eleitores votassem nos social-democratas em uma eleição e, na seguinte, nos comunistas ou nos nacional-socialistas, e trocassem novamente de lado na eleição seguinte.

Também é compreensível que, nesse contexto, os nacional-socialistas tenham alcançado seus primeiros grandes êxitos entre os estudantes universitários. "Muito antes de 1932, já era comum encontrar estudantes nas salas de aula usando camisa marrom e a braçadeira com a suástica."[124] Educados em uma cultura intelectual em que predominavam Kant, Fichte, Hegel, Marx, Nietzsche e Spengler, muitos estudantes consideravam o nacional-socialismo um ideal moral, assim como vários professores, cuja formação tinha se dado com as mesmas obras.[125]

Os estudantes da década de 1920 e princípios da década de 1930 viam-se como rebeldes contra um sistema corrupto que lhes fora imposto pelo Ocidente capitalista, estrangeiro e liberal; contra a geração de seus pais, derrotada durante a Primeira Guerra Mundial; contra o capitalismo, que marginalizava o trabalhador, negando-lhe uma fatia justa do bolo, e que causara a Grande Depressão; e a favor das ideias de libertação do trabalhador e do espírito alemão. [126]

Falando de muitos estudantes brilhantes e talentosos que vinham do Ocidente para estudar na Alemanha, Friedrich Hayek comentou: "Durante a década de 1930, muitos professores universitários viram os estudantes ingleses e americanos regressarem do Continente sem saber ao certo se eram comunistas ou nazistas, tendo apenas a certeza de que odiavam a civilização liberal ocidental".[127]

No entanto, a civilização liberal do Ocidente sobreviveu tanto à Grande Depressão como à Segunda Guerra Mundial, delas emergindo mais forte do que antes. Durante a guerra e depois, os nacional-socialistas e os coletivistas de direita foram fisicamente exterminados e caíram em descrédito moral e intelectual. As novas linhas de batalha foram simplificadas e tornaram-se nitidamente claras: capitalismo liberal *versus* socialismo de esquerda.

CAPÍTULO 5

A crise do socialismo

MARXISMO E ESPERANDO GODOT

Formulado inicialmente em meados do século XIX, o socialismo marxista clássico fazia dois pares de afirmações relacionadas: um econômico, outro moral. No âmbito da economia, declarava que o capitalismo era movido pela lógica da exploração competitiva que levaria ao seu próprio colapso; o modo de produção comunal do socialismo, em contraste, provaria ser economicamente superior. No âmbito da moral, o capitalismo era considerado maléfico, tanto pelas motivações egoístas dos envolvidos na competição capitalista como pela exploração e alienação geradas por essa competição; o socialismo, por sua vez, seria baseado no sacrifício altruísta e na partilha entre todos.

As esperanças iniciais dos socialistas marxistas concentravam-se nas contradições econômicas internas do capitalismo. Essas contradições, pensavam eles, se manifestariam em diversos conflitos de classe. À medida que se intensificasse a competição por recursos, a exploração do proletariado pelos capitalistas inevitavelmente aumentaria. Com o aumento da exploração, o proletariado perceberia sua alienação e opressão. Em algum momento, o proletariado explorado não suportaria mais sua situação, e a revolução aconteceria. Assim, a estratégia dos intelectuais marxistas era esperar e observar os sinais de que as contradições do capitalismo estavam levando, lógica e inexoravelmente, à revolução.

E esperaram por muito tempo. No início do século XX, depois de várias previsões fracassadas de revolução iminente, tornara-se embaraçoso

A CRISE DO SOCIALISMO

fazer previsões apocalípticas, enquanto o capitalismo seguia uma direção oposta à esperada pelo marxismo.

Três previsões fracassadas

O marxismo era e é uma análise de classes que incita uma classe econômica contra a outra em uma competição de soma zero. Nessa competição, os mais fortes venceriam cada etapa da competição, impondo aos mais fracos condições cada vez mais desesperadas. As sucessivas etapas da competição capitalista também insuflariam os mais fortes uns contra os outros, produzindo mais vencedores e perdedores, até que o capitalismo gerasse uma estrutura socioeconômica caracterizada por uns poucos capitalistas no topo e no controle dos recursos econômicos da sociedade, enquanto o resto seria empurrado para a pobreza. Nem a nascente classe média permaneceria estável no capitalismo, pois a lógica da competição de soma zero espremeria alguns integrantes da classe média para a classe capitalista e o restante no proletariado.

Essa análise de classe deu origem a três previsões definidas. A primeira afirmava que o proletariado cresceria como fração da população e empobreceria: à medida que a competição capitalista avançasse, mais e mais pessoas seriam forçadas a vender seu trabalho, e, conforme aumentasse a oferta de trabalho, os salários necessariamente diminuiriam. A segunda, que a classe média se reduziria a uma porcentagem muito pequena da população: a competição de soma zero significa que haveria vencedores e vencidos, e, enquanto uns poucos continuariam a vencer, tornando-se capitalistas ricos, a maioria acabaria perdendo, engrossando as fileiras do proletariado. E a terceira, que os capitalistas também constituiriam uma parcela menor da população: a competição de soma zero se aplica ainda à competição entre capitalistas, gerando alguns vencedores permanentes que estariam no controle de tudo, enquanto o restante seria rebaixado na hierarquia econômica.

Mas não foi isso que aconteceu. No início do século XX, parecia que todas as três previsões haviam fracassado em descrever o desenvolvimento dos países capitalistas. A porcentagem de trabalhadores manuais na população diminuíra e sua condição tinha melhorado. E a classe média havia crescido substancialmente, tanto em porcentagem populacional quanto em riqueza, assim como a classe alta.

Então, o socialismo marxista estava diante de uma série de problemas teóricos: por que as previsões não se cumpriram? Ainda mais premente era o problema prático da impaciência: se as massas proletárias eram a matéria-prima da revolução, por que não estavam se revoltando? A exploração e a alienação eram inegáveis — apesar das aparências superficiais — e deviam estar sendo sentidas pelas vítimas do capitalismo, o proletariado. Sendo assim, o que fazer com a classe trabalhadora decididamente não revolucionária? Após décadas esperando para reagir ao menor sinal de insatisfação e inquietação dos trabalhadores, o fato evidente era que o proletariado não se revoltaria tão cedo.

Consequentemente, era preciso repensar a estratégia de esperar.[1]

QUADRO 3: A VISÃO MARXISTA SOBRE A LÓGICA DO CAPITALISMO

"Os ricos ficam mais ricos, e os pobres, mais pobres"

Classe	Trabalhadora	Média	Alta
Status inicial	Fraca, pobre	Confortável mas instável	Poderosa, rica
Resultado inicial	Explorada	Passa a integrar a classe trabalhadora ou ascende à classe alta	Exploradora, impiedosa
Previsão para o futuro	Aumenta sua porcentagem entre a população; trabalhadores pobres e revolucionários	Sua porcentagem entre a população se reduz a zero	Sua porcentagem entre a população diminui
Resultados reais	Diminui sua porcentagem entre a população; trabalhadores confortáveis/ complacentes	Aumenta sua porcentagem entre a população	Aumenta sua porcentagem entre a população

O socialismo precisa de uma aristocracia

Muitos teóricos partilhavam dessa ideia. Entre os primeiros estavam os fabianos, na Inglaterra, liderados por Beatrice e Sidney Webb, que ganharam notoriedade graças a George Bernard Shaw. Com sua típica polidez inglesa, os fabianos decidiram abandonar toda aquela desagradável conversa sobre revolução e buscar o socialismo através da evolução — com assembleias, discussões, panfletos e voto. Eles também decidiram logo abandonar a estratégia de esperar que o proletariado mudasse a sociedade de baixo para cima. Ponderavam que essa abordagem exigia confiança excessiva nos poderes do trabalhador comum. Como escreveu Beatrice Webb em suas memórias, "temos pouca fé no 'homem simples e comum'. Não acreditamos que ele possa fazer muito mais do que descrever suas queixas, não achamos que possa prescrever o remédio".[2] Para prescrever o remédio e dar início às medidas para sua aplicação, a liderança de uma elite forte era essencial.

Na Rússia, antes da revolução de 1917, Lênin também havia modificado a teoria marxista na mesma direção, tornando-a aplicável ao contexto russo. Os russos certamente tinham muitas queixas, mas os que mais sofriam não faziam muito a respeito — e pareciam aceitar apaticamente que esse era o destino fatídico que lhes cabia na vida. E era difícil culpar o capitalismo por seus problemas, dado que a Rússia ainda era um reduto do feudalismo. Lênin tinha uma explicação para o fato de o proletariado das nações capitalistas do Ocidente não se rebelar contra o jugo da opressão e da alienação: os capitalistas ocidentais haviam ardilosamente exportado essa miséria às nações mais pobres, subdesenvolvidas[3] — mas isso não ajudaria a resolver os problemas da Rússia.

Segundo o marxismo clássico, esperar que o socialismo chegasse à Rússia significava esperar que o capitalismo chegasse à Rússia, desenvolvesse um proletariado industrial, que esse proletariado alcançasse uma consciência coletiva de classe e, por fim, se rebelasse contra o opressor. Isso levaria um tempo absurdamente longo. Portanto, era preciso alterar a teoria de Marx. O socialismo na Rússia não podia esperar que o capitalismo amadurecesse para se desenvolver. A revolução teria de levar a Rússia diretamente do feudalismo para o socialismo. Mas sem o proletariado organizado do capitalismo, a transição exigiria uma elite que, com força de vontade e violência política, realizasse uma "revolução de cima" e impusesse o socialismo a todos, em uma "ditadura do proletariado".[4]

Na China, Mao Tsé-tung chegou a conclusões semelhantes na década de 1920. Mao foi inspirado pelos resultados da Revolução Bolchevique de 1917 — a Rússia, escreveu ele, era agora "o primeiro país civilizado do mundo"[5] —, mas estava desanimado com o resultado de seu esforço e o de outros comunistas para educar e organizar o campesinato chinês. Assim, Mao também decidiu que o socialismo teria que surgir diretamente do feudalismo. Comparada à Rússia, a China tinha ainda menos consciência política de massa. Em consequência disso, Mao acreditava que, embora os camponeses tivessem um papel a desempenhar na revolução, a liderança forte de uma elite era indispensável.[6] Diferentemente de Lênin, Mao introduziu outras duas modificações. A visão marxista clássica do socialismo incluía uma economia industrial e tecnológica desenvolvida, viabilizada e mantida pelas forças da lógica (dialética). Mao reduziu a importância da tecnologia e da racionalidade: o socialismo chinês seria mais agrário e menos tecnológico, viabilizado mais pela asserção e vontade imprevisível do que pela lógica e razão.

Voltando ao contexto europeu da década de 1920, a necessidade de uma liderança forte foi confirmada pela impotência dos social-democratas alemães. Principal partido socialista do mundo na época, detentor do controle do governo alemão durante a maior parte da década, os social-democratas mostraram-se incapazes de fazer qualquer coisa. Para Georg Lukács, Max Horkheimer e os primeiros pensadores da Escola de Frankfurt, isso também sinalizava a necessidade de uma modificação da teoria marxista clássica.[7] Agindo por conta própria, o proletariado e seus porta-vozes simplesmente cairiam na futilidade. Não só a liderança social-democrata era muito fraca e condescendente como seus eleitores na classe trabalhadora não tinham a menor noção de suas reais necessidades e de seu real — ainda que não evidente — estado de opressão.

A conclusão da ala mais extrema dos radicais de esquerda foi a seguinte: chega de democracia! Chega de consultar as bases, da abordagem de baixo para cima e de apelar às massas e esperar que elas façam alguma coisa. O socialismo precisa de *liderança*, uma liderança que faça o diagnóstico claro dos problemas do capitalismo, prescreva os remédios e aja de forma implacável para promover o socialismo — dizendo às massas o que elas precisavam ouvir, e o que fazer e quando.

Ironicamente, portanto, na década de 1930, grandes segmentos da esquerda radical passaram a concordar com o que os nacional-socialistas e os fascistas havia muito afirmavam: o socialismo precisa de uma aristocracia. Mesmo que o socialismo seja *para* o povo — e nisso a extrema direita e boa parte da extrema esquerda concordavam —, ele não pode ser realizado *pelo* povo. É preciso dizer ao povo o que ele necessita e como obtê-lo; e, nos dois casos, o ímpeto e a direção devem partir de uma elite.

Assim, a União Soviética tornou-se a grande esperança do socialismo. Com Josef Stálin governando a Rússia precisamente nesse modelo elitista, a União Soviética parecia ser a resposta às orações dos socialistas de esquerda. As previsões fracassadas do socialismo marxista clássico poderiam ser abandonadas e esquecidas: os ajustes teóricos e práticos adequados tinham sido feitos, e o futuro do socialismo parecia brilhante.

Boas notícias para o socialismo: depressão e guerra

Quase melhor do que o exemplo da União Soviética foi a chegada dos tão esperados problemas econômicos no Ocidente capitalista. A quebra da Bolsa em 1929 e a Depressão que a sucedeu só podiam significar uma coisa: as contradições do capitalismo estavam enfim se manifestando. A capacidade produtiva utilizada caiu vertiginosamente, o desemprego disparou e a tensão entre as classes cresceu dramaticamente. Meses se convertiam em anos, e não havia sinal de recuperação.

De imediato, todos os socialistas viram na Depressão uma excelente oportunidade. Na certa, qualquer um podia ver que esse deveria ser o fim da linha para o capitalismo liberal. Até mesmo as classes trabalhadoras menos perspicazes — e que eram mais impactadas — haveriam de percebê--lo. Os socialistas só tinham que se organizar e, guiados por um grupo intransigente de líderes, dar o empurrão que faltava ao capitalismo cambaleante para jogá-lo na lata de lixo da história.[8]

Infelizmente para os socialistas, não foi isso que ocorreu. Tanto na Alemanha como na Itália, os nacional-socialistas se aproveitaram melhor da Depressão e, de algum modo, continuaram a iludir o proletariado sobre suas reais necessidades e a roubar votos dos socialistas de esquerda.

Enquanto o mundo caminhava para a guerra no fim da década de 1930, mesmo o início das hostilidades trouxe esperanças para a esquerda. O esforço de guerra por parte das nações capitalistas liberais era provavelmente a última e desesperada tentativa de salvar alguma coisa. Também existia a forte possibilidade de que, se a guerra se prolongasse, os liberais e os nacional-socialistas se aniquilassem entre si ou, pelo menos, se enfraquecessem seriamente, deixando o caminho aberto para que o socialismo de esquerda — sob a liderança da União Soviética — varresse o mundo.

Mais uma vez não deu certo. A guerra trouxe enorme destruição para ambos os lados, mas a colheita foi magra para os socialistas de esquerda. Ao final da guerra, a Alemanha se encontrava física e psicologicamente devastada. No plano ideológico, a direita coletivista estava derrotada, desmoralizada e merecidamente demonizada. Contudo, no Ocidente, apesar dos prejuízos e do desgaste da guerra, as nações liberais capitalistas estavam fisicamente mobilizadas e psicologicamente felizes. Nelas, a transição da guerra para a paz foi suave, e elas viram sua vitória como um triunfo não apenas físico, mas também moral, do liberalismo, da democracia e do capitalismo.

Sob a perspectiva da esquerda, então, a derrota da direita coletivista foi uma bênção duvidosa: um inimigo odiado sucumbira, mas a esquerda estava sozinha no campo de batalha contra um Ocidente capitalista liberal triunfante e vigoroso.

A CRISE DO SOCIALISMO

Más notícias: o capitalismo liberal se recupera

Na década de 1950, as nações liberais já tinham se recuperado da Depressão e da guerra. Para piorar, estavam prosperando sob o capitalismo.

Isso foi decepcionante demais para a esquerda, mas não chegou a ser motivo de desespero. A teoria de Lênin sobre o imperialismo explicara que os efeitos da exploração capitalista não atingiram as nações ricas e poderosas, já que essas simplesmente exportavam esses custos para as nações subdesenvolvidas. Assim, a esperança para a revolução talvez pudesse estar nas nações capitalistas em desenvolvimento. Com o passar do tempo, porém, essa esperança se desfez. Não foi possível encontrar sinais da suposta opressão exportada. Os países que adotaram o capitalismo em níveis distintos não sofriam por comercializar com as nações mais ricas. Pelo contrário, o comércio era mutuamente benéfico, e esses países, partindo de uma situação modesta, passaram a usufruir, primeiro, do conforto e, depois, da riqueza.[9]

Assim como um adolescente geralmente começa a trabalhar em empregos de baixa complexidade tecnológica, braçais e mal pagos, e depois desenvolve habilidades e pode ser promovido a cargos que exigem mais tecnologia, informação e são bem pagos, as nações capitalistas em desenvolvimento seguiram o mesmo padrão. E nas nações mais desenvolvidas, a riqueza total estava crescendo, ao passo que a pobreza diminuía significativamente. O que antes era luxo se tornou artigo comum, e as classes trabalhadoras desfrutavam agora de emprego estável, aparelhos de TV, roupas da moda e férias pelo país em seus carros novos.

Como resultado, na década de 1950 a esquerda radical voltou ainda mais sua atenção e suas esperanças para a União Soviética, torcendo para que ela superasse o Ocidente capitalista como exemplo de idealismo moral e modelo de produção econômica.

Essas esperanças logo foram cruelmente arruinadas. Embora os dados econômicos fossem confusos, e o uso da propaganda, maciço, a União Soviética tinha dificuldades crônicas para prover artigos básicos de consumo e alimentação para o seu povo. Algum sucesso produtivo havia sido gerado redirecionando vastas quantidades de recursos às indústrias pesada e bélica. Mas, como provedora das necessidades básicas de seu povo, a União Soviética não só não estava progredindo como, em muitas áreas, sua produção caíra a níveis inferiores aos da revolução comunista de 1917. Em 1950, os dados de fontes soviéticas e americanas retratavam basicamente o mesmo quadro.[10]

QUADRO 4: TOTAL DE CABEÇAS DE GADO NA UNIÃO SOVIÉTICA (EM MILHÕES)

	Vacas	Bovinos (incluindo vacas)	Suínos	Caprinos	Equinos
1916	28,8	58,4	23,0	96,3	38,2
1928	33,2	66,8	27,7	114,6	36,1
1941	27,8	54,5	27,5	91,6	21,0
1950	4,6	58,1	22,2	93,6	12,7
1951	24,3	57,1	24,4	99,0	13,8
1952	24,9	58,8	27,1	107,6	14,7
1953	24,3	56,6	28,5	109,9	15,3

Fonte: Relatório de Kruschev à Sessão Plenária do Comitê Central, 3 de setembro de 1953, *Pravda*, 15 de setembro de 1953, e *Vestnik Statistiki*, nº 5 (maio de 1961).

QUADRO 5: PRODUÇÃO FÍSICA BRUTA DE UMA SELEÇÃO DE ITENS ALIMENTARES*

	Grãos	Batatas	Vegetais	Leite	Carne (peso seco)	Ovos
1940	83,0	75,9	13,7	33,64	4,69	12,21
1950	81,4	88,6	9,3	33,31	4,87	11,70
1951	78,9	59,6	9,0	36,15	4,67	13,25
1952	92,0	68,4	11,0	35,70	5,17	14,4
1953	82,5	72,6	11,4	36,47	5,82	16,06

* Todos os valores em milhões de toneladas, exceto para os ovos, dados em bilhões de unidades.

Fonte: Joint Economic Committee (86º Cong., 1ª sessão), *Comparisons of the United States and Soviet Economies*, 1959.

Os dados eram esparsos e sujeitos a interpretações tendenciosas, mas, em meados dos anos 1950, uma década após o final da guerra, a rosa vermelha da esperança perdeu o viço até mesmo para os apoiadores mais ardentes do experimento soviético.

Em 1956, a rosa foi esmagada.

Notícias ainda piores: as revelações de Kruschev e a Hungria

Os socialistas sempre estiveram bastante dispostos a aceitar que talvez, apenas talvez, a produção econômica capitalista superasse a produção socialista. Mas nenhum deles jamais esteve disposto a aceitar que o capitalismo sequer chegasse aos pés do socialismo em termos morais.[11]

O socialismo é motivado, sobretudo, pela ética do altruísmo, pela convicção de que a moralidade implica abnegação, estar disposto a pôr as necessidades dos outros acima das suas e, quando necessário, sacrificar-se pelos demais, sobretudo pelos mais fracos e necessitados. Para um socialista, portanto, qualquer nação socialista tem que ser moralmente superior a qualquer nação capitalista; os líderes socialistas, por definição, preocupam-se primeiro com as necessidades dos cidadãos, sendo sensíveis às suas apreensões, queixas e dificuldades.

O ano de 1956 desferiu dois duros golpes a essa crença. O segundo golpe veio no fim do ano, em outubro, com a repressão sangrenta de uma revolta no estado-satélite soviético da Hungria. A forte insatisfação com problemas econômicos crônicos e com a subordinação a Moscou levou trabalhadores e estudantes húngaros, entre outros, a manifestações e confrontos diretos contra as autoridades. A resposta soviética foi rápida e brutal: tanques e tropas foram enviados ao país para sufocar a revolta, e os manifestantes e seus organizadores foram mortos nos confrontos ou executados. O mundo inteiro testemunhou a lição dada aos húngaros: a dissensão não é permitida; cale-se, aguente e obedeça.

GUERRA CULTURAL

O primeiro golpe, porém, desferido em fevereiro de 1956, foi o que teve impacto mais devastador sobre o futuro do socialismo de esquerda. Em um "discurso secreto" no 20º Congresso do Partido Comunista da União Soviética, Nikita Kruschev, para escândalo geral, revelou publicamente os crimes praticados durante a era de Stálin. Em nome do futuro do socialismo, Stálin submetera seus próprios cidadãos a torturas, privações desumanas, execuções ou exílio em campos de trabalho forçado na Sibéria. O que até então havia sido descartado como propaganda capitalista foi admitido como verdade pelo líder do mundo socialista: a nação socialista modelo era culpada de horrores em uma escala inimaginável.

As revelações chocantes de Kruschev provocaram uma crise moral na esquerda socialista. Seria verdade? Ou Kruschev estaria exagerando, ou mentindo, a fim de obter vantagens políticas? Ou, o que parecia ainda mais sinistro, teria o líder socialista do mundo se tornado uma marionete da CIA, um agente dissimulado do imperialismo capitalista? Todavia, se as revelações de Kruschev fossem — mesmo que parcialmente — verdadeiras, como puderam esses horrores ter acontecido sob o socialismo? Haveria alguma falha no próprio socialismo? Não, é claro que não. E quanto aos capitalistas que, se vangloriando, diziam com ódio "Nós avisamos"?[12]

Imediatamente surgiram divergências nos círculos de esquerda sobre como responder às revelações — a União Soviética não era o ideal socialista, ou Kruschev era um traidor? Alguns sectários mais radicais assumiram a posição de que Kruschev era um traidor — e que, de qualquer forma, nada do que Stálin fez refletia o socialismo. Ficou mais difícil sustentar essa linha de argumentação quando, com o tempo, apareceram mais revelações acerca da vida na URSS que confirmavam as declarações de Kruschev. *Arquipélago Gulag*, de Alexander Solzhenitsyn, publicado no Ocidente em 1973, foi o registro mais lido e condenatório. Esse livro foi baseado em extensa pesquisa e na própria experiência de Solzhenitsyn durante seus oito anos de confinamento em campos de trabalhos forçados pelo crime de haver escrito, em 1945, uma carta criticando o regime de Stálin.

Como ficou impossível acreditar na moralidade da União Soviética, um contingente cada vez menor de sectários transferiu sua devoção para a China comunista de Mao. Mas logo surgiram revelações de horrores ainda piores na China na década de 1960 — incluindo 30 milhões de mortes entre 1959 e 1961. Então, Cuba tornou-se a grande esperança, depois o Vietnã, depois Camboja, depois a Albânia por algum tempo no fim dos anos 1970, e por fim a Nicarágua, na década de 1980. No entanto, os dados e as decepções se acumulavam, desferindo um golpe duro e devastador nas pretensões socialistas de sanção moral.[13]

Alguns desses dados são resumidos abaixo em uma tabela que compara os governos liberais democráticos, autoritários e totalitários com base em uma única medida de moralidade: o número de cidadãos que esses governos mataram.

QUADRO 6: MORTES POR DEMOCÍDIO* VERSUS MORTES RESULTANTES DE CONFLITOS INTERNACIONAIS, 1900-1987

	Democráticos	Autoritários	Totalitários
Mortos pelo governo	2 milhões	29 milhões	138 milhões **
Mortos em conflitos internacionais	4,4 milhões	15,3 milhões	14,4 milhões

* Define-se "democídio" assassinatos praticados pelo governo contra o próprio povo.
** Os governos comunistas respondem por 110 milhões dessas mortes.
Fonte: Rummel, 1994.

A célula Totalitários/Mortos pelo próprio governo contempla os 10 milhões a 12 milhões de seres humanos assassinados pelos nacional-socialistas alemães no período 1933-1945. Subtraindo esse número de 138 milhões, mais alguns milhões assassinados por outros regimes totalitários, restam cerca de 110 milhões de seres humanos assassinados pelos governos de nações inspiradas pelo socialismo de esquerda, sobretudo socialista-marxista.[14]

Afora os sectários, poucos socialistas de extrema esquerda esperaram o fim da década de 1950 para ver se surgiriam mais dados escabrosos. Na França, por exemplo, a maioria dos intelectuais, entre eles Michel Foucault, havia se filiado ao Partido Comunista ou, pelo menos, demonstrado forte simpatia por ele, como foi o caso de Jacques Derrida. Foucault se sentiu insatisfeito com a autoidiotização exigida dos membros do Partido: "Ser obrigado a apoiar um fato que não merecia a menor credibilidade (...) fazia parte daquele exercício de 'dissolução do eu', da busca por se tornar o 'outro'".[15] Então, como relata Derrida, muitos decidiram se afastar:

> Para muitos de nós, um certo extremo (e enfatizo *certo*) do marxismo comunista não esperou o colapso da URSS e tudo que dele dependia pelo mundo. Tudo isso começou — tudo isso, sem dúvida, era um *déjà vu* — no início dos anos 1950.[16]

As crises da década de 1950 foram suficientes para que a maioria dos intelectuais de esquerda, em todo o mundo, reconhecesse que a defesa do socialismo tinha sérios problemas, econômica e moralmente. Eles perceberam que defender o socialismo ficou duplamente difícil pelo fato de que os países capitalistas estavam se saindo bem economicamente e, em grande parte, seguindo na direção moral correta. É difícil questionar a prosperidade, e ainda mais contestar o status moral do capitalismo diante das revelações sobre as falhas terríveis, e muito reais, do socialismo.

Alguns desses intelectuais se recolheram ao desespero. "O milênio foi cancelado", escreveu o historiador socialista Edward Hyams, concluindo com um tom de resignação.[17] No entanto, para muitos teóricos da extrema esquerda, a crise só significava a necessidade de respostas mais radicais ao capitalismo.

Resposta à crise: mudança no padrão ético do socialismo

O que antes havia sido uma esquerda marxista monolítica dividiu-se em diversas facções. Todas elas reconheciam que, para a luta contra o capitalismo continuar, a prioridade era distanciar o socialismo da União Soviética. Assim como o desastre do nacional-socialismo na Alemanha não era socialismo, o desastre do comunismo na União Soviética também não era. De fato, não existiam sociedades socialistas reais em lugar nenhum, portanto, não fazia sentido apontar o dedo da condenação moral.

Como não existiam estados socialistas reais para citar como exemplos positivos da prática socialista, a esquerda concentrou suas novas estratégias quase exclusivamente em criticar as nações capitalistas liberais.

A primeira dessas estratégias exigia uma mudança no padrão ético a ser utilizado para atacar o capitalismo. A crítica tradicional ao capitalismo era a de que ele causava pobreza: com exceção dos muito ricos no topo da pirâmide social, o capitalismo condenava a maioria das pessoas à mera subsistência. O capitalismo, portanto, era imoral, pois o primeiro teste moral de um sistema social é sua habilidade de atender às necessidades básicas de seu povo. O padrão ético usado para criticar o capitalismo foi, como era de esperar, o slogan de Marx em *Crítica do Programa de Gotha* [Critique of the Gotha Program]: "De cada um de acordo com suas capacidades, a cada um de acordo com suas necessidades".[18] Satisfazer necessidades era, portanto, o critério fundamental da moralidade.

No entanto, na década de 1950, era difícil argumentar que o capitalismo não satisfazia as necessidades do povo. Na verdade, boa parte do problema parecia ser que o capitalismo atendia tão bem a essas necessidades que as pessoas tinham se tornado obesas, complacentes e nada revolucionárias. Desse modo, um padrão moral que se baseava em satisfazer necessidades era inútil para criticar o capitalismo.

Da necessidade para a igualdade

Um novo padrão ético era, portanto, necessário. Com grande alarde, boa parte da esquerda mudou seu modelo ético da necessidade para a igualdade. O capitalismo não era mais criticado por não satisfazer as necessidades das pessoas: o problema era que as pessoas não recebiam o mesmo quinhão.

Os social-democratas alemães lideraram o desenvolvimento da nova estratégia. Como o partido descendia diretamente de Marx e era ainda o principal partido socialista do mundo ocidental, os social-democratas fizeram grandes mudanças em seu programa básico durante o congresso especial do partido, realizado em Bad Godesberg, em novembro de 1959. A mudança mais significativa foi a ênfase na igualdade. O "programa Godesberg" reformulou o partido: aquele que representava o trabalhador pobre e indefeso se tornou outro, voltado ao povo em geral. Como os trabalhadores pareciam estar indo bem sob o capitalismo, era preciso focar em outras patologias capitalistas — as diversas desigualdades presentes em várias dimensões sociais.

Uma dimensão que merecia atenção especial era o tamanho desigual das empresas comerciais. Algumas eram muito maiores que outras, o que lhes dava uma vantagem injusta sobre seus concorrentes menores. Então, equalizar as condições tornou-se o novo objetivo. Os social-democratas deixaram de acusar as empresas privadas de gananciosas e pedir sua estatização. Em vez disso, pressionariam pela redução no tamanho das grandes empresas e o fortalecimento das companhias de pequeno e médio porte. Em outras palavras, alcançar a igualdade havia suplantado satisfazer as necessidades básicas como novo padrão de avaliação do capitalismo.

Uma variação dessa estratégia estava implícita na nova definição de "pobreza" que a esquerda passou a oferecer no início da década de 1960: a pobreza causada pelo capitalismo não é absoluta, mas relativa. Popularizado nos Estados Unidos por Michael Harrington e outros,[19] o novo argumento abandonou a tese de que o capitalismo geraria um proletariado fisicamente desnutrido e, portanto, revolucionário — o capitalismo não causava essa pobreza absoluta. Em vez disso, o proletariado se tornaria revolucionário porque, embora suas necessidades físicas estivessem sendo satisfeitas, alguns membros da sociedade tinham relativamente muito mais do que eles. Sentindo-se excluídos e sem oportunidades reais de alcançar a boa vida de que os ricos desfrutavam, o proletariado sofreria uma opressão psicológica que o levaria a medidas extremas.

Outra variação dessa estratégia surgiu quando o movimento socialista marxista, antes monolítico, se dividiu em resposta à crise do socialismo. Abandonando a tradicional análise de classes econômicas e sua implicação de que o foco deveria ser alcançar uma consciência de classe universal, os pensadores e ativistas de esquerda focaram em subdivisões mais estreitas do gênero humano, concentrando seus esforços nos problemas específicos das mulheres e das minorias raciais e étnicas. Os temas marxistas do conflito e da opressão foram aplicados à análise desses grupos, porém predominava o tema da igualdade. Assim como aconteceu com o proletariado econômico, era difícil negar que as mulheres e as minorias raciais e étnicas tinham obtido ganhos significativos nas nações capitalistas liberais. Mais uma vez, não se podia criticar o capitalismo por submeter esses grupos à pobreza extrema, escravidão ou outra forma de opressão. Em vez disso, a crítica baseava-se na falta de igualdade entre os grupos — ou seja, não é que as mulheres estivessem sendo condenadas à pobreza, mas, como grupo, tinham sido impedidas de alcançar a igualdade econômica com os homens.[20]

Todas essas variantes tinham em comum a nova ênfase no princípio da igualdade e a atenuação do princípio da necessidade. Com efeito, ao mudar o padrão ético da necessidade para a igualdade, todas essas novas versões do socialismo de esquerda optaram por citar menos Marx e mais Rousseau.

Da valorização à depreciação da riqueza

A segunda alteração estratégica na esquerda envolveu uma mudança mais audaciosa nos padrões éticos. Tradicionalmente, o socialismo marxista sustentava que satisfazer adequadamente as necessidades humanas era o teste básico da moralidade de um sistema social. O acúmulo de riqueza, portanto, era uma coisa boa, pois ele propiciava melhor nutrição, moradia, saúde e tempo de lazer. Assim, o capitalismo era considerado nocivo porque, segundo os marxistas, negava à maioria da população a oportunidade de usufruir os frutos da riqueza.

No entanto, quando se tornou evidente que o capitalismo era bom em produzir riqueza e distribuir seus frutos — e o socialismo, muito ruim —, duas novas vertentes do pensamento de esquerda inverteram a lógica desse argumento e passaram a condenar o capitalismo precisamente por ser tão bom em produzir riqueza.

Uma variação desse argumento apareceu nos textos muito populares de Herbert Marcuse. Além de ser o principal filósofo da Nova Esquerda, Marcuse ficou conhecido por levar as ideias da Escola de Frankfurt à proeminência no mundo anglófono, especialmente na América do Norte. Formado em filosofia na Alemanha, Marcuse, que foi assistente de Heidegger

GUERRA CULTURAL

de 1928 a 1933, em sua metafísica e epistemologia explorava o mesmo veio hegeliano que Heidegger. Politicamente, no entanto, Marcuse se identificava profundamente com o marxismo, e se ocupou em adaptá-lo à imprevista flexibilidade do capitalismo de resistir à revolução.

Seguidor de Marx, Marcuse acreditava que o propósito histórico do proletariado era ser uma classe revolucionária. Sua tarefa era derrubar o capitalismo, mas isso pressupunha que o capitalismo levasse o proletariado à miséria econômica, o que não acontecera. Em vez disso, o capitalismo produziu muita riqueza, e — aqui está a inovação — usou a riqueza para oprimir o proletariado. Ao enriquecer o proletariado a ponto de deixá-lo confortável, o capitalismo criou uma classe de cativos: o proletariado tornou-se prisioneiro do sistema capitalista, dependente de seus atrativos, escravizado pelo objetivo de subir na escala econômica e aprimorar-se no "esforço agressivo de 'ganhar a vida'".[21] Isso não era apenas uma forma velada de opressão, dizia Marcuse: o proletariado se distraiu de sua tarefa histórica com os confortos e engenhocas do capitalismo. Portanto, o capitalismo, ao produzir toda essa riqueza, era nocivo: ele confrontava diretamente o imperativo moral do progresso histórico rumo ao socialismo. Seria muito melhor se o capitalismo tivesse deixado os proletários na miséria, pois então eles se dariam conta de sua opressão e estariam psicologicamente motivados a cumprir sua missão.[22]

A segunda versão contemplava uma preocupação crescente com as questões ambientais. À medida que o movimento marxista se dividia em novas vertentes, os intelectuais e ativistas de esquerda começaram a buscar outras maneiras de atacar o capitalismo. Os problemas ambientais, junto com a questão das mulheres e das minorias, passaram a ser vistos como uma nova arma no arsenal contra o capitalismo.

Em princípio, a filosofia ambiental tradicional não apresentava nenhum conflito com o capitalismo. Um ambiente limpo, sustentável e bonito era bom porque proporcionava uma vida mais saudável, rica e prazerosa. Os seres humanos, agindo em benefício próprio, modificam o ambiente para torná-lo mais produtivo, limpo e atrativo. A curto prazo, frequentemente há custos e concessões entre o crescimento econômico e a preservação ambiental. Mas a médio e a longo prazos, dizia o argumento, uma economia saudável é compatível com um ambiente saudável. Conforme os seres humanos enriquecem, passam a dispor de mais renda para tornar seu ambiente mais limpo e bonito.

A nova filosofia ambiental recorreu aos conceitos marxistas de exploração e alienação para respaldar os temas ambientais. Sendo a parte mais forte, os seres humanos necessariamente exploram as partes mais fracas — as outras espécies e o próprio ambiente inorgânico. Consequentemente, com o progresso da sociedade capitalista, o resultado dessa exploração é uma forma biológica de alienação: os seres humanos se alienam do ambiente ao destruí-lo e torná-lo inabitável, e as espécies não humanas são alienadas ao ser levadas à extinção.

Segundo essa análise, o conflito entre a produção econômica e a saúde ambiental não ocorre apenas a curto prazo; é fundamental e inescapável. A própria produção de riqueza está em conflito moral com a saúde ambiental. E o capitalismo, por ser tão bom em produzir riqueza, deve ser o inimigo número um do meio ambiente.

A riqueza, portanto, deixou de ser algo bom. Viver de forma simples, evitando ao máximo produzir ou consumir, era o novo ideal.[23]

O ímpeto dessa nova estratégia, capturado perfeitamente no título do livro *From Red to Green*, de Rudolf Bahro, integrava-se à nova ênfase dada à igualdade em detrimento da necessidade. No marxismo, o domínio tecnológico humano sobre a natureza era um pressuposto do socialismo. O marxismo era humanista no sentido de que colocava os valores humanos no centro de sua estrutura de valores, presumindo que o ambiente existe para ser usado pelos seres humanos para satisfazer suas necessidades. Mas os críticos igualitários passaram a argumentar, de forma mais contundente, que, assim como os homens, priorizando seus interesses, subjugaram as mulheres, e assim como os brancos, priorizando seus interesses, subjugaram as outras raças, os seres humanos, priorizando seus interesses, subjugaram as outras espécies e o meio ambiente como um todo.

A solução que se propunha, então, era a igualdade moral radical de todas as espécies. Devemos reconhecer não apenas que a produtividade e a riqueza são malignas, mas também que todas as espécies, desde as bactérias e os tamanduás até os seres humanos, têm o mesmo valor moral. "A ecologia profunda", como o igualitarismo radical aplicado à filosofia ambiental passou a ser chamado, rejeitou, portanto, os elementos humanistas do marxismo, substituindo-os pela estrutura de valores anti-humanista de Heidegger.[24]

Com efeito, ao rejeitar o socialismo tecnológico e substituí-lo por uma visão de socialismo igualitário, menos tecnológico, essa nova estratégia da esquerda também resolveu citar menos Marx e mais Rousseau.

Resposta à crise: mudança na epistemologia do socialismo

Enquanto alguns membros da esquerda modificavam sua ética, outros buscavam revisar a psicologia e a epistemologia de Marx. Nas décadas de 1920 e 1930 surgiram as primeiras sugestões de que o marxismo era demasiado racionalista, lógico e determinista. Na década de 1920, Mao afirmou que a vontade e a asserção dos camponeses, principalmente dos líderes, eram mais importantes do que esperar passivamente que as condições materiais da revolução se resolvessem deterministicamente.

Na década de 1930, Antonio Gramsci rejeitou a crença de que a Depressão resultaria na morte do capitalismo, argumentando que a extinção do sistema capitalista exigia uma ação criativa das massas. Essa ação criativa, segundo Gramsci, não era nem racional nem inexorável, mas subjetiva e imprevisível. Além disso, as primeiras teorizações da Escola de Frankfurt sugeriram que o marxismo era ligado demais à razão, que a razão era a causa das grandes patologias sociais, e que qualquer teoria social de sucesso tinha de incorporar forças psicológicas menos racionais.

Por duas décadas, essas vozes foram ignoradas pela maioria dos intelectuais, varridas pelas vozes dominantes da teoria marxista clássica, pela Depressão e pela Segunda Guerra Mundial, e pela convicção de que a União Soviética estava mostrando ao mundo o caminho verdadeiro.

Contudo, por volta dos anos 1950, dois desdobramentos tiveram início: um no campo epistemológico, outro no político-econômico. No âmbito da epistemologia acadêmica, tanto os teóricos europeus como os anglo-americanos estavam chegando a conclusões céticas e pessimistas

A CRISE DO SOCIALISMO

sobre os poderes da razão: Heidegger crescia no continente europeu, enquanto o positivismo lógico, no mundo anglo-americano, chegava a um beco sem saída. E tanto na teoria como na prática política e econômica, o fracasso do marxismo em se desenvolver segundo a lógica de sua teoria tradicional vinha gerando uma crise. A fusão desses dois desdobramentos trouxe à luz socialismos de esquerda não racionais e irracionais.

Havia muitos sintomas. Um deles foi a fragmentação do antes monolítico movimento marxista em diversos submovimentos com ênfase no socialismo de gênero, raça e identidade étnica. Esses movimentos abandonaram as concepções universalistas de interesses humanos, implícitas na busca da consciência coletiva do proletariado internacional. O conceito de proletariado internacional é extremamente abstrato. A universalidade de todos os interesses humanos é uma generalização abrangente demais. Tanto a abstração como a generalização exigem uma forte confiança no poder da razão, e na década de 1950 essa confiança na razão evaporou.[25]

A perda da confiança na razão sugeria, em termos de política prática, que os intelectuais confiavam ainda menos na capacidade de raciocínio abstrato do cidadão comum. Já é difícil para um intelectual treinado conceber, como exige o marxismo clássico, os seres humanos como membros de uma classe universal que compartilha interesses universais. Mas — como questionaram teóricos mais epistemologicamente modestos da década de 1950 — podemos realmente esperar que as massas teorizem a ideia de que somos todos irmãos? As massas seriam capazes de se reconhecer como uma classe internacional harmoniosa? A capacidade intelectual das massas é muito mais limitada; por isso, para atraí-las e mobilizá-las é preciso falar com elas sobre o que lhes interessa, em um nível que possam entender. O que as massas entendem e aquilo que realmente as empolga são suas identidades de gênero, raça, etnia e religião. A modéstia epistemológica e a estratégia da comunicação efetiva ditavam, então, uma mudança do universalismo para o multiculturalismo.[26]

De fato, no fim da década de 1950 e início da década de 1960, parcelas significativas da esquerda passaram a concordar com a direita coletivista em outro aspecto: esqueça o internacionalismo, o universalismo e o cosmopolitismo; concentre-se nos grupos menores, formados com base em identidades étnicas, raciais ou de outra natureza.

Outro sintoma da rejeição da razão foi o crescimento assombroso da popularidade de Mao e da China entre os radicais mais jovens. Não tão comprometidos com a União Soviética quanto a geração mais velha de esquerdistas, muitos jovens se voltaram com entusiasmo para o comunismo chinês, na prática, e para o marxismo maoista, na teoria. *O Livro Vermelho* [Little Red Book], de Mao, era amplamente lido nas faculdades e cada vez mais estudado por revolucionários em potencial, que por meio dele absorviam os ensinamentos de Mao a respeito de como fazer a revolução através da simples vontade política e ideológica; sobre não esperar que as condições materiais se desenvolvessem por conta própria; como ser pragmático e oportunista e estar disposto a usar retórica ambígua e até crueldade — e, sobretudo, como ser um ativista constante e militante, a ponto de se tornar violento e irracional. Faça a revolução, seja como for!

De fato, essa linha do pensamento esquerdista passou a concordar com o que a direita coletivista afirmava havia tempos: os seres humanos não são fundamentalmente racionais — na política, é preciso apelar para as paixões irracionais e fazer uso delas.

As lições do maoismo integraram-se às lições do proeminente filósofo da nova esquerda, Herbert Marcuse.

Marcuse e a Escola de Frankfurt: Marx e Freud, ou opressão mais repressão

Marcuse trabalhou por muito tempo nas trincheiras da filosofia acadêmica e da teoria social antes de conquistar fama nos Estados Unidos, na década de 1960. Ele estudou filosofia em Freiburg, com Husserl e Heidegger, tornando-se mais tarde assistente de ambos. Sua primeira publicação importante foi uma tentativa de sintetizar a fenomenologia heideggeriana com o marxismo.[27]

Sua forte lealdade ao marxismo, combinada com sua desconfiança heideggeriana de seus elementos racionalistas, levou-o a unir forças com o nascente pensamento social da Escola de Frankfurt — uma associação informal que reunia intelectuais majoritariamente alemães e tinha sede no Instituto para Pesquisa Social, liderado por Max Horkheimer a partir de 1930.

Horkheimer, também formado em filosofia, concluiu sua tese de doutorado sobre a filosofia de Kant em 1923. A partir dela, Horkheimer dirigiu sua atenção para a psicologia social e a política prática. No fim da década de 1920, enquanto Marcuse trabalhava em sua integração teórica de Marx e Heidegger, Horkheimer chegava a conclusões pessimistas sobre a possibilidade de mudanças práticas na política.

Ao perguntar a si mesmo por que o proletariado alemão não se rebelava, Horkheimer ofereceu uma divisão das unidades politicamente relevantes, argumentando que cada uma delas era incapaz de conquistar algo significativo.[28] Naturalmente, Horkheimer começou sua análise com as classes trabalhadoras, dividindo-as entre empregados e desempregados. Os empregados, observou ele, não se encontram em situação tão ruim e parecem satisfeitos. São os desempregados que enfrentam as maiores dificuldades. A situação deles também é cada vez pior, pois, com o aumento da mecanização da produção, também aumenta o desemprego. Os desempregados também formam a classe menos instruída e organizada, o que torna impossível aumentar sua consciência de classe. Um sinal claro disso é a indecisão entre votar nos comunistas, que obedecem a Moscou cegamente, e os nacional-socialistas, que são um bando de nazistas. O único partido socialista que resta é o dos social-democratas, mas seu pragmatismo e reformismo o impedem de ser efetivo.

Então, concluiu Horkheimer, não há esperança para o socialismo. Os empregados estão muito confortáveis, os desempregados são muito distraídos, os social-democratas são muito frouxos, os comunistas são obedientes demais a uma autoridade e os nacional-socialistas — sem comentários.

Para sair desse atoleiro, os membros da Escola de Frankfurt começaram a examinar a ideia de acrescentar uma psicologia social mais sofisticada à lógica histórico-econômica do marxismo. O marxismo tradicional enfatizava as leis inexoráveis do desenvolvimento econômico, atenuando a contribuição dos agentes humanos. Dado que essas leis marxistas pareciam bem mais exoráveis em sua falta de desenvolvimento, a Escola de Frankfurt sugeriu que a história é feita, em grande parte, por atores humanos e, em especial, pela compreensão psicológica que eles têm de si mesmos e de sua situação existencial. Incorporar uma psicologia social melhor ao marxismo poderia explicar por que a revolução não aconteceu e sugerir o que seria necessário para que ela acontecesse.

Em busca de uma psicologia social sofisticada, a Escola de Frankfurt voltou-se para Sigmund Freud. Aplicando suas próprias teorias psicanalíticas à filosofia social, Freud defendeu, em sua obra *A Civilização e os Seus Descontentamentos* [Civilization and Its Discontents] (1930), a ideia de que a civilização é um fenômeno instável e superficial, baseado na repressão de energias instintivas. Do ponto de vista biopsicológico, os agentes humanos são um amontoado de instintos agressivos e conflitivos que demandam constantemente satisfação imediata. No entanto, essa satisfação constante e imediata tornaria a vida social impossível: assim, as forças da civilização evoluíram ao suprimir paulatinamente os instintos, forçando sua expressão de forma gentil, ordenada e racional.

Portanto, a civilização é um constructo artificial que recobre a massa efervescente de energias irracionais do id. A batalha entre o id e a civilização é constante e, por vezes, brutal. Quando o id vence, a sociedade tende ao conflito e ao caos; quando a sociedade vence, o id é reprimido à força. A repressão, no entanto, apenas empurra as energias do id para o subterrâneo psicológico, onde elas são inconscientemente deslocadas e, com frequência, forçadas a se alojar em canais irracionais. Essa energia deslocada, explicou Freud, deve ser liberada em algum momento, o que geralmente acontece por meio de surtos neuróticos — na forma de histeria, obsessões e fobias.[29]

A tarefa do psicanalista, então, é rastrear a origem da neurose em seus canais irracionais, inconscientes. Os pacientes, porém, frequentemente interferem nesse processo: resistem à exposição dos elementos inconscientes e irracionais de sua psique e se apegam às formas conscientes de comportamento civilizado e racional que aprenderam. Desse modo, o psicanalista precisa encontrar uma forma de contornar esses comportamentos superficiais e bloqueadores, a fim de remover o verniz de civilidade e sondar, mais abaixo, o tempestuoso id. Aqui, Freud sugeriu, o uso de mecanismos psicológicos não racionais se torna essencial — sonhos, hipnose, livre associação, lapsos de linguagem. Tais manifestações de irracionalidade frequentemente são pistas da realidade subjacente, pois escapam dos mecanismos de defesa conscientes. O psicanalista bem treinado, portanto, é aquele capaz de localizar a verdade no irracional.

Para a Escola de Frankfurt, Freud ofereceu uma psicologia admiravelmente adequada ao diagnóstico das patologias do capitalismo, que, como dizia Marx, se baseia na competição exploradora. Mas a sociedade capitalista moderna está tomando uma forma tecnocrática, direcionando suas energias conflitivas para a criação de máquinas e burocracias corporativas. Essas máquinas e burocracias, de fato, fornecem ao membro comum da burguesia um mundo artificial de ordem, controle e conforto material, mas a um custo muito alto: no capitalismo, as pessoas estão cada vez mais distantes da natureza, cada vez menos criativas e espontâneas, cada vez menos conscientes de que estão sendo controladas pelas máquinas e pelas burocracias — tanto física como psicologicamente — e de que o mundo aparentemente confortável em que vivem é um disfarce para um reino subjacente de competição e conflito brutal.[30]

O retrato do capitalismo pintado pela Escola de Frankfurt, explicou Marcuse, é o que vemos concretizado de forma mais extrema na mais avançada nação capitalista, os Estados Unidos.

Tomemos como exemplo João Cevada. João trabalha como técnico de nível inferior em uma empresa que fabrica televisores, parte de um grande conglomerado de telecomunicações. A manutenção de seu emprego depende dos especuladores de Wall Street e das decisões da sede da empresa em outro estado. Mas João não se dá conta disso: ele simplesmente vai trabalhar toda manhã com leve desgosto, aciona alavancas e aperta botões como a máquina e o patrão lhe dizem para fazer, produzindo tevês em massa até o fim do expediente. No caminho para casa, compra um fardinho de cerveja — outro produto de massa da comoditização capitalista — e, depois do jantar com a família, ele se afunda no sofá, sentindo alastrar-se o efeito narcótico da cerveja enquanto os seriados cômicos e os comerciais lhe dizem que a vida é bela e não há nada mais com que se possa sonhar. Amanhã será outro dia.

João Cevada é um produto. Ele é um constructo de um sistema opressivo e defeituoso — que, no entanto, está recoberto pelo verniz da paz e do conforto.[31] Ele não está ciente do abismo entre a aparência de conforto e a realidade da opressão, não sabe que é uma engrenagem em um sistema tecnológico artificial — não sabe, porque os frutos do capitalismo que ele produz e dos quais pensa que gosta de consumir estão drenando seus instintos vitais, deixando-o física e psicologicamente inerte.

Assim, Marcuse tinha uma explicação para a nova geração de revolucionários sobre por que o capitalismo, nas décadas de 1950 e 1960, parecia tão pacífico, tolerante e progressista — quando, como bem sabia todo bom socialista, isso não poderia ser verdade — e por que os trabalhadores não eram revolucionários. O capitalismo não só oprime as massas existencialmente, ele também as reprime psicologicamente.

E só piora, porque, quando João porventura chega a pensar sobre sua situação, ouve seu mundo ser descrito em termos de "liberdade", "democracia" e "progresso" — palavras que têm apenas um significado vago para ele, e que foram incutidas nele pelos apologistas do capitalismo a fim de impedi-lo de refletir mais profundamente sobre sua verdadeira existência. João é um "homem unidimensional", aprisionado em um "universo totalitário de racionalidade tecnológica",[32] alheio à segunda e real dimensão da existência humana em que residem a verdadeira liberdade, democracia e progresso.[33]

O nível cínico de desenvolvimento que o capitalismo alcançou, em que sua opressão é mascarada pela hipocrisia de liberdade e progresso, torna-se ainda mais cínico por ser capaz de neutralizar, e mesmo cooptar, toda dissensão e crítica. Tendo criado uma tecnocracia monolítica — as máquinas, as burocracias, o homem de massa e a ideologia da realização pessoal —, o capitalismo pode fingir ser aberto a críticas, admitindo que alguns intelectuais radicais discordem dele. Em nome da "tolerância", da "mente aberta" e da "liberdade de expressão", algumas vozes solitárias podem levantar objeções e desafiar o gigante capitalista.[34] Mas todos sabem que as críticas não levam a nada. Pior ainda, ter sido aparentemente aberto e tolerante servirá apenas para reforçar o controle do capitalismo. A tolerância capitalista, portanto, não é real: é a "tolerância repressiva".*

Será que o pessimismo de Horkheimer tinha fundamento? A lição ainda era a mesma trinta anos depois, ou seja, não havia nenhuma esperança para o socialismo? Se o controle do capitalismo é tão amplo a ponto de

---

* Título do influente ensaio de Marcuse publicado em 1965.

cooptar a divergência de seus críticos mais severos, que armas restam aos revolucionários?

Se existe alguma chance para o socialismo, é necessário recorrer a táticas mais extremas.

Mais uma vez, a psicologia freudiana nos fornece a chave. Assim como acontece quando as energias do id são reprimidas pelas forças da civilização, a supressão das energias humanas originais pelo capitalismo não pode ser totalmente bem-sucedida. Freud explicou que as energias reprimidas do id ocasionalmente explodem de forma irracional e neurótica, ameaçando a estabilidade e a segurança da civilização. A Escola de Frankfurt nos ensinou que a tecnocracia ordeira do capitalismo reprimira grande parte da natureza humana, empurrando muito de sua energia para o subterrâneo — mas essa energia reprimida ainda está lá e pode explodir a qualquer momento.

Portanto, concluiu Marcuse, a repressão da natureza humana pelo capitalismo pode ser a salvação do socialismo. A tecnocracia racional do capitalismo a sufoca a ponto de fazê-la explodir em irracionalismos: violência, criminalidade, racismo e outras patologias da sociedade. Mas, ao estimular esses irracionalismos, os novos revolucionários podem destruir o sistema. Desse modo, a primeira tarefa do revolucionário é buscar esses indivíduos e energias à margem da sociedade: os excluídos, os desordeiros e os banidos — qualquer um e qualquer coisa que a estrutura de poder do capitalismo ainda não tenha comodificado e dominado totalmente. Todos esses elementos marginalizados e excluídos serão "irracionais", "imorais" e até mesmo "criminosos", especialmente pela definição capitalista, mas é precisamente disso que o revolucionário precisa. Qualquer elemento desses pode "romper a falsa consciência [e] fornecer o ponto arquimediano para uma grande emancipação".[35]

Marcuse visava em especial os *líderes* intelectuais de esquerda marginalizados e excluídos — sobretudo aqueles com formação em teoria crítica.[36] Dada a abrangência da dominação capitalista, a vanguarda revolucionária só pode surgir em meio a esses intelectuais excluídos, principalmente entre os estudantes mais jovens,[37] capazes de "associar a libertação à dissolução da percepção comum e estabelecida"[38] e, assim, capazes de enxergar a realidade da opressão através da paz aparente. Jovens que, tendo mantido algo de sua natureza humana, não tenham se convertido em João Cevada — e que, acima de tudo, tenham vontade e energia para fazer o que for necessário, até mesmo "desobediência e militância intolerante",[39] para abalar a estrutura de poder capitalista e revelar sua verdadeira natureza, derrubando o sistema e, dessa forma, abrindo caminho para a restauração da natureza humana por meio do socialismo.

O reinado de Marcuse como o principal filósofo da nova esquerda representou, para os esquerdistas mais jovens, uma guinada à irracionalidade e à violência. "Marx, Marcuse e Mao" tornaram-se a nova trindade e seu slogan. Como proclamado no estandarte dos estudantes envolvidos no fechamento da Universidade de Roma: "Marx é o profeta, Marcuse é seu intérprete e Mao é a espada".

Muitos da nova geração ouviram atentamente essas palavras e afiaram suas lâminas.

Ascensão e queda do terrorismo de esquerda

No fim da década de 1950 e início dos anos 1960, cinco elementos cruciais se aglutinaram para transformar a extrema esquerda em um movimento comprometido com a violência revolucionária.

- Do ponto de vista epistemológico, a atmosfera acadêmica e intelectual prevalente era contra a razão, ineficaz em defendê-la ou a considerava irrelevante para assuntos práticos. Nietzsche, Heidegger e Kuhn falavam da nova linguagem de pensamento. A razão está descartada, ensinavam os intelectuais, e o que importa é a *vontade*, a *paixão* autêntica e o *comprometimento* não racional.
- Da perspectiva prática, após um século esperando pela revolução, a impaciência chegou ao limite. Sobretudo entre a geração mais jovem predominava uma tendência ao ativismo, distanciada da teorização acadêmica. Os teóricos ainda tinham seu público, mas a teoria não levara a nada — era hora de uma *ação decisiva agora*.

A CRISE DO SOCIALISMO

- Em termos morais, havia uma grande decepção pelo fracasso do ideal socialista clássico. O grande ideal do marxismo não se materializou. A pureza da teoria marxista foi sujeitada a revisões necessárias, mas degradantes. O nobre experimento na União Soviética se revelou uma fraude terrível e um crime. Em resposta a esses golpes devastadores e humilhantes, disseminava-se a *raiva* contra o fracasso e a *traição* do sonho utópico.
- Psicologicamente, além da raiva pela decepção, havia o supremo insulto de ver o odiado inimigo florescer. O capitalismo estava se refestelando, prosperando e até zombando dos problemas e da desorientação do socialismo. Diante desses insultos, o único desejo era esmagar o inimigo, vê-lo sofrer, sangrar, *destruí-lo*.
- Do lado político, a violência irracional encontrava legitimação nas teorias da Escola de Frankfurt, conforme aplicadas por Marcuse. O revolucionário íntegro sabe que as massas são oprimidas, mas mantidas prisioneiras pelo véu da falsa consciência capitalista. O revolucionário sabe que serão necessários indivíduos com um discernimento especial — indivíduos especiais imunes às corrupções do capitalismo, capazes de ver através do véu da tolerância repressiva e que rejeitem todo tipo de concessão e estejam dispostos a fazer qualquer coisa para rasgar esse véu, revelando todos os horrores que ele encobre.

O crescimento do terrorismo de esquerda na década de 1960 foi apenas uma consequência.

QUADRO 7: DATA DE FUNDAÇÃO DOS GRUPOS TERRORISTAS DE ESQUERDA

Weathermen (EUA)	Década de 1960
Exército Vermelho Unido (Japão)	Década de 1960
Panteras Negras (EUA)	Década de 1960
SWAPO (Sudoeste da África)	Década de 1960
ALN (Brasil)	Década de 1960
Tupamaros (Uruguai)	1962 (ativo após 1968)
FLQ (Canadá)	1963
PLO (Oriente Médio)	1964
Montoneros (Argentina)	Década de 1960
ERP (Argentina)	Década de 1960
Brigadas Vermelhas (Itália)	1968
PFLP (Oriente Médio)	1968
DPFLP (Oriente Médio)	1968
Facção do Exército Vermelho ou Baader-Meinhof (Alemanha)	1970
Setembro Negro (Oriente Médio)	1970
SLA (EUA)	Início dos anos 1970

Fonte: Guelke, 1995.

A data de fundação de alguns desses grupos terroristas é incerta. Todos, porém, eram explicitamente marxistas socialistas, e nenhum deles existia antes de 1960. Alguns tinham fortes matizes nacionalistas. Não foram incluídos no quadro, todavia, grupos terroristas que se formaram anteriormente por razões nacionalistas ou religiosas, mas que, na década de 1960, passaram a incorporar o marxismo em suas teorias e manifestos.

Além dos cinco fatores listados acima, diversos eventos específicos serviram de gatilho para o surto de violência. Na extrema esquerda, a morte de Che Guevara, em 1967, e o fracasso das manifestações estudantis em 1968 na maioria das nações ocidentais — em especial, das revoltas estudantis na França — contribuíram para a raiva e o descontentamento. Vários manifestos terroristas publicados depois de 1968 fazem menção explícita a esses episódios, bem como reproduzem os temas mais amplos da vontade irracional, da exploração, da comoditização, da raiva e da necessidade de fazer alguma coisa. Por exemplo, Pierre Victor — na época, líder dos maoistas franceses a quem Michel Foucault era ligado — recorreu ao Reino de Terror durante a Revolução Francesa e declarou o seguinte nas páginas do jornal maoista *La Cause du Peuple*:

> Para destituir a autoridade da classe burguesa, a população humilhada tem motivo para instituir um breve período de terror e atacar fisicamente alguns indivíduos desprezíveis e odiosos. É difícil atacar a autoridade de uma classe sem que as cabeças de alguns de seus membros desfilem na ponta de uma estaca.[40]

Outros terroristas lançaram suas redes ainda mais longe. Antes de sua morte, Ulrike Meinhof deixou bem claro o propósito da Facção do Exército Vermelho que ela e Andreas Baader fundaram na Alemanha: "O esforço anti-imperialista, se quiser ser mais do que conversa-fiada, implica em aniquilação, destruição e esfacelamento do sistema de poder imperialista — político, econômico e militar". Ela esclareceu também o contexto histórico mais amplo que a levava a considerar o terrorismo como algo necessário, os acontecimentos específicos que serviram de gatilho, e fez uma avaliação de suas chances de êxito:

> Nauseados com a proliferação das condições que encontravam no sistema, a comercialização total e a mendacidade absoluta em todas as áreas da superestrutura, profundamente desapontados pelas ações do movimento estudantil e a oposição extraparlamentar, eles consideraram essencial disseminar a ideia de conflito armado. Não porque fossem cegos a ponto de acreditar que poderiam sustentar essa iniciativa até que a revolução triunfasse na Alemanha, não porque imaginassem que não seriam feridos ou presos, não porque avaliassem tão mal a situação a ponto de achar que as massas simplesmente se levantariam a um sinal. Tratava-se de salvar, historicamente, todo o estado de compreensão alcançado pelo movimento de 1967/1968; era uma questão de não permitir que a luta se desmantelasse novamente.[41]

O crescimento do terrorismo de esquerda em nações não controladas explicitamente por governos marxistas foi uma característica notável das décadas de 1960 e 1970. Combinado com a virada mais ampla da esquerda ao não racionalismo, irracionalismo e ativismo físico, o movimento terrorista tornou esse período o mais conflituoso e sangrento na história dos movimentos socialistas de esquerda dessas nações.

Mas os capitalistas liberais não eram inteiramente brandos e complacentes. Em meados da década de 1970, suas forças policiais e militares derrotaram os terroristas, matando alguns, aprisionando muitos e levando outros à clandestinidade de forma mais ou menos permanente.

Do colapso da nova esquerda ao pós-modernismo

Com o colapso da nova esquerda, o movimento socialista ficou desmotivado e desorganizado. Ninguém esperava que o socialismo se concretizasse. Ninguém pensava que pudesse ser alcançado apelando ao eleitorado. Ninguém estava em posição de engendrar um golpe. E os que se dispunham a usar a violência estavam mortos, presos ou na clandestinidade.

Então, qual seria o próximo passo para o socialismo? Em 1974, perguntaram a Herbert Marcuse se a nova esquerda era coisa do passado. Ele respondeu: "Não creio que tenha morrido, e ressurgirá dentro das universidades".

Olhando para trás, podemos identificar aqueles que se destacaram como líderes do movimento pós-moderno: Michel Foucault, Jean-François Lyotard, Jacques Derrida e Richard Rorty. Mas por que esses quatro?

Para cada um deles, a vida pessoal e a vida profissional eram profundamente ligadas, por isso alguns detalhes biográficos são importantes.

Foucault nasceu em 1926. Estudou filosofia e psicologia e graduou-se na École Normale Supérieure e em Sorbonne. Foi membro do Partido Comunista Francês de 1950 a 1953, mas algumas diferenças o levaram a se declarar maoista em 1968.*

---

* O período em que Foucault integrou o Partido Comunista Francês se sobrepõe ao período de 1948-1953, durante o qual Pol Pot aderiu ao partido.

A CRISE DO SOCIALISMO

Lyotard nasceu em 1924. Antes de se dedicar profissionalmente à filosofia, passou 12 anos fazendo trabalhos teóricos e práticos para o grupo radical de esquerda Socialisme ou Barbarie. Concluiu seus estudos formais em filosofia em 1958.

Derrida nasceu em 1930. Iniciou seus estudos formais em filosofia em 1952, na École Normale Supérieure, em Paris, onde estudou sob a tutela de Foucault. Tinha ligações muito próximas com um grupo reunido em torno do jornal *Tel Quel*, de extrema esquerda, e, embora simpatizasse com o Partido Comunista Francês, não chegou a se filiar.

Rorty nasceu em 1931. Obteve seu doutorado em filosofia em Yale em 1956. Menos politicamente à esquerda que os outros três, Rorty é um forte social-democrata convicto que cita, entre seus grandes heróis, A. Philip Randolph, líder sindical e candidato do Partido Socialista, para quem seus pais trabalharam algum tempo.

Todos esses quatro pós-modernistas nasceram em um intervalo de sete anos. Todos se formaram em filosofia nas melhores universidades. Todos iniciaram a carreira acadêmica na década de 1950. Todos eram fortemente comprometidos com a política de esquerda. Todos conheciam bem a história da teoria e prática socialistas. Todos vivenciaram as crises do socialismo nas décadas de 1950 e 1960. E, ao fim da década de 1960 e início da década de 1970, todos desfrutavam de grande prestígio como profissionais de sua disciplina acadêmica e entre a esquerda intelectual.

Assim, nos anos 1970, após mais um colapso, a extrema esquerda recorreu àqueles mais capazes de pensar estrategicamente e de situar a esquerda no quadro histórico e político, e mais atualizados nas últimas tendências em epistemologia e no estágio atual do conhecimento. Foucault, Lyotard, Derrida e Rorty preenchiam esses requisitos. Portanto, foram eles que apontaram os novos rumos para a esquerda acadêmica.

As armas e táticas de um adversário acadêmico do capitalismo não são as mesmas de um político, um ativista, um revolucionário ou um terrorista. As únicas armas possíveis para ele são as palavras. E se sua epistemologia diz que as palavras não têm relação com a verdade ou a realidade e não são, de forma alguma, cognitivas, então, na batalha contra o capitalismo, as palavras só podem se tornar uma arma retórica.

Então, a questão seguinte é como a epistemologia pós-moderna passa a se integrar à política pós-moderna.

GUERRA CULTURAL

DIAGRAMA 2: A EVOLUÇÃO DAS ESTRATÉGIAS SOCIALISTAS (OU: DE MARX AOS NOVOS ROUSSEAUNIANOS)

CAPÍTULO 6

Estratégias pós-modernas

RELACIONANDO EPISTEMOLOGIA COM POLÍTICA

Estamos prontos agora para falar da questão proposta no final do capítulo 1: por que um segmento importante da esquerda política adotou estratégias epistemológicas céticas e relativistas?

A linguagem é o centro da epistemologia pós-moderna. Em seus debates sobre filosofia, literatura e direito, modernos e pós-modernos não discordam apenas sobre o *conteúdo*, mas também sobre os *métodos* pelos quais empregar a linguagem. A epistemologia é a causa dessas diferenças.

A epistemologia faz duas perguntas sobre a linguagem: qual é a relação da linguagem com a realidade e qual é sua relação com a ação? As questões epistemológicas sobre a linguagem são um subconjunto de questões epistemológicas sobre a consciência em geral: qual é a conexão da consciência com a realidade, e qual é sua conexão com a ação? Os modernos e os pós-modernos têm respostas radicalmente diferentes para essas perguntas.

Para os realistas modernos, a consciência é tanto *cognitiva* quanto *funcional*, e esses dois aspectos estão integrados. O propósito primário da consciência é estar ciente da realidade. Seu propósito complementar é usar essa cognição da realidade como guia para agir nessa realidade.

Para os antirrealistas pós-modernos, ao contrário, a consciência é *funcional*, mas *não* cognitiva, por isso sua funcionalidade nada tem a ver com a cognição. Dois conceitos-chave no vocabulário pós-moderno, "desmascaramento" e "retórica", ilustram a importância dessas diferenças.

Desmascaramento e retórica

Para o modernista, a metáfora da "máscara" reconhece o fato de que as palavras nem sempre são usadas em seu sentido literal ou afirmam diretamente um fato — de que as pessoas podem usar a linguagem de forma elíptica, metafórica ou para falar inverdades, de que ela pode ser recheada com camadas de significado, e de que pode ser usada para encobrir hipocrisias ou racionalizar. Desse modo, desmascarar significa interpretar ou investigar para chegar a um significado literal ou factual. O processo de desmascarar é cognitivo, guiado por padrões objetivos, com o propósito de alcançar uma cognição da realidade.

Para o pós-modernista, todavia, a interpretação e a investigação nunca terminam com a realidade. A linguagem se conecta apenas com mais linguagem, nunca com uma realidade não linguística.

Nas palavras de Jacques Derrida, "o fato da linguagem é provavelmente o único fato que, em última instância, resiste a toda parentetização".[1] Ou seja, não podemos sair da linguagem. A linguagem é um sistema "interno" ou "autorreferencial", e não há forma "externa" a ele — embora falar de "interno" e "externo" tampouco faça sentido para os pós-modernos. Não existe nenhum padrão não linguístico ao qual relacionar a linguagem, portanto não pode haver nenhum padrão que permita distinguir entre o literal e o metafórico, o verdadeiro e o falso. Então, em princípio, a desconstrução é um processo sem fim.

O desmascaramento nem mesmo termina em crenças e interesses "subjetivos", pois "subjetivo" contrasta com "objetivo", e essa é também uma distinção rejeitada pelos pós-modernistas. As "crenças e os interesses de um sujeito" são, eles próprios, construções sociolinguísticas; assim, desmascarar uma parte da linguagem para revelar um interesse subjetivo oculto significa apenas revelar mais linguagem. E essa linguagem, por sua vez, pode ser desmascarada para revelar mais linguagem, e assim por diante. A linguagem é composta de máscaras infinitas.

A qualquer momento, porém, um sujeito é uma construção específica dotada de um conjunto específico de crenças e interesses, e utiliza a linguagem para expressá-los e aprofundá-los. Portanto, a linguagem é funcional, o que nos leva à retórica.

Para o modernista, a funcionalidade da linguagem é complementar ao seu elemento cognitivo. Um indivíduo observa a realidade perceptualmente, forma crenças conceituais sobre a realidade com base nessas percepções e, então, age na realidade com base nesses estados cognitivos perceptuais e conceituais. Algumas dessas ações no mundo são interações sociais, e, em algumas dessas interações sociais, a linguagem assume uma função comunicativa. Ao se comunicarem entre si, os indivíduos narram, argumentam ou, de outra forma, tentam repassar suas crenças cognitivas sobre o mundo. A retórica, portanto, é um aspecto da função comunicativa da linguagem; refere-se aos métodos de usar a linguagem que auxiliam na eficácia da cognição durante a comunicação linguística.

Para o pós-modernista, a linguagem não pode ser cognitiva porque não se conecta com a realidade, seja essa uma natureza externa, seja algum "eu" subjacente. A linguagem não tem a ver com estar ciente do mundo, distinguir entre verdadeiro e falso, ou mesmo argumentar, no sentido tradicional de validade, consistência e probabilidade. Dessa forma, o pós-modernismo recria a natureza da retórica: retórica é persuasão na ausência da cognição.

Richard Rorty deixa isso claro em seu ensaio "The Contingency of Language". O fracasso da posição realista, diz ele, mostrou que "o mundo não nos ensina que jogos linguísticos devemos jogar" e que "as linguagens humanas são criações humanas".[2] O propósito da linguagem, portanto, não é argumentar na tentativa de provar ou refutar alguma coisa. Consequentemente, conclui Rorty, não é isso que ele está fazendo quando utiliza a linguagem para tentar nos persuadir de sua versão de "solidariedade".

Obedecendo aos meus próprios preceitos, não vou oferecer argumentos contra o vocabulário que desejo substituir. Em vez disso, tentarei tornar o vocabulário que defendo atraente, mostrando como ele pode ser usado para descrever uma variedade de tópicos.[3]

A linguagem aqui é a da "atratividade" na ausência de cognição, verdade ou argumento.

Por uma questão de temperamento e conteúdo de sua política, Rorty é o menos radical dos líderes pós-modernistas. Isso fica evidente no tipo de linguagem que ele utiliza em seu discurso político. A linguagem é uma ferramenta de interação social, e o modelo de interação social do indivíduo determina que tipo de ferramenta de linguagem será utilizado. Rorty vê muita dor e sofrimento no mundo e muito conflito entre grupos; então, para ele, a linguagem é, antes de tudo, um instrumento para resolver conflitos. Para isso, sua linguagem enfatiza a "empatia", a "sensibilidade" e a "tolerância" — embora ele também sugira que essas virtudes só se apliquem no âmbito de nossa categoria "etnocêntrica": "Devemos, na prática, privilegiar nosso próprio grupo", escreve, o que implica que "há muitos pontos de vista que simplesmente não podemos levar a sério".[4]

No entanto, a maioria dos outros pós-modernistas vê os conflitos entre os grupos como mais brutais e nossas chances de empatia como muito mais limitadas do que Roty. Usar a linguagem como instrumento para a resolução de conflitos não é algo que eles contemplem. Em um conflito que não pode ter resolução pacífica, o tipo de ferramenta ideal é uma arma. Assim, considerando os modelos de conflito das interações sociais que predominam no discurso pós-moderno, faz todo o sentido que, para a maioria dos pós-modernistas, a linguagem seja fundamentalmente uma arma.

Isso explica a aspereza de boa parte da retórica pós-moderna. O uso frequente de argumentos *ad hominem* e de falácias e as tentativas constantes de silenciar vozes contrárias são todas consequências lógicas da epistemologia da linguagem pós-moderna. Stanley Fish, como visto no capítulo 4, chama todos os oponentes das preferências raciais de "preconceituosos" e os coloca no mesmo grupo da Ku Klux Klan.[5] Andrea Dworkin chama todos os heterossexuais masculinos de estupradores[6] e repetidamente rotula a "Amerika" de Estado fascista.[7] Com uma retórica dessas, verdade ou mentira não importam: o que importa, sim, é a *eficácia* da linguagem.

Se adicionarmos à epistemologia da linguagem pós-moderna a política de extrema esquerda dos líderes pós-modernistas e sua consciência direta das crises do pensamento e da prática socialistas, então o armamento verbal torna-se explosivo.

Quando a teoria se choca com o fato

Nos últimos dois séculos, muitas estratégias foram empregadas por socialistas ao redor do mundo. Os socialistas tentaram esperar que as massas chegassem ao socialismo de baixo para cima e procuraram impor o socialismo de cima para baixo. Buscaram alcançá-lo pela evolução e pela revolução. Tentaram versões de socialismo que enfatizam a industrialização, e outras que são agrárias. Esperaram que o capitalismo entrasse em colapso, e, quando isso não aconteceu, procuraram destruir o capitalismo por meios pacíficos. Quando isso não funcionou, alguns tentaram destruí-lo pelo terrorismo.

Mas o capitalismo continua a prosperar, e o socialismo foi um desastre. Nos tempos modernos, foram mais de dois séculos de teoria e prática socialistas, e a preponderância da lógica e da evidência foi contra o socialismo.

Há, portanto, uma escolha sobre o que aprender com a história.

Se alguém tem interesse na *verdade*, então a resposta *racional* a uma teoria que não funciona é a seguinte:

- Decompor a teoria nas premissas que a constituem.
- Questionar essas premissas vigorosamente e verificar a lógica que as integra.
- Buscar alternativas às premissas mais questionáveis.
- Aceitar a responsabilidade moral por qualquer consequência infeliz de tentar pôr em prática a teoria falsa.

Não é isso que encontramos nas reflexões pós-modernas sobre a política contemporânea. A verdade e a racionalidade estão sujeitas a ataques, e a atitude que prevalece acerca da responsabilidade moral é mais bem explicada por Rorty: "Acho que uma boa esquerda é aquela que sempre pensa no futuro e não se importa muito com nossos erros passados".[8]

O pós-modernismo de Kierkegaard

No capítulo 4 eu esbocei uma resposta pós-moderna aos problemas da teoria e da evidência para o socialismo. Diante dos dados da história, um socialista inteligente e informado certamente sofrerá algum abalo na sua crença. Para muitos, o socialismo é uma visão poderosa do que seria uma bela sociedade, o sonho de um mundo social ideal que transcende todos os males da sociedade atual. Qualquer visão acalentada de forma tão profunda acaba se tornando parte da própria identidade daquele que nela acredita, e qualquer ameaça a essa visão necessariamente será percebida como ameaça à pessoa que nela crê.

A partir da experiência histórica de outras visões que enfrentaram a crise da teoria e da evidência, sabemos que é forte a tentação de se fechar para os problemas teóricos e de evidência, e simplesmente continuar a acreditar. Vejamos o caso da religião, que forneceu muitos exemplos desse tipo. "Dezenas de milhares de dificuldades", escreveu o cardeal Newman, "não fazem uma pessoa duvidar."[9] Fiódor Dostoiévski expressou isso de maneira mais categórica, em uma carta a uma benfeitora: "Se alguém me escrevesse dizendo que a verdade não está em Cristo, eu escolheria Cristo à verdade".[10] Também sabemos, pela experiência histórica, que é possível desenvolver estratégias epistemológicas sofisticadas para o propósito de atacar a razão e a lógica que causaram problemas para a sua visão. Essa foi, em parte, a motivação explícita da primeira Crítica de Kant, de *Sobre a Religião*, de Schleiermacher, e de *Temor e Tremor*, de Kierkegaard.

Por que isso não aconteceria com a extrema esquerda? As histórias modernas da religião e do socialismo exibem semelhanças notáveis.

- Tanto a religião como o socialismo começaram com uma visão abrangente que acreditavam ser verdadeira, embora não fosse baseada na razão (vários profetas; Rousseau).
- Ambos foram, então, contestados por visões baseadas em epistemologias racionais (críticos naturalistas da religião; críticos liberais do socialismo).
- A religião e o socialismo responderam dizendo que podiam satisfazer os critérios da razão (teologia natural; socialismo científico).

ESTRATÉGIAS PÓS-MODERNAS

- Os dois enfrentaram problemas sérios de lógica e evidência (ataques de Hume à teologia natural; críticas de Mises e Hayek ao cálculo socialista).
- Então, ambos responderam atacando a realidade e a razão (Kant e Kierkegaard; pós-modernistas).

No fim do século XVIII, os pensadores religiosos já contavam com a epistemologia sofisticada de Kant, que lhes disse que a razão estava separada da realidade; assim, muitos abandonaram a teologia natural e usaram de bom grado a epistemologia kantiana para defender a religião. Em meados do século XX, os pensadores de esquerda tinham à sua disposição sofisticadas teorias de epistemologia e linguagem que lhes diziam que a verdade é impossível, que a evidência empírica nunca resulta em prova, que a razão é artificial e desumanizante e que os sentimentos e as paixões são guias melhores que a razão.

Assim, as epistemologias céticas e irracionalistas prevalecentes na filosofia acadêmica forneceram à esquerda uma nova estratégia para responder à crise. *Qualquer* ataque ao socialismo, sob qualquer forma, podia ser descartado, reafirmando-se o desejo de acreditar nele. Aqueles que adotavam essa estratégia podiam sempre dizer a si próprios que estavam simplesmente agindo como Kuhn dissera que os cientistas agiam — agrupando as anomalias, descartando-as e prosseguindo com seus sentimentos.

Segundo essa hipótese, então, o pós-modernismo é um sintoma da crise de fé da extrema esquerda. Ele resulta do uso da epistemologia cética para justificar o salto de fé pessoal necessário para continuar a acreditar no socialismo.

Por essa hipótese, apenas a predominância de epistemologias céticas e irracionalistas na metade do século XX não é suficiente para explicar o pós-modernismo. O beco sem saída do ceticismo e do irracionalismo não prevê que uso será feito deles. Uma pessoa ou um movimento desesperado pode apelar a essas epistemologias como mecanismo de defesa, mas que pessoa ou movimento está desesperado depende de outros fatores. Nesse caso, o movimento em apuros é o socialismo. Mas apenas os apuros do socialismo tampouco são explicação suficiente. A menos que se assentem os fundamentos epistemológicos, qualquer movimento que apele aos argumentos céticos e irracionalistas será ridicularizado. Portanto, uma combinação de dois fatores — o ceticismo generalizado sobre a razão e a crise do socialismo — é necessária para dar origem ao pós-modernismo.

Ainda assim, essa explicação kierkegaardiana do pós-modernismo é incompleta para descrever a estratégia pós-moderna. Para os pensadores esquerdistas arrasados pelos fracassos do socialismo, a opção kierkegaardiana fornece a justificativa necessária para continuarem a acreditar no socialismo como uma questão de fé pessoal. Mas para aqueles que ainda querem continuar a batalha contra o capitalismo, as novas epistemologias tornam possíveis outras estratégias.

Trasímaco ao contrário

Até aqui, meus argumentos explicam o subjetivismo e o relativismo do pós-modernismo, sua política de esquerda e a necessidade de estabelecer uma relação entre ambas.

Se essa explicação estiver correta, então o pós-modernismo é o que chamo de "trasimaquianismo reverso", em uma alusão ao sofista Trasímaco, da *República* de Platão. Alguns pós-modernistas entendem que parte de sua missão é reabilitar os sofistas, o que faz total sentido.

Uma pessoa pode, com um pouco de filosofia, passar a acreditar sinceramente no subjetivismo e no relativismo. Dessa forma, pode crer que a razão é derivativa, que a vontade e o desejo imperam, que a sociedade é uma batalha de vontades antagônicas, que as palavras são apenas instrumentos na luta de poder pela dominação e que vale tudo no amor e na guerra.

Essa era a posição dos sofistas, 2.400 anos atrás.

Então, a única diferença entre os sofistas e os pós-modernistas é de que lado eles estão. Trasímaco representava a segunda e mais rude geração de sofistas, que organizava argumentos subjetivistas e relativistas para defender a afirmação política de que justiça é o interesse dos mais fortes. Os pós-modernistas — após dois milênios de cristianismo e dois séculos de teoria socialista — simplesmente invertem tal afirmação: o subjetivismo e o relativismo são verdadeiros, só que os pós-modernistas estão do lado dos grupos mais fracos e historicamente oprimidos. Justiça, ao contrário do que dizia Trasímaco, é o interesse dos mais fracos.[11]

A conexão com os sofistas afasta a estratégia pós-moderna da fé religiosa e a aproxima da *realpolitik*. Os sofistas ensinavam retórica não como meio para promover a verdade e o conhecimento, mas também para vencer debates no mundo beligerante da política cotidiana — na qual não se alcança nenhum sucesso efetivo apegando-se cegamente aos fatos. Na verdade, ela requer abertura para as novas realidades e a flexibilidade de adaptação às mudanças. Ampliar essa flexibilidade a ponto de não se preocupar com a verdade ou a coerência dos argumentos pode parecer, e muitas vezes parece, parte de uma estratégia para atingir êxito político. Aqui, é útil citar Lentricchia: o pós-modernismo "não busca encontrar os fundamentos e as condições da verdade, mas exercer o poder mirando a mudança social".[12]

Discursos contraditórios como estratégia política

No discurso pós-moderno, há uma rejeição explícita da verdade, e a coerência pode ser um fenômeno raro. Considere os seguintes pares de afirmação:

- Por um lado, toda verdade é relativa; por outro, o pós-modernismo a descreve tal como ela é.
- Por um lado, todas as culturas merecem igual respeito; por outro, a cultura ocidental é particularmente destrutiva e maligna.
- Valores são subjetivos — mas o sexismo e o racismo são realmente um mal.
- A tecnologia é má e destrutiva — mas é injusto que alguns povos tenham mais tecnologia que outros.
- A tolerância é boa e a dominação é má — mas quando os pós-modernistas chegam ao poder, a correção política se instala.

Existe um padrão comum: subjetivismo e relativismo de um lado, absolutismo dogmático do outro. Os pós-modernistas estão cientes das contradições — em especial, porque seus oponentes adoram apontá-las sempre que podem. E, é claro, um pós-modernista pode responder às críticas citando Hegel: "Não passam de contradições da lógica aristotélica". Contudo, uma coisa é *dizer* isso, outra muito diferente é *sustentar* psicologicamente as contradições hegelianas.

Esse padrão, portanto, levanta à questão: que lado da contradição é mais profundo para o pós-modernismo? Os pós-modernistas realmente estão comprometidos com o relativismo, caindo ocasionalmente no absolutismo? Ou são os compromissos absolutistas mais profundos, e o relativismo um disfarce retórico?

Considere três outros exemplos, desta vez sobre os conflitos entre a teoria pós-modernista e o fato histórico.

- Os pós-modernistas dizem que o Ocidente é profundamente racista, mas sabem muito bem que o Ocidente foi o primeiro a acabar com a escravidão, e que somente nos lugares onde as ideias ocidentais prosperaram as ideias racistas estão na defensiva.
- Eles dizem que o Ocidente é profundamente sexista, mas sabem muito bem que as mulheres ocidentais foram as primeiras a ter direito ao voto, direitos contratuais e oportunidades que a maioria das mulheres no mundo ainda não tem.
- Afirmam que os países capitalistas do Ocidente são cruéis com seus membros mais pobres, subjugando-os e enriquecendo à custa deles, mas sabem muito bem que os pobres no Ocidente são muito mais ricos do que os pobres de qualquer outro lugar do mundo, tanto em posses materiais quanto em oportunidades de melhorar sua condição.

Para explicar a contradição entre o relativismo e a política absolutista, existem três possibilidades:

ESTRATÉGIAS PÓS-MODERNAS

1. A primeira possibilidade é que o relativismo seja primário e a política absolutista secundária. Como filósofos, os pós-modernistas defendem o relativismo; mas, como indivíduos particulares, eles acreditam em uma versão particular de política absolutista.
2. A segunda possibilidade é que a política absolutista seja primária e o relativismo uma estratégia retórica usada para promover essa política.
3. A terceira possibilidade é que ambos, o relativismo e o absolutismo, coexistam no pós-modernismo, mas as contradições entre eles simplesmente não importem psicologicamente para seus defensores.

A primeira opção pode ser excluída. O subjetivismo e seu consequente relativismo não podem ser primários para o pós-modernismo devido à uniformidade da política do pós-modernismo. Se a subjetividade e o relativismo fossem primários, então os pós-modernistas estariam adotando posições políticas variadas dentro do espectro, e isso simplesmente não acontece. O pós-modernismo é, portanto, primeiro um movimento político, que só recentemente chegou ao relativismo.

Pós-modernismo maquiaveliano

Então, tentemos a segunda opção, que o pós-modernismo se interessa primeiro pela política e a epistemologia relativista vem em segundo lugar. A citação muito popular de Fredric Jameson — "tudo é, em última instância, político"[13] — deve ter um forte viés maquiaveliano como afirmação da disposição a usar qualquer arma — retórica, epistemológica, política — para atingir fins políticos. Assim, surpreendentemente, o pós-modernismo se mostra nada relativista. O relativismo se torna parte de uma estratégia política retórica, algum tipo de *realpolitik* maquiaveliana empregado para tirar a oposição dos trilhos.

Por essa hipótese, os pós-modernistas não precisam acreditar muito no que dizem. O jogo de palavras e boa parte da raiva e da fúria que

GUERRA CULTURAL

utilizam, tão características de seu estilo, podem explicar por que não usar palavras para afirmar as coisas que pensam ser verdadeiras, mas como armas contra um inimigo que ainda esperam destruir.

Cabe aqui citar novamente Derrida: "A meu ver, a desconstrução só tem sentido ou interesse como radicalização, quer dizer, também *dentro da tradição* de um certo marxismo, em um *certo espírito de marxismo*".[14]

Discursos retóricos maquiavelianos

Suponha que você esteja discutindo política com um colega estudante ou um professor. Você não consegue acreditar, mas parece estar perdendo o debate. Todas as suas artimanhas argumentativas são bloqueadas e você está acuado. Sentindo-se encurralado, você se pega dizendo: "Bem, é tudo uma questão de opinião; é pura semântica".

Qual é o propósito, nesse contexto, de apelar para a opinião e o relativismo semântico? O propósito é se esquivar do oponente e ter algum tempo para respirar. Se seu oponente aceitar que o debate é uma questão de opinião ou semântica, ou se você perder o debate, não importa: ninguém está certo ou errado. Mas se seu oponente *não* aceitar que tudo é questão de opinião, a atenção dele será desviada do assunto em pauta — ou seja, política — para a epistemologia. Agora, ele precisa mostrar por que não se trata apenas de semântica, e isso vai tomar-lhe tempo. Enquanto isso, você conseguiu afastá-lo. E se parecer que ele está se saindo bem no argumento semântico, você pode dizer: "Ora, mas e quanto às ilusões perceptuais?".

Para adotar essa estratégia retórica você realmente tem que acreditar que tudo é uma questão de opinião ou puramente semântica? Não, não precisa. Você pode crer piamente que está certo sobre política, embora sabendo muito bem que tudo o que deseja é usar palavras para tirar o sujeito do seu pé de um modo que pareça que você não perdeu a discussão.

Essa estratégia retórica também funciona no âmbito dos movimentos intelectuais. Foucault identificou a estratégia de maneira explícita. "Os

ESTRATÉGIAS PÓS-MODERNAS

discursos são elementos ou bloqueios táticos que operam no campo das relações de força; pode haver discursos diferentes e até mesmo contraditórios dentro da mesma estratégia."[15]

Desconstrução como estratégia educacional

Eis aqui um exemplo. Kate Ellis é uma feminista radical. Ela acredita, conforme escreve na *Socialist Review,* que o sexismo é mau, que a ação afirmativa é boa, que o capitalismo e o sexismo andam juntos e que, para conquistar a igualdade entre os sexos, é preciso derrubar a sociedade atual. Mas Ellis detecta um problema para ensinar esses temas aos alunos. Ela descobre que eles pensam como capitalistas liberais — creem na igualdade de oportunidade, na remoção de barreiras artificiais e no julgamento justo para todos, além de acreditar que por meio da ambição e do esforço podem superar a maioria dos obstáculos e alcançar o sucesso na vida.[16] Isso significa que seus alunos adotaram o esquema capitalista liberal que Ellis pensa estar totalmente errado. Então, escreve Ellis, ela usará a desconstrução como arma contra essas crenças iluministas antiquadas.[17]

Se ela conseguir minar a crença dos estudantes na superioridade dos valores capitalistas e na noção de que as pessoas são responsáveis pelo próprio sucesso ou fracasso, isso desestabilizará seus valores essenciais.[18] Ellis acredita que enfatizar o relativismo pode ajudar nisso. E, tão logo suas crenças iluministas sejam esvaziadas por argumentos relativistas, ela poderá preencher o vazio com os princípios políticos corretos, de esquerda.[19]

Uma analogia familiar pode ajudar aqui. Segundo essa hipótese, os pós-modernistas não são mais relativistas do que os criacionistas em suas batalhas contra a teoria evolucionista. Os pós-modernistas, vestindo seu traje multiculturalista e afirmando que todas as culturas são iguais, se assemelham aos criacionistas, que dizem querer tão somente um tempo igual para o evolucionismo e o criacionismo. Os criacionistas às vezes argumentam que o criacionismo e o evolucionismo são igualmente científicos, ou igualmente religiosos, e que, portanto, deveriam ser tratados de maneira igual.

Os criacionistas realmente acreditam nisso? Tudo que eles querem é um tempo igual? É claro que não. Eles são fundamentalmente contrários à evolução — estão convencidos de que ela é um erro, um mal, e, se estivessem no poder, acabariam com ela. Contudo, como tática de curto prazo, enquanto estiverem perdendo o debate intelectual, enfatizarão o igualitarismo intelectual e argumentarão que ninguém conhece de fato a verdade absoluta. A mesma estratégia se aplica aos pós-modernistas maquiavelianos — eles dizem querer respeito igual a todas as culturas, mas o que de fato pretendem, a longo prazo, é eliminar a cultura capitalista liberal.

A interpretação maquiaveliana também explica o uso que, às vezes, os pós-modernistas fazem da ciência. A Teoria da Relatividade, de Einstein, a mecânica quântica, a matemática do caos, o Teorema da Incompletude, de Gödel, são citados com frequência como prova de que tudo é relativo, que nada pode ser conhecido e que tudo é caos. Na melhor das hipóteses, encontraremos interpretações dúbias dos dados nos escritos pós-modernistas, embora seja mais comum que a pessoa envolvida não tenha uma ideia clara do que se trata o teorema em questão ou como prová-lo.

Isso fica evidente no famoso caso do físico Alan Sokal e o periódico de extrema esquerda *Social Text*. Nele, Sokal publicou um artigo em que argumentava que a ciência havia desacreditado a visão iluminista de uma realidade objetiva e cognoscível, e que os resultados recentes da física quântica corroboravam a política esquerdista.[20] Ao mesmo tempo, Sokal anunciou na *Lingua Franca* que o artigo era uma paródia da crítica pós-moderna à ciência. A reação indignada dos editores e defensores do *Social Text* não foi de argumentar se consideravam verdadeira ou legítima a interpretação da física apresentada no artigo. Em vez disso, os editores, constrangidos, insinuaram que Sokal é que violara os sagrados laços da honestidade e integridade acadêmica. Estava claro, porém, que os editores não sabiam muito de física, e que o artigo foi publicado por causa dos benefícios políticos que poderiam render.[21]

A interpretação maquiaveliana também explica por que os argumentos relativistas são direcionados apenas contra os grandes livros do Ocidente. Se alguém está comprometido com objetivos políticos, seu principal obstáculo são os poderosos livros escritos por mentes brilhantes do outro lado do debate. Na literatura, existe um vasto corpo de

ESTRATÉGIAS PÓS-MODERNAS

romances, peças, poemas épicos, e poucos apoiam o socialismo. Grande parte dela apresenta análises convincentes da condição humana, feitas de perspectivas opostas. No direito americano, existem a Constituição e todo o conjunto de jurisprudência do *common law*, e muito pouco disso apoia o socialismo. Em consequência, se você é estudante ou professor de literatura ou direito com viés esquerdista e se vê confrontado com o cânone literário ou jurídico do Ocidente, você tem duas escolhas: (i) pode acolher as tradições opostas, pedir a seus alunos que leiam os grandes livros e as grandes decisões, e discutir com eles nas aulas. Esse é um trabalho muito difícil e também arriscado — os alunos podem vir a concordar com o lado errado. Ou (ii) pode encontrar uma forma de descartar toda a tradição e ensinar apenas os livros que se encaixam na sua política. Se está procurando atalhos, ou se suspeita de que o lado certo poderia não se sair bem no debate, então a desconstrução é sedutora. Ela permite descartar toda a tradição literária e jurídica como sexista, racista ou exploradora e serve de justificativa para afastá-la.

Contudo, para usar essa estratégia, você realmente tem que acreditar que Shakespeare era um misógino, que Hawthorne era um puritano disfarçado ou que Melville era um imperialista tecnológico? Não. A desconstrução pode simplesmente ser empregada como um método retórico para se livrar de um obstáculo.

Segundo essa hipótese maquiaveliana, então, o pós-modernismo não é um salto de fé para a esquerda acadêmica, mas uma estratégia política perspicaz que, embora utilize o relativismo, não acredita nele.[22]

Pós-modernismo do ressentimento

Existe um traço psicologicamente mais sombrio do pós-modernismo não detectado pelas explicações anteriores. Ele foi explicado até aqui como uma resposta ao ceticismo extremo, como uma resposta de fé à crise de uma visão política ou como uma estratégia política inescrupulosa. Essas explicações ligam a epistemologia à política do pós-modernismo e resolvem a tensão entre seus elementos relativistas e absolutistas. Na explicação "kantiana" do pós-modernismo, a tensão se resolve ao tornar o ceticismo primário, e o compromisso político, secundário e consequência não intencional. Nas explicações "kierkegaardiana" e "maquiaveliana", a tensão se resolve ao tornar o compromisso político primário, e o uso da epistemologia relativista, secundário, como racionalização ou estratégia política retórica.

A última opção é *não resolver a tensão*. A contradição é uma forma psicológica de destruição; porém as contradições, às vezes, não importam psicologicamente para aqueles que as vivenciam, pois, afinal de contas, para eles *nada* importa.

No movimento intelectual pós-moderno, o niilismo está mais próximo de nós como nunca na história.

No mundo moderno, o pensamento esquerdista foi um dos terrenos mais férteis para disseminar a destruição e o niilismo. Desde o reinado do Terror a Lênin e Stálin, Mao e Pol Pot, até a escalada de terrorismo nas décadas de 1960 e 1970, a extrema esquerda exibiu repetidamente sua disposição de usar a violência para alcançar objetivos políticos e demonstrou extrema frustração diante de seus fracassos. A esquerda também incluiu muitos companheiros de viagem vindos do mesmo universo político e psicológico, mas sem poder político ao seu dispor.

Herbert Marcuse, com seu clamor explícito pelo uso da filosofia para a "'aniquilação absoluta' do mundo do senso comum",[23] foi apenas uma voz recente e extraordinariamente explícita. É sobre essa história do pensamento e da prática esquerdistas que as vozes mais moderadas da esquerda, como Michael Harrington, se empenharam em nos alertar. Refletindo sobre essa história, Harrington escreveu: "Quero evitar a visão absolutista que torna o socialismo tão transcendente a ponto de incitar seus sectários à cólera totalitária, no esforço de criar uma ordem perfeita".[24]

Da cólera totalitária ao niilismo é só um passo curto. Como Nietzsche notou em *Aurora*. [Daybreak]:

> Quando alguns homens não conseguem realizar seu desejo, exclamam raivosamente: "Que o mundo todo pereça!". Essa emoção repulsiva é o ponto alto da inveja, cuja implicação é: "Se não posso ter *algo*, ninguém pode ter *nada*, ninguém deve *ser* coisa alguma!".[25]

ESTRATÉGIAS PÓS-MODERNAS

O ressentimento nietzschiano

Paradoxalmente, Nietzsche é um dos grandes heróis do pós-modernismo. Os pós-modernistas o citam por seu perspectivismo na epistemologia, seu uso da forma enigmática e fluida de aforismos em vez da forma científica de tratados, pela sua agudeza psicológica em diagnosticar a decadência e a hipocrisia. Quero usar Nietzsche contra os pós-modernistas para variar.

O conceito de *ressentimento* de Nietzsche é próximo ao que conhecemos, mas com uma amargura mais rançosa, fervente, tóxica, represada por muito tempo. Nietzsche usa *ressentimento* em sua famosa descrição da moralidade senhor-escravo em *Além do Bem e do Mal* [Beyond Good and Evil] e, de modo sistemático, em *A Genealogia da Moral* [Genealogy of Morals]. A moral dos senhores é a dos vigorosos, dos fortes apaixonados pela vida, daqueles que amam a aventura, que se deleitam na criatividade e no próprio senso de propósito e assertividade. A moral dos escravos é a moral dos fracos, dos humildes, dos que se sentem vitimizados e temem se aventurar no mundo grande e mau. Os fracos são cronicamente passivos, sobretudo porque têm medo dos fortes. Como resultado, os fracos se sentem frustrados: não conseguem o que querem na vida. Têm inveja dos fortes e, secretamente, passam a se odiar por serem covardes e fracos. Mas ninguém pode viver pensando que é abominável. Então, os fracos inventam uma racionalização que lhes diz que são bons e morais *porque* são fracos, humildes e passivos. A paciência é uma virtude, dizem, assim como a humildade e a obediência, e é virtude estar do lado dos fracos e oprimidos. E, é claro, o oposto dessas coisas é mau — a agressividade é má, assim como o orgulho, a independência e o progresso físico e material.

Naturalmente, trata-se de uma racionalização, e o fraco inteligente nunca vai se convencer disso. Isso causaria um estrago dentro dele. Nesse meio-tempo, os fortes zombam dos fracos. Isso causa um estrago dentro dele. E os fortes e os ricos ficarão cada vez mais fortes e mais ricos, aproveitando a vida. E isso causa um estrago dentro dele. No fim, o fraco inteligente sentirá uma combinação de ódio de si mesmo e inveja de seus inimigos, precisando revidar. Ele sentirá o desejo de ferir seu inimigo da forma que puder. Mas, é claro, ele não pode arriscar o confronto físico direto — é fraco. Sua única arma são as palavras. Assim, dizia Nietzsche, o fraco se torna extremamente hábil com as palavras.[26]

Em nossa época, o mundo criado pelo iluminismo é forte, ativo e exuberante. Durante um tempo no século passado, os socialistas acreditaram que a revolução era iminente, que o infortúnio se abateria sobre os ricos e que os pobres seriam abençoados. Todavia, essa esperança foi cruelmente desfeita. O capitalismo parece, agora, um exemplo de que "dois mais dois são quatro", e, como o homem subterrâneo de Dostoiévski, é fácil ver que os socialistas mais inteligentes odeiam esse fato. O socialismo é o perdedor da história e, se souberem disso, os socialistas odiarão esse fato, odiando os vencedores por terem vencido e a si próprios por terem escolhido o lado errado. O ódio, quando se torna crônico, leva à necessidade de destruir.

Ainda assim, o fracasso político é uma explicação muito limitada para a gama de temas niilistas presente no pós-modernismo. Os pensadores pós-modernos defendem a ideia de que não foi só a política que fracassou — *tudo* fracassou. O Ser, como Hegel e Heidegger nos ensinaram, realmente se tornou nada. Então, em suas formas mais extremas, o pós-modernismo trata de enfatizar isso, fazendo o nada reinar.

É evidente que estou flertando com a argumentação *ad hominem* aqui, por isso deixarei que os pós-modernistas falem por si.

Foucault e Derrida sobre o fim do homem

Em sua introdução de *A Arqueologia do Saber* [The Archaeology of Knowledge], Foucault se expressa, em certo momento, na primeira pessoa. Falando autobiograficamente sobre suas motivações para escrever, ele comenta sobre seu desejo de extinguir-se: "Posso me perder e aparecer, por fim, diante de olhos que jamais voltarei a encontrar. Por certo, não sou o único que escreve para não ter um rosto".[27]

Foucault estende seu desejo de aniquilação a toda a espécie humana. Ao final de *As Palavras e as Coisas* [The Order of Things], por exemplo, ele

ESTRATÉGIAS PÓS-MODERNAS

discursa quase com anseio sobre a iminente extinção da humanidade: o homem é "uma invenção recente" que logo "será apagada, como um rosto desenhado na areia à beira do mar".[28] Deus está morto, escreveram Hegel e Nietzsche. O homem também morrerá, espera Foucault.[29]

Derrida também reconhece o tipo de mundo que o pós-modernismo está construindo e declara sua intenção de não estar entre aqueles que permitem que sua náusea leve a melhor. Os pós-modernistas, escreve ele, são aqueles que não "desviam o olhar quando encaram o ainda inominável que se anuncia e pode fazê-lo, como é necessário sempre que um nascimento se aproxima, apenas sob a espécie da não espécie, na forma amorfa, muda, infante e aterradora da monstruosidade".[30]

O nascimento de monstros é uma visão pós-moderna do processo criativo, que proclama o fim da humanidade. Outros pós-modernistas enfatizam a feiura da criação pós-moderna, sugerindo, ao mesmo tempo, que a humanidade simplesmente é irrelevante. Kate Ellis nota, por exemplo, "o pessimismo caracteristicamente apolítico da maior parte do pós-modernismo, segundo o qual a criação é tão somente uma forma de defecação".[31]

Monstros e dejetos são temas centrais no mundo da arte do século XX, e há um paralelo elucidativo entre os desenvolvimentos no universo artístico na primeira metade do século e os desenvolvimentos ocorridos no restante das ciências humanas na segunda metade do século. Com Marcel Duchamp, o mundo da arte chega ao pós-modernismo antes do resto do mundo intelectual.

Solicitado pela Sociedade dos Artistas Independentes de Nova York a submeter algum trabalho para exposição, Duchamp enviou um urinol. Duchamp, é claro, conhecia a história da arte. Ele sabia o que havia sido realizado — como a arte, ao longo dos séculos, foi um veículo poderoso que exigia o mais alto desenvolvimento da visão criativa do homem e rigorosa habilidade técnica; e sabia que a arte tem um incrível poder de exaltar os sentidos, o intelecto e as paixões daqueles que a experimentam. Refletindo sobre a história da arte, Duchamp decidiu fazer uma declaração. O artista não é um grande criador — Duchamp passou em uma loja de material hidráulico. A obra de arte não é um objeto especial — era um produto de massa feito em uma fábrica. A experiência da arte não é empolgante e enobrecedora — na melhor das hipóteses, é intrigante, e, na maioria das vezes, deixa uma sensação de repulsa. E não é só isso: Duchamp não escolheu um objeto pronto qualquer. Ao escolher o urinol, sua mensagem era clara: a arte é algo em que você mija.

Os temas dadaístas tratam da ausência de significado, mas suas obras e seus manifestos são declarações filosóficas importantes no contexto em que são apresentadas. *Kunst ist Scheisse* ("A arte é merda") foi, adequadamente, o lema do dadaísmo. O urinol de Duchamp foi o símbolo adequado. Tudo é dejeto a ser mandado para o esgoto.

Por essa hipótese, então, o pós-modernismo é uma generalização do niilismo do movimento dadá. Não só a arte é merda, tudo é.

Os pensadores pós-modernos herdaram uma tradição intelectual que assistiu à derrota de suas maiores esperanças. O contrailuminismo, desde o início, suspeitou do naturalismo iluminista, de sua razão, de sua visão otimista acerca do potencial humano, de seu individualismo na ética e na política, de sua ciência e tecnologia. Para os que se opuseram ao iluminismo, o mundo moderno não ofereceu nenhum conforto. Os defensores do iluminismo diziam que a ciência deveria substituir a religião, mas a ciência ofereceu os espectros da entropia e da relatividade. A ciência seria a glória da humanidade, mas ela nos ensinou que o homem evoluiu do lodo, com sangue nos dentes e nas garras. A ciência transformaria o mundo em um paraíso tecnológico, mas produziu bombas nucleares e superbacilos. E a confiança no poder da razão, que está por trás de tudo isso, revelou-se uma fraude no entender dos pós-modernistas. A ideia de armas nucleares nas mãos de um animal irracional e voraz é assustadora.

Enquanto os pensadores neoiluministas fizeram as pazes com o mundo moderno, do ponto de vista pós-moderno, o universo foi metafísica e epistemologicamente destruído. Não podemos recorrer a Deus ou à natureza, e não podemos confiar na razão ou na humanidade.

Mas sempre havia o socialismo. Por pior que o universo tenha se tornado na metafísica, na epistemologia e no estudo da natureza humana, ainda havia a visão de uma ordem ética e política que transcenderia tudo para criar uma linda sociedade coletivista.

O fracasso da esquerda política em concretizar essa visão foi apenas a gota d'água. Para a mente pós-moderna, as lições cruéis do mundo moderno são que a realidade é inacessível, que nada pode ser conhecido, que o potencial humano não é nada, que os ideais éticos e políticos resultaram em nada. A resposta psicológica à perda de tudo: raiva e desespero.

No entanto, os pensadores pós-modernos também se veem cercados pelo mundo iluminista que não entendem. Eles se veem confrontando um mundo dominado pelo liberalismo e capitalismo, pela ciência e tecnologia, por pessoas que ainda acreditam na realidade, na razão e na grandeza do potencial humano. O mundo que eles diziam ser impossível e destrutivo realizou-se e está prosperando. Os herdeiros do iluminismo estão governando o mundo e marginalizaram os pós-modernistas, confinando-os à academia. À raiva e ao desespero somou-se o *ressentimento*.

Alguns se refugiaram no quietismo; outros, em um mundo particular de jogo estético e autocriação. Outros, ainda, revidam com a intenção de destruir. Mas, novamente, as únicas armas do pós-modernismo são as palavras.[32]

A estratégia do ressentimento

O mundo artístico do século XX fornece, mais uma vez, exemplos proféticos. O urinol de Duchamp mandou a mensagem "mijo em você", e suas obras posteriores puseram essa atitude em prática. Sua versão da *Mona Lisa* foi um exemplo claro: a reprodução da obra-prima de Leonardo com um bigode caricato. Essa também foi uma declaração: aqui está uma realização magnífica que não tenho a esperança de igualar, então vou desfigurá-la e torná-la uma piada. Robert Rauschenberg foi mais longe que Duchamp. Sentindo-se à sombra das realizações de Willem de Kooning, ele pediu que lhe trouxessem uma das pinturas do artista, que apagou e pintou por cima. Essa foi uma declaração: não posso ser especial a menos que destrua primeiro a sua realização.

A desconstrução é uma versão literária de Duchamp e Rauschenberg. A teoria da desconstrução diz que nenhuma obra tem significado. Qualquer significado aparente pode ser transformado em seu oposto, em nada, ou desmascarado como algo desgraçado. O movimento pós-moderno contém muitas pessoas que gostam da ideia de desconstruir o trabalho criativo de outras. A desconstrução tem o efeito de nivelar qualquer significado e valor. Se um texto pode significar qualquer coisa, então não significa nada mais que qualquer outra coisa — nenhum texto, portanto, é grandioso. Se um texto encobre algo fraudulento, a dúvida sobre tudo que aparenta ser grandioso começa a se insinuar.

Faz sentido, então, que essas técnicas desconstrutivas sejam direcionadas principalmente às obras que não se alinham aos compromissos pós-modernos.

A estratégia não é nova. Se você odeia alguém e deseja feri-lo, golpeie-o onde dói. Quer ferir um homem que ama seus filhos e odeia pedófilos? Faça insinuações e espalhe boatos de que ele gosta de pornografia infantil. Quer ferir uma mulher que tem orgulho de sua independência? Espalhe o boato de que ela se casou com seu marido porque ele é rico. A verdade ou falsidade desses rumores, e se aqueles para quem você conta acreditam em você, não importa. O que importa é que você deu um golpe direto e doloroso na psique de alguém. Você sabe que essas acusações e esses rumores causarão tremores, mesmo que não deem em nada. Restará, pelo menos, o prazer sinistro de saber que foi você. E, afinal, pode ser que os boatos resultem em algo.

O melhor retrato dessa psicologia vem de um homem europeu muito branco e muito morto: William Shakespeare, em seu *Otelo*. Iago simplesmente odiava Otelo, mas não tinha esperança de derrotá-lo em um confronto aberto. Como, então, ele poderia destruí-lo? A estratégia de Iago era atacá-lo onde doía mais: a paixão por Desdêmona. Iago insinuou indiretamente que ela andava dormindo com outros, espalhou mentiras e suspeitas sutis sobre sua fidelidade, alimentou a dúvida na mente de Otelo sobre a coisa mais bela de sua vida e deixou que essa dúvida agisse como um lento veneno.

Assim como os pós-modernistas, as únicas armas de Iago eram as palavras. A única diferença é que os pós-modernistas não são tão sutis quanto aos alvos que pretendem atingir.

O mundo iluminista contemporâneo se orgulha de seu compromisso com a igualdade e a justiça, de sua mente aberta, das oportunidades que oferece a todos e de suas realizações na ciência e na tecnologia. O mundo iluminista é orgulhoso, confiante e sabe que é a onda do futuro. Isso é insuportável para uma pessoa totalmente identificada com uma perspectiva oposta e fracassada. É esse orgulho que ela deseja destruir. O melhor alvo de ataque é o senso iluminista de seu próprio valor moral. Acusá-lo de sexismo e racismo, de difundir o dogma da intolerância e de ser cruelmente explorador. Minar sua confiança na razão, na ciência e na tecnologia. As palavras nem mesmo têm que ser verdadeiras ou coerentes para causar o estrago necessário.

E como Iago, o pós-modernismo não tem que ficar com a garota no final. Destruir Otelo é suficiente.[33]

Depois do pós-modernismo

Mostrar que um movimento leva ao niilismo é importante para entendê-lo, assim como mostrar que um movimento niilista e fracassado ainda pode ser perigoso. Traçar as origens do pós-modernismo a Rousseau, Kant e Marx explica como todos os seus elementos se fundiram. No entanto, identificar as raízes do pós-modernismo e conectá-las às nocivas consequências contemporâneas não refutam o pós-modernismo.

Ainda precisamos refutar essas premissas históricas e identificar e defender alternativas a elas. O iluminismo baseava-se em premissas opostas às do pós-modernismo, mas, embora tenha criado um mundo magnífico com base nessas premissas, defendeu-as de forma incompleta. Essa fraqueza é a única fonte do poder do pós-modernismo contra ele. Portanto, completar a articulação e a defesa daquelas premissas é essencial para garantir o progresso da visão iluminista, protegendo-a das estratégias pós-modernas.

APÊNDICE 1

Liberdade de expressão e pós-modernismo

No início da era moderna, a liberdade de expressão venceu a batalha contra o autoritarismo tradicional. Os argumentos poderosos de Galileu,[1] John Locke,[2] John Stuart Mill[3] e outros venceram o debate pela liberdade de expressão. Historicamente, esses argumentos foram propostos em diferentes contextos filosóficos e, sempre que possível, adaptados, em níveis distintos, a plateias hostis à liberdade de expressão. Na linguagem atual, ainda é possível identificar elementos remanescentes desses argumentos: (1) a razão é essencial para conhecer a realidade (Galileu e Locke); (2) a razão é uma função do indivíduo (Locke, especialmente); (3) o indivíduo racional precisa, sobretudo, de liberdade para poder conhecer a realidade — liberdade para pensar, criticar, debater (Galileu, Locke e Mill); (4) a liberdade do indivíduo na busca do conhecimento é de suma importância para os outros membros da sociedade (Mill, especialmente).

Uma consequência desse argumento é que, ao estabelecer instituições sociais especializadas para buscar e promover o nosso conhecimento da verdade — sociedades científicas, institutos de pesquisas, faculdades e universidades —, deveríamos nos esforçar muito para proteger, alimentar e promover a liberdade das mentes criativas.

É surpreendente, portanto, que as maiores ameaças atuais à liberdade de expressão venham justamente de *dentro* de nossas faculdades e universidades. Tradicionalmente, o principal objetivo de carreira da maioria dos acadêmicos era obter a estabilidade no cargo, o que lhes permite dizer o

GUERRA CULTURAL

que quiserem sem medo de ser demitidos. A estabilidade existe, portanto, para proteger a liberdade de pensamento e expressão. Hoje em dia, entretanto, constatamos que muitos indivíduos que trabalharam por muitos anos para obter estabilidade — e a liberdade acadêmica que a acompanha — são os defensores mais ferrenhos da limitação do discurso dos outros.

Os códigos de discurso

Podemos mencionar dois exemplos que ilustram como alguns acadêmicos buscam limitar o discurso alheio por meio dos chamados *speech codes* (códigos de discurso).

Um código de discurso proposto na Universidade de Michigan tinha esta proibição:

[a] qualquer comportamento, verbal ou físico, que estigmatiza ou vitimiza uma pessoa com base na raça, etnia, religião, sexo, orientação sexual, credo, nacionalidade, ascendência, idade, estado civil, deficiência física ou status de veterano da Guerra do Vietnã (...)

Já na Universidade de Wisconsin, um código de discurso muito controverso adverte que serão tomadas medidas disciplinares contra qualquer aluno que:

por comentários racistas ou discriminatórios, epítetos ou outras ações dirigidas a um indivíduo ou em ocasiões separadas a diferentes indivíduos, ou por conduta física (...) intencionalmente: rebaixar raça, sexo, religião, cor, credo, deficiência, orientação sexual, nacionalidade, ascendência ou idade; e criar um ambiente intimidante, hostil ou degradante para a educação, o trabalho universitário ou outra atividade universitária autorizada.

Esses tipos de códigos de discurso têm sido adotados por muitas universidades e faculdades ao redor do país. Dentre os principais teóricos por trás desses códigos de discursos estão acadêmicos renomados, como Mari J. Matsuda, que geralmente escreve em nome dos americanos com ascendência asiática;[4] Richard Delgado, que costuma escrever em nome dos hispânicos e das minorias raciais;[5] Catherine A. MacKinnon, que escreve pelas mulheres enquanto grupo oprimido;[6] e Stanley Fish, que, sendo um homem branco, se encontra em uma posição particularmente delicada — mas resolve o problema sendo sensível a qualquer pessoa em condição de vítima.[7]

Por que não recorrer à Primeira Emenda da Constituição dos Estados Unidos?[*]

Em resposta aos códigos de discurso, uma reação comum dos norte-americanos é dizer: "Por que a Primeira Emenda já não considerou tudo isso, ressaltando que vivemos nos Estados Unidos e que ela protege a liberdade de expressão, mesmo quando se trata de discursos ofensivos?". Certamente, deveríamos dizer isso. No entanto, a Primeira Emenda é uma regra *política* que se aplica à sociedade política. Não é uma regra *social* que se aplica a indivíduos privados; tampouco é um princípio *filosófico* que responde aos ataques filosóficos à liberdade de expressão.

No que diz respeito à distinção entre as esferas política e privada, por exemplo, notemos que a Primeira Emenda diz que o Congresso não fará nenhuma lei com relação à religião, à liberdade de expressão, à liberdade de imprensa e à liberdade de associação: ou seja, que ela se aplica tão somente às ações governamentais. Podemos estender esse ponto às universidades públicas, como Michigan e Wisconsin, argumentando que são instituições administradas pelo Estado e, portanto, parte do governo. Dessa maneira, podemos dizer que a proteção da Primeira Emenda deveria prevalecer em todas as universidades públicas. E esse é um bom argumento a se fazer.

---

[*] No Brasil, podemos citar a política de cotas como um exemplo de política afirmativa. (N. do T.)

GUERRA CULTURAL

Por várias razões, esse não é o fim da questão. Para começar, a Primeira Emenda não se aplica às universidades privadas. Se uma universidade particular deseja instituir algum tipo de código de discurso, não deve haver nada de ilegal nele no que diz respeito à Primeira Emenda. Além disso, a proteção da Primeira Emenda vai de encontro a outra estimada instituição dentro da academia: a liberdade acadêmica. É possível que um professor queira instituir um código de discurso em sua disciplina, o que, tradicionalmente, é protegido pela liberdade acadêmica. Não bastasse, apelar para a Primeira Emenda contradiz outro argumento generalizado, que estabelece que a educação é uma forma de comunicação e associação bastante íntima em certos aspectos, e requer civilidade para ser eficaz. Assim, demonstrações abertas de ódio, antagonismo ou ameaças em sala de aula ou qualquer outro lugar da universidade desestabilizam a atmosfera social que torna a educação possível. Esse argumento implica que faculdades e universidades são tipos especiais de instituições sociais: comunidades onde pode haver a necessidade de códigos de discurso.

A Primeira Emenda não fornece orientação sobre as normas que governam o discurso em nenhum desses casos. Os debates sobre essas circunstâncias são principalmente *filosóficos*. E esse é o motivo deste artigo.

Contexto: Por que a esquerda?

Destaco, em primeiro lugar, que a maioria dos códigos de discurso, em todo o país, é proposta por membros da extrema esquerda, apesar de ela mesma ter reclamado por muitos anos do autoritarismo das administrações das universidades, lutando contra o jugo das restrições universitárias. Então, há uma ironia na mudança de tática da esquerda em prol de restrições autoritárias e politicamente corretas de discurso.

Na verdade, a pergunta é: por que, nos últimos anos, os acadêmicos de esquerda mudaram sua crítica e sua tática tão drasticamente? Esse tema foi abordado amplamente nesta obra. Em meu julgamento, uma chave da explicação para a mudança de postura dos esquerdistas é que, nas últimas décadas, a esquerda sofreu uma série de grandes decepções. No Ocidente, a esquerda não conseguiu criar partidos socialistas de sucesso, e muitos dos que existiam se tornaram moderados. Os principais experimentos do socialismo em nações como União Soviética, Vietnã e Cuba foram um verdadeiro fracasso. Até o mundo acadêmico mudou radicalmente sua posição para o liberalismo e o livre mercado. Quando um movimento intelectual sofre grandes decepções, é provável que recorra a táticas mais desesperadas: entre elas, podemos citar os códigos de discurso, que buscam restringir os argumentos dos oponentes políticos e filosóficos.

Ação afirmativa como um exemplo prático

Vamos usar as políticas de ação afirmativa[8] para ilustrar esse processo. Em primeiro lugar, a esquerda se decepcionou com os resultados de suas políticas de ação afirmativa. Nas décadas de 1980 e 1990, ela percebeu que estava perdendo a batalha. Em segundo lugar, todos nós já estamos familiarizados com as medidas de ação afirmativa, que podem servir de exemplo claro dos princípios filosóficos sobre os quais a esquerda constrói seus objetivos; e isso nos permitirá ver como esses mesmos princípios são aplicados novamente para defender os códigos de discurso.

O argumento a favor da ação afirmativa racial normalmente começa com a observação de que os negros, como grupo, sofreram opressão severa nas mãos dos brancos. Dado que isso foi claramente injusto, e que é um princípio de justiça que aquele que prejudica deve sempre indenizar a parte lesada, podemos argumentar que os brancos, como grupo, devem compensar os negros, como grupo.

Os opositores da ação afirmativa responderão argumentando que a "indenização" proposta é injusta com a geração atual. Na prática, a ação afirmativa faz um indivíduo dessa geração, um branco que nunca teve escravos, indenizar um negro que nunca foi escravo.

O que temos aqui, em ambos os lados da discussão, são dois conjuntos de princípios que competem.

GUERRA CULTURAL

Um conjunto é representado pelas seguintes perguntas: devemos tratar indivíduos como *membros de um grupo* ou devemos tratá-los como *indivíduos*? Devemos falar dos negros como grupo *versus* os brancos como grupo? Ou devemos analisar os indivíduos envolvidos? Os defensores das cotas raciais* argumentam que brancos e negros como indivíduos devem ser tratados como integrantes dos grupos raciais a que pertencem, enquanto os opositores das cotas raciais argumentam que o correto é tratar as pessoas como indivíduos, sejam elas brancas ou negras, não importando a cor de sua pele. Em resumo, temos um conflito entre o *coletivismo* e o *individualismo*.

Outro conjunto de princípios concorrentes surge da seguinte maneira. Os defensores das cotas alegam que, como parte do resultado da escravidão, os brancos são hoje o grupo dominante, e os negros, o grupo dominado; portanto, os fortes têm obrigação de se sacrificar pelos fracos. No caso da ação afirmativa, o argumento expressa que devemos redistribuir as oportunidades de trabalho e as vagas na universidade dos membros do grupo branco dominante (mais forte) para os membros do grupo negro subordinado (mais fraco). Os opositores das cotas rejeitam esse padrão altruísta. Eles argumentam que os empregos e as vagas na universidade devem ser decididos com base no mérito e na capacidade individual. Em resumo, temos um conflito entre *altruísmo* e o *egoísmo*.

Na etapa seguinte, típica do debate sobre a ação afirmativa, surgem outros dois conjuntos de princípios conflitantes. Os defensores das cotas dirão: "Pode ser que a escravidão tenha acabado e que as leis Jim Crow tenham sido revogadas, mas seus efeitos não. Há um legado que os negros, como grupo, herdaram. Assim, os negros contemporâneos são vítimas da discriminação do passado. Eles foram prejudicados e impedidos de progredir, e nunca tiveram a oportunidade de reaver o que perderam. Portanto, a fim de igualar a distribuição racial da riqueza e do emprego na sociedade, precisamos de políticas de cotas para redistribuir as oportunidades dos grupos que têm desproporcionalmente mais para os grupos que têm desproporcionalmente menos".

---

* Conforme definição anterior de ação afirmativa, podemos considerar que a expressão "política de cotas" possui o mesmo significado. Utilizamos as duas expressões no texto em momentos diferentes por uma questão de estilo — para que o texto não soasse repetitivo. (N. do T.)

Os opositores das cotas respondem dizendo o seguinte: "É óbvio que os efeitos dos acontecimentos passados são transmitidos de geração a geração; porém, não são estritamente efeitos causais, são *influências*. Os indivíduos são influenciados por sua origem social, mas cada um tem o poder de decidir por si mesmo que influências vai aceitar. E nos Estados Unidos, especialmente, as pessoas são expostas a centenas de diferentes modelos de comportamento, vindos de pais, de professores e colegas, de heróis do esporte, de estrelas de cinema, e assim por diante. Por consequência, aqueles cuja família foi socialmente despojada não precisam de doações, mas da liberdade e da oportunidade para prosperar. E, uma vez mais, este país oferece as duas coisas". Portanto, desse lado do argumento, o ponto é que as pessoas não são simplesmente produto de seu ambiente, mas têm a liberdade de fazer de sua vida o que quiserem. Em vez de políticas de cotas, a resposta é encorajá-las a pensar por si próprias, a ser ambiciosas, a buscar oportunidades e a proteger sua liberdade de fazê-lo.

Desse segundo argumento surgem outros dois conjuntos de princípios conflitantes. Os defensores da ação afirmativa baseiam-se em um princípio do *determinismo social*, que diz: "Esta geração é o resultado do que ocorreu na geração anterior; seus membros são construídos pelas circunstâncias das gerações anteriores". O outro lado do argumento enfatiza a volição individual: os indivíduos têm o poder de escolher quais influências sociais vão aceitar. O outro grupo de princípios concorrentes indaga: os indivíduos têm que ser *igualados* em ativos e oportunidades, ou precisam, na verdade, de mais liberdade para fazer de sua vida o que desejarem?

Em resumo, o que temos é um debate envolvendo quatro conjuntos de princípios. Essas quatro subcategorias constituem o debate global sobre a ação afirmativa.

QUADRO 8: QUATRO CONJUNTOS DE PRINCÍPIOS

A favor das medidas de ação afirmativa	Contra as medidas de ação afirmativa
Coletivismo	Individualismo
Altruísmo	Egoísmo
Determinismo social	Volição individual
Igualitarismo	Liberdade

Recentemente, os defensores da ação afirmativa têm ficado na defensiva, e muitos de seus programas estão sendo abandonados. Hoje em dia, a aceitação desses programas caiu muito.

Mas, se somos esquerdistas comprometidos com a ideia de que o racismo e o sexismo são problemas que devem ser atacados vigorosamente, e se vemos as ferramentas da ação afirmativa sendo tiradas de nós, percebemos que devemos buscar novas estratégias. Uma delas é o código de discurso na universidade. Portanto, quero agora mostrar como a questão do código de discurso incorpora cada um dos quatro princípios do lado esquerdo da coluna — coletivismo, altruísmo, o princípio do determinismo social e o conceito da igualdade.

Igualitarismo

Suponha a seguinte situação: às vezes, sonho que jogarei uma partida de basquete (um contra um) com Michael Jordan. Ele chega quando estou fazendo alguns arremessos, e eu o desafio. Jordan aceita, e começamos a partida. Temos até mesmo um árbitro para garantir que não haja injustiças ou coisas assim.

Então, um toque de realismo entra em meu sonho. Como seria esse jogo na realidade? Bem, jogando dentro das regras do basquete, Michael vence por 100 a 3 — em uma jogada fortuita, faço uma cesta de 3 pontos.

Agora, tratemos da questão ética: seria um jogo *justo*? Há duas respostas completamente diferentes que eu poderia dar: a resposta esquerdista e igualitária *versus* aquela em que você provavelmente está pensando. A primeira resposta diz que o jogo seria completamente injusto, pois Stephen Hicks não tem nenhuma chance de vitória contra Michael Jordan. Ele é o melhor jogador de basquete do mundo, ao passo eu sou um jogador de fim de semana que não consegue saltar mais que dois centímetros do chão. Para tornar o jogo "justo", essa resposta propõe que teríamos de equalizar a diferença radical das habilidades em jogo. Essa é a resposta igualitária à questão.

LIBERDADE DE EXPRESSÃO E PÓS-MODERNISMO

A outra resposta diz que seria um jogo *perfeitamente justo*. Tanto Michael quanto eu escolhemos jogar. Quando eu o desafiei, sabia quem era ele. Michael trabalhou duro para desenvolver suas habilidades. Por outro lado, eu me esforcei menos para adquirir as minhas poucas habilidades. Além disso, ambos conhecem as regras do jogo, e há um árbitro garantindo o cumprimento imparcial delas. Durante a partida, Michael acertou o número de arremessos necessários para marcar 100 pontos. Ele merece os pontos que conquistou; eu mereço os 3 pontos que conquistei. Então, Michael venceu a partida de forma justa; e, se meu objetivo é ganhar no basquete, deveria jogar com outras pessoas. Essa é resposta individualista liberal à questão.

Se estamos comprometidos com o conceito igualitário de "justo", somos levados a concluir que em *qualquer* competição devemos igualar todos os participantes, de modo que tenham, pelo menos, alguma oportunidade de vencer. É aqui que entra o princípio do altruísmo. O altruísmo diz que, para igualarmos as oportunidades, devemos tirar dos fortes e dar aos fracos, isto é, devemos redistribuir. No caso do basquete, o que podemos fazer para igualar as coisas é, por exemplo, não deixar Michael Jordan usar a mão direita, ou que use pesos nos tornozelos, para que seu salto e o meu se igualem. Esse é o princípio amplamente utilizado da desvantagem esportiva, que não permite que alguém use uma habilidade para que o fraco tenha uma chance. A outra estratégia possível é me conceder uma vantagem de 90 pontos. Assim, não tiraríamos nenhum ponto que Michael conquistasse, mas eu ganharia algo que não conquistei. E, é claro, poderíamos implementar ambos os recursos simultaneamente. Então, existem três possibilidades: (1) podemos igualar ao impedir que o mais forte use uma de suas habilidades; (2) podemos dar ao mais fraco uma vantagem que ele não conquistou; ou (3) podemos fazer as duas coisas.

Há um padrão geral. O igualitário parte da premissa de que o jogo não é justo a menos que as duas partes competindo sejam iguais. Depois, destaca que algumas partes são mais fortes que outras, em algum sentido. Por fim, busca redistribuir de alguma forma, a fim de igualar as partes ou evitar que o mais forte use suas habilidades superiores.

Os esquerdistas pós-modernistas aplicam tudo isso ao discurso e dizem o seguinte: "justo" significa que todas as vozes são ouvidas em pé de igualdade. Mas algumas pessoas discursam *mais* que outras; algumas discursam de forma *mais efetiva* que outras. Portanto, para equalizar as coisas, o que precisamos fazer é limitar o discurso das partes mais fortes ou dar mais oportunidades de participação às partes mais fracas. Ou é preciso fazer as duas coisas. O paralelo com a política de cotas é claro.

Desigualdades ao longo da linha racial e da sexual

A próxima questão é: afinal, de que partes mais fortes e mais fracas estamos falando? Não surpreende, então, que a esquerda insista nas classes raciais e de gênero como grupos que precisam de ajuda. A esquerda passa muito tempo centrada nos dados estatísticos sobre as diferenças dessas classes. Qual é a composição racial e de gênero das diferentes profissões, das diversas universidades e dos vários programas de ação afirmativa? Em seguida, os esquerdistas sustentam que o racismo e o sexismo são as causas dessas disparidades, e que temos de atacá-las através da redistribuição.

Como os individualistas e liberais respondem aos argumentos pós-modernos, esquerdistas e igualitários? Em alguns casos, as disparidades que os esquerdistas encontram são genuínas, e o racismo e o sexismo têm participação em algumas delas. Mas, em vez de recorrer à redistribuição, os individualistas sustentam que devemos resolver esses problemas ensinando as pessoas a ser racionais de duas maneiras. Primeiro, devemos ensiná-las a desenvolver suas habilidades e seus talentos e a ser ambiciosas, para que possam traçar seu caminho no mundo. Segundo, devemos ensinar a elas o fato evidente de que o racismo e o sexismo são estúpidos e que, no momento de julgar a si mesmo ou aos outros, o mais importante são o caráter, a inteligência, a personalidade e as habilidades; e que, por exemplo, a cor da pele de alguém é quase sempre insignificante.

A resposta dos pós-modernistas a isso é que esse conselho é inútil no mundo real. E aqui é onde os argumentos pós-modernistas, embora tenham sido utilizados no caso da ação afirmativa, são novidade no que diz respeito ao discurso. O que eles fazem é introduzir uma nova epistemologia — a socioconstrutivista — nos debates sobre censura.

A construção social da mente

Tradicionalmente, o discurso era considerado um ato cognitivo do indivíduo. A perspectiva pós-modernista, por outro lado, estabelece que o discurso se forma socialmente no indivíduo. E, como o que pensamos é função do que aprendemos através da linguagem, nossos processos de pensamento são construídos socialmente, dependendo dos hábitos linguísticos dos grupos aos quais pertencemos. A partir dessa perspectiva epistemológica, a noção de que as pessoas podem aprender sozinhas ou seguir o próprio caminho não passa de um mito. Além disso, também é um mito a noção de que alguém ou um grupo que se formou como racista pode ser reeducado a desaprender seus maus hábitos, apelando para a razão.

Veja o argumento de Stanley Fish, do seu livro *There's no Such Thing as Freedom of Speech — and it's a good thing too*. A questão aqui não é fundamentalmente política, mas sim epistemológica:

> A liberdade de expressão é uma impossibilidade conceitual, pois a condição de o discurso ser livre é, em primeiro lugar, irrealizável. Essa condição corresponde à esperança, representada pelo popular "mercado das ideias", de que podemos organizar um fórum em que é possível considerar as ideias independentemente de restrições político-ideológicas. Meu ponto, que nada tem a ver com o conhecimento, é que a restrição de uma classe ideológica gera o discurso e que, portanto, a própria inteligibilidade do discurso (como declaração em vez de ruído) depende radicalmente do que os ideólogos do discurso livre se afastam. O discurso não tem sentido na ausência de uma visão ideológica, pois não estaria ressonando contra nenhuma compreensão dos possíveis cursos de ação física ou verbal e suas possíveis consequências. Tampouco é acessível ao orador; não é um objeto de autoconsciência crítica; ao contrário, constitui o domínio em que a consciência ocorre, e, portanto, as produções da consciência, e especificamente o discurso, sempre serão políticas de maneiras que o orador não pode conhecer.[9]

Os pós-modernistas sustentam que somos construídos socialmente e que, mesmo já adultos, não somos conscientes da construção social por trás do nosso discurso. Podemos *sentir* como se estivéssemos falando

GUERRA CULTURAL

livremente e tomando nossas próprias decisões, mas a mão invisível da construção social faz de nós o que somos. O que você pensa, o que você faz e até mesmo *como* você pensa: tudo é regido por suas crenças subjacentes.

Fish estabelece o ponto de forma abstrata. Catharine MacKinnon o aplica ao caso especial dos homens e das mulheres para censurar a pornografia. Seu argumento não é o mais comum; os argumentos conservadores pregam que a pornografia dessensibiliza os homens, deixando-os agitados a ponto de cometer atos brutais contra as mulheres. MacKinnon acredita que a pornografia faz isso, mas seu argumento é mais profundo. Ela explica que a pornografia é uma parte importante do discurso social que nos constrói. Faz dos homens e das mulheres o que eles são, em primeiro lugar. Então, somos culturalmente construídos pela pornografia como uma forma de linguagem para adotar certos papéis sexuais, e assim por diante.[10]

Como resultado, os pós-modernistas deduzem que não há distinção entre o discurso e a ação, a distinção que os liberais sempre apreciaram. Segundo os pós-modernistas, o discurso é em si mesmo algo muito eficaz, já que constrói o que somos e está por trás de todas as ações que tomamos. E, como forma de ação, pode causar e causa dano a outras pessoas. Os liberais, dizem os pós-modernos, devem aceitar que *qualquer* forma de ação danosa deve ser restringida. Portanto, devem aceitar a censura.

Outra consequência dessa visão é que os conflitos entre grupos são inevitáveis, pois grupos diferentes são construídos de forma diferente, em razão de seus diferentes contextos sociais e linguísticos. Brancos e negros, homens e mulheres são construídos de forma diferente, e os diferentes universos linguísticos, sociais e ideológicos entrarão em conflito entre si. Assim, o discurso dos integrantes de cada grupo é visto como um veículo através do qual os interesses concorrentes dos grupos colidem. E não haverá forma de resolver o conflito porque, dessa perspectiva, você não pode dizer: "Vamos resolver isso racionalmente". A razão é construída pelas condições anteriores que nos fazem quem somos. O que parece racional para um grupo não é racional para outro. Por consequência, toda discussão necessariamente se reduzirá a ver quem grita mais alto.

Oradores e censores

Vamos resumir o argumento, inserindo todos os seus elementos.

- O discurso é uma forma de *poder social* (construtivismo social).
- Equidade significa *igualdade na capacidade* de falar (igualitarismo).
- A habilidade de discurso é desigual entre *grupos raciais e de gênero* (coletivismo).
- As raças e os gêneros estão em *conflito* entre si (racismo e sexismo).
- Os grupos raciais e de gênero mais fortes, isto é, brancos e homens, usarão o poder do discurso em benefício próprio, à custa de outras raças e das mulheres (conflito de soma zero).

O que temos, então, são duas posições sobre a natureza do discurso. Os pós-modernistas dizem: o discurso é uma *arma* no *conflito* entre grupos desiguais. E isso é diametralmente oposto à visão liberal de discurso, que diz: o discurso é uma *ferramenta de conhecimento e comunicação* entre indivíduos *livres*.

Se adotarmos a primeira posição, a solução será alguma forma de altruísmo, por meio da qual podemos redistribuir o discurso, protegendo os prejudicados, os grupos mais fracos. Se os homens brancos mais fortes possuem ferramentas de discurso que podem usar em detrimento de outros grupos, então não deixem que façam uso delas. Elaborem uma lista de palavras proibidas que causem dano aos membros dos outros grupos e proíbam seu uso pelos integrantes dos grupos poderosos. Não deixem que usem as palavras que reforçam seu próprio racismo e sexismo, e não lhes permitam usar termos que façam com que os membros de outros grupos se sintam ameaçados. Eliminando essas vantagens no discurso, reconstruiremos nossa realidade social, que é o mesmo objetivo da ação afirmativa.

Uma consequência notável dessa análise é que a tolerância do "vale-tudo" no discurso converte-se em censura. O argumento pós-modernista implica que, se vale tudo, podemos permitir que os grupos dominantes continuem dizendo as coisas que mantêm os grupos subordinados em seu lugar. O liberalismo, portanto, ajuda a silenciar os grupos subordinados, deixando apenas os grupos dominantes ter discurso efetivo. Os códigos de discurso pós-modernistas, por conseguinte, não são uma forma de censura, mas sim de libertação, já que libertam os grupos subordinados dos efeitos punitivos e restritivos dos grupos poderosos e oferecem uma atmosfera em que os grupos previamente subordinados podem se expressar. Os códigos de discurso igualam o campo de jogo.

Como explica Stanley Fish:

> Individualismo, justiça, mérito — essas três palavras estão sempre na boca dos novos fanáticos que aprenderam que não necessitam colocar um capuz branco ou barrar o acesso às urnas para assegurar seus objetivos.[11]

Em outras palavras, a liberdade de expressão é o que a Ku Klux Klan defende.

As noções liberais de deixar os indivíduos livres, dizendo-lhes que vão ser tratados segundo as mesmas regras e julgados por seus méritos, só reforçam o *status quo*, ou seja, mantêm brancos e homens no topo, e o resto, na base. Assim, acabar com o desequilíbrio de poder, esse sistema explícito e direto de dois pesos e duas medidas, é absoluta e totalmente justificado pela esquerda pós-modernista.

Esse ponto não é novidade para essa geração de pós-modernistas. Herbert Marcuse foi o primeiro a articular isso de forma mais ampla: "A tolerância libertadora, então, significaria a intolerância contra os movimentos da direita e a tolerância dos movimentos de esquerda".[12]

O centro do debate

Vimos, portanto, o que a filósofa Ayn Rand frequentemente destacava — que a política não é algo fundamental.[13] Os debates sobre a liberdade de expressão e a censura são uma batalha política, porém não devemos subestimar a importância de questões filosóficas fundamentais em epistemologia, natureza humana e valores presentes nesses debates.

Três temas compõem o centro do debate contemporâneo sobre a liberdade de expressão e a censura, e são problemas filosóficos tradicionais.

Em primeiro lugar, há um problema epistemológico: a razão é cognitiva? Os céticos que negam a eficácia cognitiva da razão abrem a porta para diversas formas de ceticismo e subjetivismo e, na geração atual, ao subjetivismo social. Se a razão é uma construção social, não é uma ferramenta para conhecer a realidade. Para defender a liberdade de expressão, essa alegação epistemológica pós-modernista deve ser questionada e refutada.

Em segundo, há uma questão sobre a natureza humana: temos volição ou somos produtos de nosso contexto social? O discurso é algo que podemos gerar livremente, ou é uma forma de condicionamento social que nos faz quem somos?

Em terceiro, há uma questão ética: em nossa análise do discurso, trazemos um compromisso com o individualismo e a responsabilidade individual? Ou participamos desse debate comprometidos com o igualitarismo e o altruísmo?

O pós-modernismo, como uma perspectiva filosófica coerente, pressupõe uma epistemologia social subjetivista, uma visão sociodeterminista da natureza humana e uma ética altruísta e igualitária. Os códigos de discurso são uma aplicação lógica dessas crenças.

Em defesa da liberdade de expressão

À luz do que discutimos, o que os liberais contemporâneos devem defender são a *objetividade* na epistemologia, a *volição* na natureza humana e o *egoísmo* na ética. Não resolveremos todos esses problemas neste livro. Nosso propósito aqui é apontar a importância dessas questões e indicar como acreditamos que deveria ser nossa estratégia de defesa da liberdade de expressão. Para tal, apresentamos três pontos fundamentais.

O primeiro ponto é ético: a autonomia individual. Vivemos na realidade, e nossa sobrevivência depende de entender isso. Dessa forma, conhecer como o mundo funciona e agir com base nisso é uma responsabilidade individual.

GUERRA CULTURAL

Exercer tal responsabilidade requer liberdades sociais, e uma das que necessitamos é o discurso. Temos a capacidade de pensar ou não. Mas essa capacidade pode ser duramente afetada por uma atmosfera social de medo. Essa é uma parte indispensável do argumento liberal. A censura é uma ferramenta de governo: ele tem o poder da força para alcançar seus objetivos e, dependendo de como essa força é usada, pode gerar um clima de medo que interfere na capacidade de um indivíduo realizar as funções cognitivas básicas das quais necessita para agir de forma responsável no mundo.

O segundo ponto é social: obtemos todos os tipos de valores uns dos outros. Eu utilizo aqui o esquema de categorização de valor social proposto por David Kelley:[14] nas relações sociais, trocamos valores de *conhecimento*, de *amizade*, de *amor*, valores *econômicos* e *comerciais*. A busca de valores de conhecimento costuma ocorrer em instituições especializadas, e dentro delas a descoberta da verdade requer certas proteções. Se queremos aprender uns a respeito dos outros e ser capazes de ensinar aos demais, precisamos poder participar de certos tipos de processos sociais: debater, criticar, palestrar, fazer perguntas estúpidas etc. Tudo isso pressupõe um princípio social fundamental: que vamos tolerar essas coisas em nossas interações sociais. Parte do preço a pagar é que nossas opiniões e nossos sentimentos serão feridos com regularidade, mas teremos que conviver com isso.

Por último, há uma série de questões políticas. Como vimos anteriormente, as crenças e os pensamentos são de responsabilidade do indivíduo, assim como ganhar seu sustento e construir uma vida feliz. O propósito do governo é proteger os direitos do indivíduo enquanto agente do próprio destino. O ponto a favor da liberdade de expressão é: os pensamentos e o discurso — mesmo que falsos ou ofensivos — não violam os direitos de ninguém. Portanto, não há justificativa para a intervenção governamental.

Além disso, pensemos na democracia, que é uma parte de nosso sistema social. Democracia significa descentralizar o processo decisório sobre quem terá o poder político pelo próximo mandato. Para tomar essa decisão, esperamos que os eleitores façam escolhas informadas, e o único caminho para isso é a discussão e o debate vigoroso. Portanto, a liberdade de expressão é uma parte essencial na manutenção da democracia.

Para concluir, a liberdade de expressão é uma forma de controle sobre os abusos do poder governamental. Se a história nos serve de exemplo, há

LIBERDADE DE EXPRESSÃO E PÓS-MODERNISMO

muitas razões para nos preocuparmos com o abuso do poder governamental. Uma forma indispensável para verificar tais abusos é permitir que as pessoas critiquem o governo, e proibir o governo de evitar essas críticas.

Três casos especiais

Trataremos agora de dois desafios que a esquerda pós-modernista provavelmente lançará aos nossos argumentos, voltando logo para o caso particular da universidade.

Considere um tema relativo à liberdade de expressão que seja estimado pelos liberais: que há uma distinção entre o discurso e a ação. Eu posso dizer uma coisa que ferirá seus sentimentos. Tenho liberdade para fazer isso. Mas ferir seu corpo — digamos, com uma paulada —, isso eu não tenho liberdade para fazer. O governo pode me punir no segundo caso, mas não no primeiro.

Os pós-modernos alegam o seguinte para destruir a distinção entre o discurso e a ação: o discurso, acima de tudo, propaga-se pelo ar, fisicamente, e depois age sobre o ouvido da pessoa, que é um órgão físico. Assim, não existe base metafísica para distinguir as duas coisas; o discurso é uma ação. A única distinção relevante, portanto, está entre ações que podem prejudicar outra pessoa ou não. Se alguém diz, como os liberais, que ferir outro indivíduo com um tiro é mau, então há somente uma diferença de grau entre isso e prejudicar alguém com um discurso negativo. *Não* são só paus e pedras que podem quebrar nossos ossos.

Minha resposta a isso é a seguinte. O primeiro ponto é verdadeiro: o discurso é físico. Mas há uma diferença qualitativa significativa na qual devemos insistir. Existe uma grande diferença entre o contato das ondas sonoras com o ouvido e o impacto de um taco de beisebol contra o corpo. Ambos são físicos, mas o resultado do contato do taco de beisebol envolve consequências que não podemos controlar. A dor não é uma questão de volição. Em comparação, no caso das ondas sonoras que se espalham por nosso corpo, a forma como as interpretamos e avaliamos está totalmente sob nosso controle. Se vão ferir nossos sentimentos, dependerá da forma como avaliamos o conteúdo intelectual desse evento físico.

O ódio racial e o discurso social

Isso nos conecta ao segundo ponto. Os pós-modernistas dirão: "Qualquer pessoa que pensa honestamente sobre a história do racismo e do sexismo sabe que muitas palavras são pensadas para machucar. E se não somos membros de um grupo minoritário, não podemos imaginar o sofrimento que o mero uso delas inflige às pessoas. Em resumo, o discurso de ódio *vitimiza* as pessoas e, portanto, deveríamos ter proteções especiais contra essas mensagens — não sobre todo o discurso, somente o discurso do ódio".

Contra isso diríamos, primeiro, que temos o direito de odiar. Vivemos em um país livre — e alguns indivíduos merecem, na verdade, ser odiados. O ódio é uma resposta perfeitamente racional e justa às agressões extremas contra nossos valores fundamentais. A premissa de que nunca devemos odiar outras pessoas está errada: julgar é necessário, e expressões de ódio são apropriadas em alguns casos.

Mas indo direto ao ponto, sustentamos que o discurso de ódio do racista *não* vitimiza. Ele somente fere se aceitarem os termos do discurso, e a aceitação deles *não* é o que devemos ensinar. *Não* devemos ensinar a seguinte lição a nossos alunos: "Ele te chamou de algum nome racista. Isso te faz vítima". Essa lição diz, primeiro, que devemos considerar a cor da pele importante para nossa identidade e, segundo, que as opiniões dos outros acerca da cor da nossa pele deveriam ser importantes para nós. Apenas se aceitar essas premissas é que você se sentirá vítima de alguém que diz algo sobre a cor de sua pele.

O que devemos ensinar, em vez disso, é que a cor da pele não é importante para a identidade central de um indivíduo, e que as opiniões estúpidas de outras pessoas sobre a importância da cor da pele são um reflexo de sua estupidez, não um reflexo fiel de nossa pessoa. Se alguém me chamar de "maldito branquela", minha reação deve ser que aquele que diz isso é um idiota por pensar que minha brancura tem algo a ver com o fato de eu ser maldito ou não. Portanto, penso que os argumentos a favor dos discursos de ódio como exceção à liberdade de expressão estão simplesmente errados.

A universidade como um caso especial

Voltamos agora ao caso especial da universidade. De muitas formas, os argumentos pós-modernistas são feitos sob medida para a universidade, em razão da prioridade de nossos objetivos educacionais e de que tipo de educação pressupõem: é fato que a educação não pode ocorrer sem que sejam observadas regras mínimas de civilidade na sala de aula. No entanto, permitam-me fazer algumas distinções antes de analisar a questão da civilidade.

Mantenho o que disse antes: concordo com a distinção entre universidades particulares e públicas. As particulares deveriam ser livres para instituir quaisquer tipos de códigos que desejassem. No que tange às públicas, embora eu concorde com a Primeira Emenda, considero que as universidades no geral não deveriam ter a permissão para instituir códigos de discurso. Isso significa que, entre a tirania da Primeira Emenda e a liberdade acadêmica, estou do lado da última. Se os professores em suas disciplinas desejam instituir códigos de discurso, devem ter liberdade para fazê-lo. Seria um erro, mas deveriam ter esse direito.

Por que seria um erro? Porque seria um desserviço. Muitos estudantes abandonariam a aula, criticando a postura ditatorial do professor. Nenhum estudante com respeito próprio permaneceria em uma aula onde está sendo coagido a seguir uma linha de pensamento. Por esse motivo, acho que haveria uma punição para uma política de classe ruim.

Além disso, qualquer tipo de código de discurso prejudica o processo de educação. A civilidade é importante, mas deveria ser algo ensinado pelo professor. Ele deveria mostrar aos seus alunos como lidar com questões controversas, dando ele mesmo o exemplo. Deveria estabelecer as regras, deixando claro que, embora a aula aborde assuntos sensíveis, a classe como um todo só terá sucesso caso seus membros não recorram a argumentos *ad hominem*, insultos, ameaças etc. Se o professor tiver um encrenqueiro na sala de aula, ele tem a opção, como docente, de excluir esse aluno de sua disciplina. O tipo de racismo e sexismo com que as pessoas se preocupam, em sua maioria, é de casos individuais que interferem no processo educativo e não respondem a uma linha ideológica de partido, já que se baseiam na interferência do processo educativo, não em uma questão ideológica.

Esse ponto sobre as exigências da verdadeira educação foi demonstrado repetidas vezes. Existem casos famosos na história: o que aconteceu em Atenas depois da execução de Sócrates, o que aconteceu na Itália renascentista depois do silêncio de Galileu, e centenas de outros. A busca do conhecimento requer liberdade de expressão. Nesse sentido, concordamos com C. Vann Woodward:

> O propósito da universidade não é que seus membros se sintam seguros, contentes ou bem consigo mesmos, mas oferecer um fórum para o novo, o provocativo, o inquietante, o não ortodoxo e mesmo o chocante — que podem ser profundamente ofensivos para muitos, dentro e fora de seus muros (...). Não creio que a universidade seja ou deva ser uma instituição política ou filantrópica, paternalista ou terapêutica. Não é um clube ou associação para promover a harmonia e a civilidade, por mais importantes que sejam esses valores. É um lugar onde o impensável pode ser pensado, o impronunciável pode ser discutido, e o inquestionável pode ser desafiado. Isso significa, nas palavras do juiz Holmes, "não é a liberdade de expressão para quem concorda conosco, mas para quem odiamos".[15]

Isso estabelece claramente as prioridades da universidade. E, para generalizar a ideia objetivista sobre o funcionamento da razão, Thomas Jefferson também acertou na mosca quando fundou a Universidade da Virgínia: "Esta instituição será baseada na liberdade ilimitada da mente humana. Pois, aqui, não temos medo de seguir a verdade aonde quer que nos leve, nem de tolerar o erro, contanto que a razão seja livre para combatê-lo".

APÊNDICE 2

Da arte moderna à pós-moderna
Por que a arte se tornou feia?

Durante muito tempo, os críticos de arte moderna e pós-moderna se basearam na estratégia "Isto não é repugnante?". Com isso me refiro à estratégia de eles se referirem às obras de arte dizendo que são feias, triviais e de mau gosto, que uma criança de cinco anos poderia tê-las feito etc. Em sua maioria, mantêm o mesmo padrão. Os pontos de vista foram quase sempre acertados, mas também cansativos e pouco convincentes, e o mundo da arte permanecia indiferente. É claro que as grandes obras de arte do século XX são feias e, muitas delas, ofensivas. É claro que, em muitos casos, uma criança de cinco anos poderia ter produzido algo igual ou melhor. Esses pontos não merecem discussão e acompanham a questão principal. A pergunta é: por que o mundo da arte do século XX adotou o feio e o ofensivo? Por que investiu suas energias criativas e sua inteligência no trivial e no autoproclamado sem sentido?

É fácil apontar os jogadores psicologicamente perturbados ou cínicos que aprendem a manipular o sistema para obter seus quinze minutos de glória ou o grande cheque de uma fundação, ou os bajuladores que jogam o jogo a fim de ser convidados para as festas certas. No entanto, todas as esferas do trabalho humano têm seus parasitas, seus membros perturbados e cínicos, e nunca são eles que dirigem a cena. A questão é: por que o cinismo e a feiura se tornaram o jogo que você tinha que jogar para ter sucesso no mundo da arte?

O primeiro tema é que o mundo da arte moderna e pós-moderna se aninhou em uma estrutura cultural mais ampla, gerada no fim do século XIX e início do século XX. Apesar das invocações ocasionais de "arte pela arte" e das tentativas de se afastar da vida, a arte sempre foi importante, examinando as mesmas questões sobre a condição humana que todas as expressões culturais sondam. Os artistas pensam e sentem os seres humanos, pensam e sentem intensamente as mesmas coisas importantes que todos os seres humanos inteligentes e apaixonados. Mesmo quando alguns artistas dizem que seu trabalho não tem importância, referência ou significado, essas afirmações são sempre relevantes, referenciais e significativas. O que conta como declaração cultural, no entanto, depende do que está acontecendo no âmbito intelectual e cultural mais amplo. O mundo da arte não é hermeticamente fechado; seus temas podem ter uma lógica interna de desenvolvimento, mas quase nunca são gerados no interior do mundo da arte.

O segundo tema é que a arte pós-moderna não representa uma ruptura real com o modernismo. Apesar das variações que o pós-modernismo representa, o mundo da arte pós-moderna nunca desafiou fundamentalmente a estrutura que o modernismo adotou no fim do século XIX. Há entre eles mais continuidade que descontinuidade. O pós-modernismo se tornou uma seleção cada vez mais estreita de variações sobre uma seleção estreita de temas modernistas. Para ver isso, detalharemos as principais linhas de desenvolvimento.

Os temas do modernismo

Agora, os principais temas da arte moderna já são claros para nós. As histórias da arte nos dizem que a arte moderna morreu por volta de 1970, que seus temas e estratégias se esgotaram e que mais de um quarto de século de pós-modernismo já passou.

A grande ruptura com o passado ocorreu no fim do século XIX. Até o fim daquele século, a arte era um veículo de sensualidade, significado e

DA ARTE MODERNA À PÓS-MODERNA

paixão. Seus objetivos eram a beleza e a originalidade. O artista era um mestre qualificado em seu ofício. Esses mestres eram capazes de criar representações originais com significado humano e apelo universal. Combinando habilidade com visão, os artistas eram seres admirados, capazes de criar objetos que, por sua vez, tinham um poder incrível de exaltar os sentidos, o intelecto e as paixões.

A ruptura com essa tradição ocorreu quando os primeiros modernistas do fim do século XIX começaram a isolar sistematicamente todos os elementos da arte e eliminá-los ou confrontá-los.

Foram muitas as causas da ruptura. O naturalismo crescente do século XIX levou aqueles que tinham abandonado sua herança religiosa a se sentir desesperadamente sozinhos e desorientados em um universo vazio e enorme. O surgimento das teorias filosóficas do ceticismo e do irracionalismo fez com que muitos desconfiassem das faculdades cognitivas da percepção e da razão. O desenvolvimento das teorias científicas da evolução e da entropia trouxe relatos pessimistas sobre a natureza humana e o destino do mundo. A disseminação do liberalismo e do livre mercado induziu seus oponentes políticos de esquerda (muitos dos quais eram membros da vanguarda artística) a ver os acontecimentos políticos como uma série de decepções profundas. As revoluções tecnológicas estimuladas pela combinação de ciência e capitalismo impeliram muitos a projetar um futuro em que a humanidade seria desumanizada ou destruída pelas próprias máquinas que deveriam melhorar seu destino.

No início do século XX, o sentimento de inquietação do mundo intelectual do século XIX se converteu em verdadeira angústia. Os artistas responderam, explorando em suas obras as implicações de um mundo em que a razão, a dignidade, o otimismo e a beleza pareciam ter desaparecido.

O novo tema era: a arte deve ser uma busca pela verdade, por mais brutal que seja, e não pela beleza. Assim, a pergunta se tornou: qual é a verdade da arte?

A primeira grande reivindicação do modernismo é de conteúdo: o reconhecimento da verdade de que o mundo não é belo. O mundo é fraturado, apodrecido, horrível, deprimente, vazio e, em última instância, ininteligível.

Essa reivindicação por si só não é exclusivamente modernista, embora o número de artistas que assinaram embaixo seja majoritariamente modernista. Alguns artistas do passado acreditavam que o mundo era feio e horrível, mas usaram as formas tradicionais de perspectiva e de cores para expressar essa opinião. A inovação dos primeiros modernistas foi afirmar que *a forma deve corresponder ao conteúdo*. A arte não deve usar as formas tradicionais realistas de perspectiva e de cores porque elas pressupõem uma realidade ordenada, integrada e cognoscível.

Edvard Munch chegou lá primeiro com *O Grito* (1893): se a verdade é que a realidade é um turbilhão horrendo e desintegrado, então tanto a forma como o conteúdo devem expressar esse sentimento. Pablo Picasso chegou em segundo lugar com *As Senhoritas de Avignon* (1907): se a verdade é que a realidade é fraturada e vazia, então ambos, forma e conteúdo, devem expressar isso. As pinturas do surrealista Salvador Dalí dão um passo além: se a verdade é que a realidade é ininteligível, então a arte pode ensinar essa lição usando formas realistas *em oposição* à ideia de que podemos distinguir a realidade objetiva dos sonhos irracionais e subjetivos.

Edvard Munch, *O Grito* (1893).

Pablo Picasso, *As Senhoritas de Avignon* (1907).

O segundo desenvolvimento no modernismo é o *reducionismo*. Se ficamos desconfortáveis com a ideia de que a arte ou qualquer disciplina pode nos dizer a verdade sobre a realidade externa, objetiva, afastamo-nos de qualquer tipo de conteúdo, focando apenas na singularidade da arte. E se nos preocupamos com o que é único na arte, então, cada expressão artística é diferente. Por exemplo, o que distingue a pintura da literatura? A literatura conta histórias — portanto, a pintura não deve fingir ser literatura; em vez disso, deveria se concentrar no que a torna única. A verdade sobre a pintura é que é uma superfície bidimensional com tinta. Assim, em vez de contar histórias, o movimento reducionista na pintura afirma que, para encontrar a verdade, os pintores devem eliminar deliberadamente tudo que possa ser eliminado da pintura e ver o que sobrevive. Desse modo conheceremos a sua essência.

Já que estamos eliminando, nas seguintes obras emblemáticas da arte do século XX frequentemente não é o que está na tela o que conta — é o que *não* está. O importante é o que foi eliminado e agora está ausente. A arte passa a ser sobre a *ausência*.

Muitas estratégias de eliminação foram exploradas pelos primeiros reducionistas. Se tradicionalmente a pintura tinha importância cognitiva por nos dizer algo sobre a realidade externa, a primeira coisa que devemos tentar eliminar é o conteúdo baseado em uma suposta consciência da realidade. *Metamorfose de Narciso*, de Dalí, cumpre uma dupla função. Dalí desafia a ideia de que o que chamamos de realidade é algo mais que um estado psicológico subjetivo e bizarro. *As Senhoritas de Avignon* também tem dupla função: se os olhos são a janela da alma, essas almas estão terrivelmente vazias. Ou, se invertemos o foco dizendo que os nossos olhos são nosso acesso ao mundo, então as mulheres de Picasso não estão enxergando nada.

Dalí, *Metamorfose de Narciso* (1937).

Assim, eliminamos da arte uma conexão cognitiva com a realidade externa. O que mais pode ser eliminado? Se tradicionalmente a habilidade na pintura é uma questão de representar um mundo tridimensional sobre uma superfície bidimensional, então, para sermos fiéis à pintura, devemos eliminar o fingimento de uma terceira dimensão. A escultura é tridimensional, mas pintura e escultura não são a mesma coisa. A verdade da pintura é que ela não é tridimensional. Por exemplo, *Dionísio*, de Barnett Newman (1949) — que consiste em um fundo verde com duas linhas horizontais finas, uma amarela e uma vermelha —, representa essa orientação de desenvolvimento. É tinta sobre tela, e só isso.

DA ARTE MODERNA À PÓS-MODERNA

Lichtenstein, *Whaam!* (1963).

Mas se olharmos com atenção, as pinturas tradicionais têm uma textura que gera um efeito tridimensional. Assim, como Morris Louis demonstra em *Alpha-Phi* (1961), podemos nos aproximar da essência da pintura bidimensional diluindo as tintas para que não haja nenhuma textura. Agora estamos o mais perto possível das duas dimensões, e esse é o fim da estratégia reducionista — a terceira dimensão foi eliminada.

Por outro lado, se a pintura é bidimensional, então talvez ainda possamos ser fiéis a ela se pintarmos coisas que são bidimensionais. Por exemplo, a obra *Bandeira Branca* (1955-1958), de Jasper Johns, é uma bandeira dos EUA pintada; as obras *Garota se Afogando* (1963) e *Whaam!* (1963), de Roy Lichtenstein, são painéis de histórias em quadrinhos ampliados em telas gigantes. Mas bandeiras e histórias em quadrinhos são objetos bidimensionais, então uma pintura bidimensional delas conserva sua verdade essencial ao mesmo tempo que nos permite permanecer fiéis ao tema da bidimensionalidade da pintura. Esse dispositivo é particularmente inteligente porque, enquanto permanece bidimensional, podemos introduzir disfarçadamente alguns elementos ilícitos — conteúdos que antes haviam sido eliminados.

Mas isso é trapacear, como Lichtenstein chegou a apontar com humor em *Pincelada* (1965): se a pintura é o ato de dar pinceladas sobre a tela, para ser fiel ao ato de pintar o produto deveria se parecer com o que é: uma pincelada sobre tela. E, com essa brincadeira, essa linha de desenvolvimento termina.

Até agora, em nossa busca pela verdade da pintura, tentamos jogar apenas com a diferença entre o tridimensional e o bidimensional. E a composição e a diferenciação de cores? Podemos eliminá-las?

Malevich, *Branco sobre Branco* (1918).

Se tradicionalmente a habilidade de pintar requer um domínio da composição, então, como as obras de Jackson Pollock notoriamente ilustram, podemos eliminar a composição cuidadosa pela aleatoriedade. Ou se tradicionalmente a habilidade em pintura é um domínio da gama de cores e da diferenciação de cores, podemos eliminar esta última. No início do século XX, a obra *Branco sobre Branco* (1918), de Kasimir Malevich, era um quadrado quase branco pintado sobre um fundo branco. A obra *Pintura Abstrata* (1960-1966), de Ad Reinhardt, pôs termo a essa linha de desenvolvimento ao mostrar uma cruz muito, muito preta pintada sobre um fundo muito, muito, muito preto.

Ou também se tradicionalmente o objeto da arte é especial e único, podemos eliminar a condição especial do objeto artístico fazendo obras de arte que são reproduções de objetos terrivelmente comuns. As pinturas de Andy Warhol de latas de sopa e reproduções de caixas de suco de tomate têm exatamente esse resultado. Ou em uma variação desse tema com

DA ARTE MODERNA À PÓS-MODERNA

alguma crítica cultural disfarçada podemos demonstrar que o que a arte e o capitalismo fazem é pegar objetos que realmente são únicos e especiais, como Marilyn Monroe, e reduzi-los a mercadorias bidimensionais produzidas em série (por exemplo, *Marilyn (Three Times)*, 1962).

Ou se a arte tradicionalmente é sensual e perceptivamente personificada, então, podemos eliminar o sensual e o perceptual, como na obra conceitual *It Was It, Number 4*, de Joseph Kosuth. Primeiro, ele criou um fundo escrito que diz:

> A observação das condições em que ocorrem erros de leitura levanta uma dúvida que não quero deixar de mencionar, já que pode, acredito, tornar-se o ponto de partida de uma investigação proveitosa. Todos sabem como é frequente que o leitor chegue à conclusão de que, ao *ler em voz alta*, sua atenção se desvia do texto e se volta a seus próprios pensamentos. Como resultado dessa digressão de parte de sua atenção, o leitor muitas vezes não consegue, se for interrompido e questionado, dar uma explicação do que leu. Ele leu automaticamente, por assim dizer, mas quase sempre de maneira correta.

Ele então sobrepôs o texto preto com as seguintes palavras em azul neon:

Description of the same content twice. It was it.*

Aqui, o apelo perceptual é mínimo, e a arte se torna um esforço puramente conceitual; assim, eliminamos por completo a pintura.

Se juntarmos todas as estratégias reducionistas, a trajetória da pintura moderna foi eliminar a terceira dimensão, a composição, a cor, o conteúdo perceptual e o sentido do objeto artístico como algo especial.

Isso nos leva inevitavelmente de volta a Marcel Duchamp, o grande pai do modernismo, que viu o fim do caminho décadas mais cedo. Com *A Fonte* (1917), Duchamp fez a declaração máxima sobre a história e o futuro da arte. Naturalmente, ele conhecia a história da arte e, dadas as tendências recentes, tinha consciência de para onde ela estava indo. Ele sabia que

---

* Tradução: "Descrição do mesmo conteúdo duas vezes. Era isso".

a arte fora um veículo poderoso ao longo dos séculos, que invocava o mais elevado desenvolvimento da visão criativa humana e exigia habilidades técnicas rigorosas. E sabia também do poder incrível da arte para exaltar os sentidos, a mente e as paixões de quem a vivencia.

Duchamp, *A Fonte* (1917).

Com seu mictório, Duchamp foi profético em sua declaração sumária. O artista não é um grande criador — Duchamp foi às compras em uma loja de encanamento. A obra de arte não é um objeto especial — foi produzida em série em uma fábrica. A experiência da arte não é emocionante e enobrecedora — é intrigante e nos deixa com uma sensação de aversão. Mas, muito além disso, Duchamp não selecionou um objeto fabricado qualquer para expor. Ele poderia ter escolhido uma pia ou uma maçaneta. Ao se decidir pelo mictório, a sua mensagem era clara: a arte é algo em que você pode mijar.

Mas há um ponto mais profundo que o urinol de Duchamp nos ensina sobre a trajetória do modernismo. No modernismo, a arte é uma atividade *filosófica*, e não *artística*. Sua motivação não é fazer arte, mas descobrir o que é arte. Eliminamos X — ainda é arte? Agora eliminamos Y — continua sendo arte? A razão dos objetos não é a experiência estética; as obras são símbolos que representam uma etapa na evolução de uma experiência filosófica.

Na maioria dos casos, as *discussões* sobre as obras são muito mais interessantes do que as próprias obras. Isso significa que as mantemos nos museus e nos arquivos e as contemplamos não por seu próprio valor, mas pela mesma razão que os cientistas arquivam suas anotações de laboratório — como um registro de suas ideias em vários estágios. Ou, para usar outra analogia, o propósito dos objetos de arte é como o das placas ao longo da estrada — não como objetos de contemplação em si, mas como marcadores que nos dizem quanto viajamos por determinado caminho.

Foi esse o argumento de Marcel Duchamp ao observar, com desdém, que a maioria dos críticos não entendera a mensagem: "Joguei o porta-garrafas e o mictório na cara deles como desafio, e agora eles os admiram por sua beleza estética". O mictório não é arte, é um dispositivo usado como parte de um exercício intelectual para entender *por que* ele *não* é arte.

O modernismo não apresentou resposta ao desafio de Duchamp, e na década de 1960 chegou a um beco sem saída. Na medida em que a arte moderna tinha conteúdo, seu pessimismo a levava à conclusão de que não valia a pena dizer nada. Visto que jogou o jogo reducionista de eliminação, ela descobriu que nada unicamente artístico sobreviveu à eliminação. A arte se transformou em nada. Nos anos 1960, Robert Rauschenberg era citado frequentemente por dizer: "Os artistas não são melhores que os arquivistas". E Andy Warhol usou seu habitual sarcasmo de anunciar o fim quando lhe perguntaram *"What is art?"*: *"Art? Oh, that's a man's name"*.*

Os quatro temas do pós-modernismo

Aonde a arte poderia ir após a morte do modernismo? O pós-modernismo nunca foi muito longe. Ele precisava de algum conteúdo e algumas novas formas, mas não queria voltar ao classicismo, ao romantismo ou ao realismo tradicional.

---

* "O que é arte?": "Arte? Ah, é nome de homem". (Trocadilho entre a palavra "arte" e o apelido de Arthur em inglês que é "Art".)

Como já tinha feito no fim do século XIX, o mundo da arte se aproximou do contexto intelectual e cultural mais amplo das décadas de 1960 e 1970 e tirou o que pôde. Absorveu o modismo de universo absurdo do existencialismo, o fracasso do reducionismo e o colapso do socialismo da nova esquerda. Aliou-se a pesos-pesados da intelectualidade, como Thomas Kuhn, Michel Foucault e Jacques Derrida, e se inspirou em seus temas abstratos do antirrealismo, da desconstrução e de sua postura de confrontação maior com a cultura ocidental. A partir desses temas, o pós-modernismo introduziu quatro variações sobre o modernismo.

Em primeiro lugar, reintroduziu o conteúdo, mas apenas autorreferencial e irônico. Tal como acontece com o pós-modernismo filosófico, o pós-modernismo artístico rejeitou qualquer forma de realismo e se tornou antirrealista. A arte não pode tratar da realidade ou da natureza porque, segundo o pós-modernismo, "realidade" e "natureza" são meras construções sociais. Tudo o que temos é o mundo social e suas construções sociais, e a arte é uma delas. Portanto, podemos ter o conteúdo em nossa arte, desde que falemos de forma autorreferencial sobre o mundo social da arte.

Em segundo lugar, o pós-modernismo dedicou-se a uma desconstrução mais implacável das categorias tradicionais que os modernistas não eliminaram totalmente. O modernismo era reducionista, mas alguns objetivos artísticos permaneceram.

Por exemplo, a integridade estilística sempre foi um elemento da grande arte, e a pureza artística, uma força motivadora dentro do modernismo. Assim, uma estratégia pós-moderna era mesclar estilos de modo eclético, a fim de minar a ideia de integridade estilística. Um exemplo da arquitetura pós-moderna é o edifício AT&T (hoje Sony), de Philip Johnson, em Manhattan — um arranha-céu moderno que também poderia ser um armário Chippendale gigante do século XVIII. A firma de arquitetura Foster & Partners projetou a sede do Hong Kong e Shanghai Banking Corporation (1979-1986) — um edifício que também poderia ser a ponte de um navio, inclusive com armas antiaéreas de mentira, para o caso de o banco vir a precisar. A Casa de Friedensreich Hundertwasser (1986), em Viena, é mais extrema: uma colagem deliberada de arranha-céu de vidro, estuque e tijolos, junto a varandas distribuídas estranhamente com janelas de tamanhos arbitrários, finalizadas com uma ou duas cúpulas russas com forma de cebola.

Philip Johnson, edifício AT&T (1984).

Outra variação dessa estratégia é jogar com a subversão do princípio básico da arte. Consideremos o edifício Stata, de Frank Gehry, no MIT. Um princípio básico de arquitetura é criar estruturas que inspirem ao menos a mínima confiança de que permanecerão em pé quando alguém as adentrar. Com essa estrutura que parece implodir, a intenção de Gehry é abalar essa confiança.

Frank Gehry, Stata Center (2004).

GUERRA CULTURAL

Se juntamos as duas estratégias, então, a arte pós-moderna se torna tanto autorreferencial quanto destrutiva. Passa a ser um comentário interno sobre a história social da arte, porém subversivo. Aqui há uma continuidade do modernismo. Picasso pega um dos retratos da filha de Matisse e o usa como um alvo de dardos, incentivando seus amigos a fazer o mesmo. A obra *L.H.O.O.Q.* (1919), de Duchamp, é uma caricatura da *Mona Lisa* com barba e bigode desenhados. Rauschenberg apaga uma obra de Kooning com um grande lápis de cera. Na década de 1960, George Maciunas apresenta *Piano Activities*, de Philip Corner, performance que demandou alguns homens com instrumentos de destruição, como serras e cinzéis, para demolir um piano de cauda. A *Vênus de Milo* (1962) de Niki de Saint Phalle é uma versão em tamanho natural de gesso sobre cerca de arame da obra clássica, com sacos de tinta vermelha e preta dentro. Depois, Saint Phalle pega um rifle e dispara contra a Vênus, perfurando a estátua e os sacos de tinta, dando um efeito salpicado.

A *Vênus* de Saint Phalle nos liga à terceira estratégia pós-moderna. O pós-modernismo permite fazer declarações de conteúdo, desde que sejam sobre a realidade *social*, e não de uma suposta realidade *natural* ou *objetiva* (aqui está a variação), desde que tratem de declarações mais *específicas* sobre raça/classe/gênero em vez de declarações universalistas pretensiosas sobre algo chamado "a condição humana". O pós-modernismo rejeita uma natureza humana universal, e a substitui pela afirmação de que somos construídos em grupos que competem entre si por suas circunstâncias raciais, econômicas, étnicas e de gênero. Aplicada à arte, essa afirmação pós-moderna implica que não há artistas, somente artistas hifenizados: artistas-negros, artistas-mulheres, artistas-homossexuais, artistas-pobres-hispânicos etc.

A obra *PMS* do artista conceitual Frederic, dos anos 1990, oferece um esquema útil. Ela é textual, uma tela preta com as seguintes palavras em vermelho:

WHAT CREATES P.M.S. IN WOMEN?*
Power
Money
Sex

---

* Tradução: "O que cria a TPM na mulher?" "Poder" "Dinheiro" "Sexo".

DA ARTE MODERNA À PÓS-MODERNA

Comecemos com o poder, considerando a raça. *Butcher Boys*, de Jane Alexander (1985-1986), é uma peça poderosa e apropriada sobre o poder branco. Alexander coloca três figuras brancas sul-africanas em um banco. Sua pele é de um branco fantasmagórico ou cadavérico, e elas têm cabeças de monstros e cicatrizes de cirurgias cardíacas que sugerem a ausência de coração. Mas as três estão sentadas casualmente no banco — podem estar esperando um ônibus ou observando os transeuntes em um centro comercial. Seu tema é a banalidade do mal: os brancos nem sequer se reconhecem como os monstros que são.

Agora, o dinheiro. Há uma regra tradicional na arte moderna: nunca se deve dizer algo gentil sobre o capitalismo. Das críticas de Andy Warhol à cultura da produção em massa, podemos passar facilmente a Jenny Holzer, com sua obra *Private Property Created Crime* (1982). Em um *outdoor* no coração do capitalismo mundial — a Times Square, em Nova York —, Holzer combina o conceitualismo com o comentário social de uma forma ironicamente inteligente, usando meios de comunicação próprios do capitalismo para subvertê-lo. A frase *"A liberdade agora simplesmente vai ser patrocinada — por alguns trocados"*, do artista alemão Hans Haacke, é outro exemplo monumental.

Enquanto o resto do mundo comemorava o fim da brutalidade por trás da Cortina de Ferro, Haacke erguia um enorme logotipo da Mercedes-Benz no topo de uma antiga torre de guarda da Alemanha Oriental. Os homens com pistolas antes ocupavam a torre, mas Haacke sugere que tudo que estamos fazendo é substituir o império dos soviéticos pelo controle igualmente cruel das corporações.

Por último, o sexo. A *Vênus*, de Saint Phalle, pode cumprir duas funções: podemos entender o rifle que atira na estátua como uma ferramenta fálica de dominação; nesse caso, a obra de Saint Phalle pode ser vista como um protesto feminista contra a destruição masculina da feminilidade. A arte feminista popular inclui os pôsteres de Barbara Kruger e as instalações em fortes tons de vermelho e preto com rostos furiosos que gritam slogans politicamente corretos sobre a vitimização feminina — a arte como um cartaz em uma manifestação política. A obra *Branded* (1992), de Jenny Saville, é um autorretrato grotesco: contra todas as concepções de beleza feminina, Saville afirma que será inchada e monstruosa — e esfrega isso na sua cara.

GUERRA CULTURAL

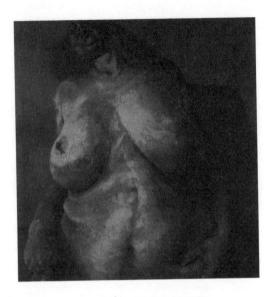

Jenny Saville, *Branded* (1992).

A quarta e última variação pós-moderna sobre o modernismo é um niilismo mais cruel. As variações anteriores, embora focadas nos aspectos negativos, ainda tratam de temas importantes de poder, riqueza e justiça para as mulheres. Como podemos eliminar mais completamente qualquer positividade na arte? Por mais incessantemente negativa que seja a arte moderna, o que ainda não foi feito?

Vísceras e sangue. Uma exposição de arte no ano 2000 pediu aos espectadores para colocar um peixe dourado em um liquidificador e ligá-lo — a arte como a vida reduzida a entranhas misturadas. A obra *Self* (1991), de Marc Quinn, é o sangue do próprio artista coletado ao longo de vários meses e congelado em um molde de sua cabeça. Isso é reducionismo com vingança.

Sexo incomum. Sexualidades alternativas e fetiches foram profundamente explorados durante o século XX. Mas até recentemente a arte não havia explorado o sexo envolvendo crianças. A obra *Sleepwalker* (1979), de Eric Fischl, mostra um menino púbere masturbando-se nu em uma piscina infantil no quintal. Na obra *Bad Boy* (1981), do mesmo artista, um menino rouba a bolsa de sua mãe, olhando enquanto ela dorme nua com as pernas abertas. Se já lemos Freud, no entanto, talvez isso não seja muito chocante. Então passamos para *Cultural Gothic* (1992-1993), de Paul

McCarthy, e ao tema da bestialidade. A obra em tamanho real e móvel e mostra um jovem atrás de uma cabra que ele está violando. Aqui, no entanto, temos mais do que sexualidade infantil e sexo com animais: McCarthy adiciona comentário cultural ao incluir o pai do menino apoiando suas mãos paternalmente sobre os ombros do filho enquanto ele copula.

A preocupação com a urina e as fezes. Mais uma vez o pós-modernismo segue uma tradição modernista de longa data. Depois do mictório de Duchamp, *Kunst ist Scheisse* ("A arte é merda") tornou-se, apropriadamente, o lema do movimento dadaísta. Na década de 1960, Piero Manzoni enlatou, rotulou, expôs e vendeu noventa latas de seus próprios excrementos (em 2002, o Museu Britânico adquiriu a lata nº 68 por cerca de 40 mil dólares). Andres Serrano gerou polêmica na década de 1980 com seu *Piss Christ*, um crucifixo imerso em um frasco de urina do artista. Na década de 1990, *The Holy Virgin Mary* (1996), de Chris Ofili, retratou a Virgem Maria rodeada por genitálias e pedaços de fezes secas. Em 2000, Yuan Cai e Jian Jun Xi prestaram homenagem ao seu mestre, Marcel Duchamp. *A Fonte* está agora no Museu Tate, em Londres, e, durante o horário de visitação, Yuan e Jian abriram a braguilha e começaram a urinar no mictório de Duchamp. (Os diretores do museu não gostaram, mas Duchamp ficaria orgulhoso de seus filhos espirituais.) E há G. G. Allin, o autoproclamado artista performático que alcançou seus 15 minutos de fama ao defecar no palco e arremessar suas fezes sobre a plateia.

Piero Manzoni, *Artist's Shit* (1961).

Então, mais uma vez, chegamos a um beco sem saída: de *Piss on art*, de Duchamp, no início do século, até *Shit on you*, de Allin, no final — isto não é um desenvolvimento significativo ao longo de um século.

O futuro da arte

Os anos de glória do pós-modernismo na arte foram as décadas de 1980 e 1990. O modernismo tornou-se obsoleto na década de 1970, e sugiro que o pós-modernismo tenha chegado a um beco sem saída, a uma fase de "e agora?". A arte pós-moderna foi um jogo que se desenrolou dentro de uma faixa estreita de suposições, e estamos cansados da mesmice, de variações mínimas. O asqueroso se tornou mecânico e repetitivo, e já não nos enoja mais.

Então, e agora?

É útil lembrar que o modernismo na arte saiu de uma cultura intelectual muito específica do fim do século XIX e que se manteve fielmente presa a esses temas. Mas esses não são os únicos temas abertos aos artistas, e muito já aconteceu desde então.

Não saberíamos, pelo mundo da arte moderna, que a expectativa de vida duplicaria desde que Edvard Munch gritou em 1893. Tampouco saberíamos que doenças que rotineiramente matavam centenas de milhares de recém-nascidos por ano seriam eliminadas. Nem saberíamos sobre o aumento dos níveis de vida, a expansão do liberalismo democrático e dos mercados emergentes.

Estamos brutalmente cientes dos terríveis desastres do nazismo e do comunismo internacional, e a arte cumpre um papel de nos manter alertas a eles. Mas pelo mundo da arte nunca saberíamos o fato igualmente importante de que essas guerras foram vencidas e que a brutalidade foi derrotada.

E, entrando em territórios ainda mais exóticos, se conhecêssemos só o mundo da arte contemporânea, nunca teríamos um lampejo da emoção da psicologia evolutiva, da cosmologia do Big Bang, da engenharia

DA ARTE MODERNA À PÓS-MODERNA

genética, da beleza de matemática fractal e do fato incrível de que são os seres humanos que podem tornar todas essas coisas interessantes.

Os artistas e o mundo da arte devem estar na vanguarda. Atualmente, o mundo da arte é marginal, internalizado e conservador. Ele está sendo deixado para trás, e, para qualquer artista que se preze, não deve haver nada mais humilhante do que ser deixado para trás.

Há poucos objetivos culturais mais importantes do que fazer avançar a arte de forma genuína. Todos sabemos intensamente e pessoalmente o que a arte significa. Somos rodeados por ela. Livros de arte e vídeos. Filmes no cinema e em DVD. Aparelhos de som em casa, música em nossos tocadores de MP3. Romances na praia e livros de cabeceira. Visitas a galerias e museus. Arte nas paredes de nossa casa. Cada um cria o mundo artístico no qual quer estar. Da arte em nossa vida individual à arte sob a forma de símbolos nacionais e culturais, de um pôster de 10 dólares à pintura de 10 milhões de dólares, adquirida por um museu — todos nós investimos muito em arte.

O mundo está pronto para um movimento artístico novo e arrojado, o que só pode vir daqueles que não se contentam em observar a última variação trivial sobre temas atuais. Pode vir apenas daqueles cuja ideia de ousadia não é esperar para ver o que é possível ser feito de inédito com resíduos.

A questão não é que não existam coisas negativas a questionar no mundo da arte, ou que a arte não possa ser um meio de crítica. Há pontos negativos, e a arte não deve fugir deles. Minha briga é com a negatividade uniforme e a destrutividade do mundo da arte. A arte no século XX já disse algo encorajador sobre as relações humanas, sobre o potencial da humanidade para a dignidade, a coragem e a pura emoção de estar no mundo?

As revoluções artísticas são feitas por alguns indivíduos-chave. No coração de toda revolução há um artista que atinge a originalidade. Um novo motivo, um tema inédito ou o uso criativo da composição, da figura ou cor marcam o início de uma nova era. Os artistas são verdadeiros deuses: criam um mundo em sua obra e contribuem para criar nosso mundo cultural.

No entanto, para que os artistas revolucionários alcancem o mundo, outros desempenham um papel crucial. Colecionadores, donos de galerias, curadores e críticos tomam decisões sobre quais artistas estão realmente criando — e, consequentemente, quais são mais merecedores de seu dinheiro, espaço de galeria e recomendações. Esses indivíduos também fazem revoluções. No mundo mais amplo da arte, uma revolução depende daqueles que são capazes de reconhecer a conquista do artista original e têm a coragem de empreender e promover essa obra.

Não se trata de voltar para os anos 1800 ou chamar de arte a confecção de lindos cartões-postais, mas sim de ser um humano que vê o mundo de um jeito novo. Em cada geração há apenas uns poucos que fazem isso no nível mais elevado. Esse é sempre o desafio da arte e a sua vocação principal.

O mundo da arte pós-moderna é uma sala de espelhos quebrados que refletem, cansados, inovações introduzidas há um século. É hora de seguir em frente.

AGRADECIMENTOS

Esta versão estendida me dá a oportunidade de agradecer aos revisores da primeira edição: professor Curtis Hancock, da *Review of Metaphysics*; professor Gary Jason, da *Liberty*; professor Marcus Verhaegh, da *Independent Review*; dr. David Gordon, do *Mises Review*; professor Max Hocutt, do *Journal of Ayn Rand Studies;* e o professor Steven M. Sanders, da *Reason Papers*.

O Rockford College e o Objectivist Center me concederam licença sabática durante o ano letivo de 1999-2000. Sou grato a ambas as instituições pelo tempo de reflexão e escrita que me permitiu finalizar a primeira versão deste livro.

Michael Newberry, Chris Sciabarra, Robert Campbell, William Thomas, James Eby, John Reis e Fred Seddon me deram um feedback valioso sobre várias partes do original.

Agradeço a Anja Hartleb, por seu empenho e olhar criterioso na checagem das notas e na revisão do original.

David Kelley tem sido meu colega e amigo ao longo dos anos. Seu encorajamento e seus comentários em todos os estágios deste projeto foram muito importantes para mim.

Por fim, agradeço também a Roger Donway, por muitas conversas nos fins de semana, quando tínhamos o escritório só para nós, por sua leitura do original e por suas gentis, porém persistentes, recomendações — sem as quais o livro teria sido privado de muitas notas de rodapé.

E, por fim, agradeço a Christopher Vaughan, que fez o design desta edição expandida.

BIBLIOGRAFIA

ABRAMS, M. H. *et al. The Norton Anthology of English Literature.* 5. ed, vol. II. Nova York: W. W. Norton & Co., 1986.

AYER, A. J. *Language,* Truth, *and Logic* [1936]. Dover, 1946.

AYER, A. J., editor. *Logical Positivism.* Free Press, 1959.

BAHRO, Rudolf. *From Red to Green.* Londres: Verso Books, 1984.

BARKER, T.; DRAKE, M. (orgs.) *Population and Society in Britain, 1850-1980.* New York University Press, 1982.

BARNARD, F. M. *Herder's Social and Political Thought: From Enlightenment to Nationalism.* Oxford: Clarendon Press, 1965.

BARNARD, F. M., editor. *J. G. Herder on Social and Political Culture.* Cambridge University Press, 1969.

BEARDSWORTH, R. *Derrida and the Political.* Londres: Routledge, 1996.

BECCARIA, C. *On Crimes and Punishments* [1764]. Excertos em Isaac Kramnick (org.), 1995.

BECK, L. W. 1969. *Early German Philosophy: Kant and His Predecessors.* Cambridge, Mass.: Harvard University Press.

BECKER, C. *The Heavenly City of the Eighteenth-Century Philosophers.* Yale University Press, 1932.

BERLIN, I. *Against the Current.* Viking Press, 1980.

BEISER, F. "Kant's intellectual development: 1746-1781". In: Paul Guyer (org.), 1992.

BRICMONT, J. "Exposing the Emperor's New Clothes: Why We Won't Leave Postmodernism Alone". *Free Inquiry.* Outono de 1998, pp. 23-26.

BRUUN, G. *Saint-Just: Apostle of the Terror.* Houghton Mifflin, 1932.

BUER, M. C. *Health, Welfare and Population in the Early Days of the Industrial Revolution,* Londres: G. Routledge, 1926.

BURNHAM, J. *The Managerial Revolution: What Is Happening in the World.* Nova York: John Day, 1941.

BURROW, J. W. *The Crisis of Reason: European Thought, 1848-1914.* Yale University Press, 2000.

CAHOONE, L. E., editor. *From Modernism to Postmodernism.* Blackwell, 1996.

CARNAP, R. "The Elimination of Metaphysics through Logical Analysis of Language" [1932]. Trad. ing. por A. Pap. In: A. J. Ayer (org.), 1959.

CHISHOLM, R. *The Foundations of Knowing*. Mineápolis: Harvester Publishing, 1982.

CODE, L. *What Can She Know?* Ithaca: Cornell University Press, 1991.

COPI, I. M.; GOULD, J. A (orgs.). *Readings on Logic*. Nova York: Macmillan, 1964.

COURTOIS, Stéphane *et al.* (orgs.). *The Black Book of Communism: Crimes, Terror, Repression* [1997]. Trad. ing. por Jonathan Murphy e Mark Kramer. Harvard University Press, 1999.

CRAIG, G. A. *Germany, 1866-1945*. Oxford University Press, 1978.

CROSSMAN, R. (org.) *The God that Failed* [1949]. Nova York e Evanston: Harper Colophon, 1963.

DAHLSTROM, D. O. "The aesthetic holism of Hamann, Herder, and Schiller". In Karl Ameriks (org.), *The Cambridge Companion to German Idealism*. Cambridge University Press, 2000.

DERRIDA, J. *Moscou aller-retour*. Saint Etienne: De l'Aube, 1995.

DERRIDA, J. *Specters of Marx*. Routledge, 1994.

DERRIDA, J. *Writing and Difference*. Trad. ing. por Alan Bass. University of Chicago Press, 1978.

DEWEY, J. *Logic: The Theory of Inquiry*. Holt, Rinehart, and Winston, 1938.

DEWEY, J. *My Pedagogic Creed*. Chicago: A. Flanagan Co., 1897.

DEWEY, J. *Reconstruction in Philosophy*. Henry Holt, 1920.

DICKSTEIN, M. (org.) *The Revival of Pragmatism: New Essays on Social Thought, Law, and Culture*. Duke University Press, 1998.

DOSTOIÉVSKI, F. *Notes from Underground* [1864]. Edited by Michael R. Katz. Nova York: W. W. Norton & Co., 1989.

DRAKE, M. (org.) *Population in Industrialization*. Methuen and Co., 1969.

DUMMETT, M. *Origins of Analytical Philosophy*. Harvard University Press, 1993.

DWORKIN, A. *Intercourse*. Nova York: Free Press, 1987.

ELLIS, J. *Against Deconstruction*. Princeton University Press, 1989.

ELLIS, J. *Literature Lost*. Yale University Press, 1997.

ELLIS, K. "Stories Without Endings: Deconstructive Theory and Political Practice". *Socialist Review* 91:2. 1989, pp. 37-52.

ENGELS, F. "Socialism Utopian and Scientific" [1875]. Trad. ing. por Edward Aveling. In *The Essential Left: Marx, Engels, Lenin: Their Basic Teachings*. Barnes and Noble, 1961.

FAUBION, J. D. (org.) *Rethinking the Subject: An Anthology of Contemporary European Social Thought*. Boulder: Westview, 1995.

FEIGL, H.; SELLARS, W. *Readings in Philosophical Analysis*. Appleton-Century-Crofts, 1949.

FEYERABEND, P. *Against Method* [1975]. 3ª ed. Verso, 1993.

FEYERABEND, P. "Creativity — A Dangerous Myth". *Critical Inquiry* 13 (Verão de 1987), pp. 700-711.

FICHTE, J. *Addresses to the German Nation* [1807]. Trad. ing. por R. F. Jones e G. H. Turnbull. Open Court, 1922.

FISH, S. *Is There a Text in this Class?* Harvard University Press, 1982.

FISH, S. "Pragmatism and Literary Theory". *Critical Inquiry* 11. Março de 1985, pp. 433-458.

FISH, S. *There's No Such Thing as Free Speech, And It's a Good Thing Too*. Oxford University Press, 1994.

FOUCAULT, M. *The Archaeology of Knowledge* [1969]. Trad. ing. por A. M. Sheridan Smith. Pantheon, 1972.

FOUCAULT, M. "Discipline". In James D. Faubion (org.), 1995.

FOUCAULT, M. *Discipline and Punish* [1977a]. Trad. ing. por Alan Sheridan. Pantheon, 1977.

BIBLIOGRAFIA

FOUCAULT, M. *Foucault Live (Interviews, 1961-1984)*. Editado por Sylvère Lotringer. Trad. ing. por Lysa Hochroth e John Johnston. Nova York: Semiotext (e), 1989.

FOUCAULT, M. *The History of Sexuality*, Volume *1, An Introduction*. Trad. ing. por Robert Hurley. Random House, 1978.

FOUCAULT, M. "Introduction" to Ludwig Binswanger, *Le rêve et l'existence*. Trad. ing. por l'Allemand par Jacqueline Verdeaux. Paris: Desclée de Brouwer, 1954.

FOUCAULT, M. *Language, Counter-Memory, Practice: Selected Essays and Interviews by Michel Foucault* [1977b]. Editado por Donald F. Bouchard. Cornell University Press, 1977.

FOUCAULT, M. *Madness and Civilization*. Trad. ing. por Richard Howard. Random, 1965.

FOUCAULT, M. *The Order of Things: An Archaeology of the Human Sciences* [1966]. Vintage, 1973.

FOUCAULT, M. "Truth, Power, Self: An Interview with Michel Foucault" [1982]. In: Luther H. Martin, Huck Gutman e Patrick H. Hutton (orgs.), *Technologies of the Self*. University of Massachusetts Press, 1988.

FREUD, S. *Civilization and Its Discontents* [1930]. Trad. ing. por James Strachey. Nova York: W. W. Norton, 1961.

FRIEDRICH, R. "Brecht and Postmodernism". *Philosophy and Literature* 23:1. Abril de 1999, pp. 44-64.

GOEBBELS, J. *Michael* [1929]. In George Mosse (org.), 1966.

GOEBBELS, J. "National Socialism or Bolshevism?" [1925]. In Anton Kaes (org.), 1994.

GOETZMANN, W. H. (org.). *The American Hegelians*. A. A. Knopf, 1973.

GOLDEN, J. "The Care of the Self: Poststructuralist Questions about Moral Education and Gender". *Journal of Moral Education* 25:4. 1996.

GRAMSCI, A. *Selections from the Prison Notebooks* [escritos entre 1929 e 1935]. Editado por Quintin Hoare e Geoffrey Nowell Smith. Nova York: International, 1971.

GRAY, J. *Enlightenment's Wake*. Londres: Routledge, 1995.

GRAY, J. *Straw Dogs: Thoughts on Humans and Other Animals*. Granta, 2002.

GREY, T. "Freestanding Legal Pragmatism". In: Morris Dickstein (org.), 1998, pp. 254-274.

GROSS, P. R.; LEVITT, Norman. *Higher Superstition: The Academic Left and Its Quarrels with Science*. Johns Hopkins University Press, 1997.

GUELKE, A. *The Age of Terrorism and the International Political System*. Londres: I. B. Tauris, 1995.

GUELZO, A. C. "The American Mind". Lecture 14 of *American Romanticism*. The Teaching Company, 2005.

GUYER, P. (org.) *The Cambridge Companion to Kant*. Cambridge University Press, 1992.

GUYER, P. "Kant, Immanuel". In: E. Craig (org.). *Routledge Encyclopedia of Philosophy*. Londres: Routledge, 2004. Acessado em 3 de janeiro de 2011. Disponível em: http://www.rep.routledge.com/article/DB047.

HANSON, N. R. *Patterns of Discovery*. Cambridge University Press, 1958.

HARRINGTON, M. *The Other America* [1962]. Pelican, 1971.

HARRINGTON, M. *Socialism*. Nova York: Saturday Review Press, 1970.

HASNAS, J. "Back to the Future: From Critical Legal Studies Forward to Legal Realism". *Duke Law Journal* 45 (1995), pp. 84-132.

HAYEK, F. A. *The Counter-Revolution of Science: Studies in the Abuse of Reason* [1952]. 2ª edição. Liberty Fund, 1980.

HAYEK, F. A. *The Road to Serfdom* [1944]. University of Chicago Press, 1994.

HEGEL, G. W. F. *Phenomenology of Spirit* [1807]. Trad. ing. por A. V. Miller. Oxford University Press, 1977.

HEGEL, G. W. F. *The Philosophy of Hegel*. Editado por C. J. Friedrich. Modern Library, 1953/54.

219

HEGEL, G. W. F. *Philosophy of History* [1830/1831]. Trad. ing. por J. Sibree. Prometheus, 1991.

HEGEL, G. W. F. *Philosophy of Right* [1821]. Trad. ing. por T. M. Knox. Oxford, 1952.

HEGEL, G. W. F. *Hegel's Science of Logic* [1812-1816]. Trad. ing. por A. V. Miller. Humanities Press International, 1989.

HEIDEGGER, M. *Basic Writings*, edição revisada e expandida. Editado por David Farrell Krell. HarperCollins, 1993.

HEIDEGGER, M. *German Existentialism*. Trad. ing. por Dagobert D. Runes. Philosophical Library, 1965.

HEIDEGGER, M. *An Introduction to Metaphysics* [1953]. Trad. ing. por Ralph Manheim. Yale University Press, 1959.

HEIDEGGER, M. *Letter on Humanism* [1947]. In *Basic Writings*, 1993.

HEIDEGGER, M. *The Question Concerning Technology* [1949]. Trad. ing. por William Lovitt. Nova York: Garland, 1977. Inclui "The Turning" e "The Word of Nietzsche".

HEIDEGGER, M. "What Is Metaphysics?" [1929]. In Walter Kaufmann (org.), *Existentialism from Dostoevsky to Sartre*. New American Library, 1975.

HEILBRONER, R. "Reflections — After Communism". *The New Yorker*, 10 de setembro de 1990.

HEILBRONER, R. "Socialism". In: David R. Henderson (org.), 1993.

HENDERSON, D. R. (org.) *The Fortune Encyclopedia of Economics*. Nova York: Warner, 1993.

HERDER, J. *Letters for the Advancement of Humanity* [1793-1797]. In: David Williams (org.), 1999.

HERDER, J. *Journal of My* Voyage *in the* Year *1769*. In: F. M. Barnard, editor, 1969.

HERDER, J. *Yet Another Philosophy of History* [1774]. In: F. M. Barnard (org.), 1969.

HERMAN, A. *The Idea of Decline in Western History*. Nova York: Free Press, 1997.

HESSEN, R. "Child Labor and the Industrial Revolution". *The Objectivist Newsletter* 1:4. Abril de 1962.

HIMMELFARB, G. "The Webbs: The Religion of Socialism". *Marriage and Morals Among the Victorians*. Vintage, 1987.

HÖFFE, O. *Immanuel Kant*. Trad. ing. por Marshall Farrier. State University of New York Press, 1994.

HOFFMAN, E. A. "Political Power in *The Scarlet Letter*". *American Transcendental Quarterly*. Março de 1990, pp. 13-29.

HOLLANDER, P. *Decline and Discontent: Communism and the West* Today. Transaction, 1992.

HOLLANDER, P. *Political Pilgrims: Travels of Western Intellectuals to the Soviet Union, China, and Cuba*. Oxford University Press, 1993.

HOOK, S. *Out of Step*. Nova York: Carroll and Graf, 1988.

HORKHEIMER, M. "The Impotence of the German Working Class" [escrito em 1927; publicado sob um pseudônimo em 1934]. In: Anton Kaes (org.), 1994.

HORKHEIMER, M.; ADORNO, T. W. *Dialectic of Enlightenment* [1947]. Trad. ing. por John Cumming. Continuum, 1997.

HUME, D. *Dialogues concerning Natural Religion* [escrito na década de 1750; publicado postumamente em 1779]. Penguin, 1990.

HUME, D. *An Enquiry concerning Human Understanding* [1748]. Editado por Antony Flew. Open Court, 1988.

HUME, D. *A Treatise of Human Nature* [1739]. 2ª edição por L. A. Selby-Bigge e P. H. Nidditch. Oxford University Press, 1978.

HUYSSEN, A. *After the Great Divide: Modernism, Mass Culture, Post-modernism*. Indiana University Press, 1986.

BIBLIOGRAFIA

HYAMS, E. *The Millenium Postponed: Socialism from Sir Thomas More to Mao Tse Tung.* Taplinger, 1973.

JAMESON, F. *The Political Unconscious: Narrative as a Socially Symbolic Act.* Cornell University Press, 1981.

JANAWAY, C. (org.) *The Cambridge Companion to Schopenhauer.* Cambridge University Press, 1999.

KAES, A.; JAY, M.; DIMENDBERG, E. (orgs.) *The Weimar Republic Sourcebook.* University of California Press, 1994.

KANT, I. *Critique of Pure Reason* [1781]. Trad. ing. por Norman Kemp Smith. MacMillan, 1929.

KANT, I. *Groundwork of the Metaphysic of Morals* [1785]. Trad. ing. por H. J. Paton. Harper Torchbooks, 1964.

KANT, I. *On Education.* Trad. ing. por Annette Charton. University of Michigan Press, 1960.

KANT, I. *Perpetual Peace and Other Essays.* Trad. ing. por Ted Humphrey. Hackett, 1983.

KANT, I. *Religion and Rational Theology.* Trad. ing. por Allen W. Wood e George Di Giovanni, Cambridge, 1996.

KANT, I. "Review of Herder" [1785]. In: Immanuel Kant, *On History.* Editado por Lewis White Beck. Bobbs-Merrill, 1963.

KAUFMANN, W. (org.) 1975. *Existentialism from Dostoevsky to Sartre.* New American Library.

KELLEY, D. *The Evidence of the Senses.* Baton Rouge: Louisiana State University Press, 1986.

KIERKEGAARD, S. *Fear and Trembling* [1843]. Trad. ing. por Walter Lowrie. A. A. Knopf, 1994.

KOERTGE, N. (org.) *A House Built on Sand: Exposing Postmodernist Myths About Science.* Oxford University Press, 1998.

KÖHNKE, K. C. *The Rise of Neo-Kantianism.* Cambridge University Press, 1991.

KORS, A.; PETERS, E. *Witchcraft in Europe, 1100-1700.* University of Pennsylvania Press, 1972.

KORS, A.; SILVERGLATE, H. A. *The Shadow University: The Betrayal of Liberty on America's Campuses.* Nova York: The Free Press, 1998.

KRAMNICK, I. (org.) *The Portable Enlightenment Reader.* Penguin, 1995.

KUHN, H. "German Philosophy and National Socialism". In: Paul Edwards (org.), *The Encyclopedia of Philosophy.* MacMillan, 1963.

KUHN, T. *The Structure of Scientific Revolutions* [1962]. 2ª edição. University of Chicago Press, 1970.

KURTZ, P.; MADIGAN, T. J. (orgs.) *Challenges to the Enlightenment.* Prometheus Books, 1994.

LAQUEUR, W. *Weimar: A Cultural History, 1918-1933.* G. P. Putnam's Sons, 1974.

LAURYSSENS, S. *The Man Who Invented the Third Reich.* Sutton, 1999.

LÊNIN, V. I. *Imperialism: the Highest Stage of Capitalism* [1916]. International Publishers.

LÊNIN, V. I. *The State and Revolution* [1917]. In: *The Essential Left: Marx, Engels, Lenin: Their Basic Teachings.* Barnes and Noble, 1961.

LÊNIN, V. I. *What Is to Be Done?* [1902]. Nova York: Dover, 1987.

LENTRICCHIA, F. *After the New Criticism.* University of Chicago Press, 1980.

LENTRICCHIA, F. *Criticism and Social Change.* University of Chicago Press, 1983.

LÉVI-STRAUSS, C. *The Savage Mind.* University of Chicago Press, 1966.

LILLA, M. "The Politics of Jacques Derrida". *The New York Review of Books.* 25 de junho de 1998, pp. 36-41.

LILLA, M. *The Reckless Mind: Intellectuals in Politics*. Nova York: New York Review of Books, 2001.

LUBAN, D. "What's Pragmatic about Legal Pragmatism?". In: Morris Dickstein (org.), 1998, pp. 275-303.

LUKÁCS, G. *History and Class Consciousness* [1923]. M.I.T. Press, 1971.

LYOTARD, J.-F. *The Differend: Phrases in Dispute*. Trad. ing. por Georges Van Den Abbeele. University of Minnesota Press, 1988.

LYOTARD, J.-F. *The Postmodern Condition: A Report on Knowledge*. Trad. ing. por Geoff Bennington e Brian Massumi. University of Minnesota Press, 1984.

LYOTARD, J.-F. *Postmodern Fables*. Traduzido por Georges Van Den Abbeele. University of Minnesota Press, 1997.

MACK, M. *German Idealism and the Jew*. Chicago: University of Chicago Press, 2003.

MACKINNON, C. *Only Words*. Harvard University Press, 1993.

MARCUSE, H. "Contribution to a Phenomenology of Historical Materialism" [1928]. *Telos* 4, 1969.

MARCUSE, H. *Eros and Civilization* [1955]. Beacon Press, 1966.

MARCUSE, H. *An Essay on Liberation*. Beacon Press, 1969.

MARCUSE, H. *One-Dimensional Man*. Beacon Press, 1964.

MARCUSE, H. *Reason and Revolution: Hegel and the Rise of Social Theory* [1941]. Humanities Press, 1954.

MARCUSE, H. "Repressive Tolerance" [1965]. In: Robert Paul Wolff (org.). *A Critique of Pure Tolerance*. Beacon Press, 1969.

MARX, K. *Capital*, Volume I [1867]. Trad. ing. por Ben Fowkes. Penguin, 1992.

MARX, K. "Contribution to the Critique of Hegel's Philosophy of Law" [1844].

MARX, K. *Critique of the Gotha Program* [1875]. In: Robert C. Tucker (org.) *The Marx-Engels Reader*. 2ª ed. W. W. Norton & Co., 1978.

MARX, K.; ENGELS, F. *Marx and Engels: Basic Writings on Politics and Philosophy*. Editado por Lewis S. Feuer. Doubleday Anchor, 1959.

MARX, K.; ENGELS, F. *The Manifesto of the Communist Party* [1848]. International Press, 1948.

MAY, T. *Between Genealogy and Epistemology*. Pennsylvania State University Press, 1993.

MEDLIN, B. "Ultimate Principles and Ethical Egoism". *Australasian Journal of Philosophy* 35:2. 1957, pp. 111-118.

MEINECKE, F. *The Age of German Liberation, 1795-1815*. University of California Press, 1977.

MILLER, J. *History and Human Existence: From Marx to Merleau-Ponty*. Berkeley: University of California Press, 1979.

MILLER, J. *The Passion of Michel Foucault*. Harvard University Press, 1993.

MILLER, J. *Rousseau: Dreamer of Democracy*. Yale University Press, 1984.

MISES, L. von. *Socialism* [1922]. Indianápolis: Liberty Fund, 1981.

MOELLER VAN DEN BRUCK, A. *Germany's Third Empire* [1923]. Nova York: Howard Fertig, 1971.

MOHANTY, C. T. "On Race and Voice: Challenges for Liberal Education in the 1990s". *Cultural Critique*. 1990, 179-ff.

MOSSE, G. L., editor. *Nazi Culture: Intellectual, Cultural and Social Life in the Third Reich*. Nova York: Grosset and Dunlap, 1966.

NAGEL, E. *Logic Without Metaphysics*. Glencoe, Illinois: Free Press, 1956.

NARDINELLI, C. *Child Labor and the Industrial Revolution*. Bloomington: Indiana University Press, 1990.

NARDINELLI, C. "Industrial Revolution and Standard of Living". In: David R. Henderson (org.), 1993.

BIBLIOGRAFIA

NEURATH, O. "Physikalismus". *Scientia*. 1931.

NIETZSCHE, F. *Basic Writings of Nietzsche*. Editado e traduzido por Walter Kaufmann. Modern Library, 1968.

NIETZSCHE, F. *The Portable Nietzsche*. Editado e traduzido por Walter Kaufmann. Penguin, 1976.

NIETZSCHE, F. "Schopenhauer as Educator (Second Untimely Meditation)". In: Walter Kaufmann (org.), 1975.

NIETZSCHE, F. *The Will to Power*. Editado por Walter Kaufmann e traduzido por Walter Kaufmann e R. J. Hollingdale. Vintage, 1968.

NIPPERDEY, T. *Germany from Napoleon to Bismarck, 1800-1866*. Traduzido por Daniel Nolan. Princeton University Press, 1996.

PANITCH, L. "Ralph Miliband, Socialist Intellectual, 1924-1994". In: Leo Panitch (org.), 1995, pp. 1-21.

PANITCH, L. (org.) *Why Not Capitalism. Socialist Register 1995*. Londres: The Merlin Press, 1995.

PASSMORE, J. *Recent Philosophers*. LaSalle, Illinois: Open Court, 1985.

PEIKOFF, L. *The Ominous Parallels: The End of Freedom in America*. Nova York: Stein and Day, 1982.

PIPES, R. *Property and Freedom*. Nova York: A. A. Knopf, 1999.

POPPER, K. *The Logic of Scientific Discovery* [1935]. Toronto: University of Toronto Press, 1959.

POPPER, K. *Objective Knowledge*. Oxford University Press, 1972.

PRADO, C. G. *Starting With Foucault: An Introduction to Genealogy*. Boulder, Colorado: Westview, 1995.

QUINE, W. V. O. "Epistemology Naturalized". In: *Ontological Relativity*. Nova York: Columbia University Press, 1969.

QUINE, W. V. O. "Two Dogmas of Empiricism" [1953]. *From a Logical Point of View*. 2ª ed. revisada. Harper and Row, 1961.

RADOSH, R. *Commies, A Journey Through the Old Left, the New Left, and the Leftover Left*. São Francisco: Encounter Books, 2002.

RAND, A. *Atlas Shrugged*. Nova York: Random House, 1957.

RAND, A. *The New Left: The Anti-Industrial Revolution* [1971]. Edição revisada. Signet, 1975.

REUTH, R. G. *Goebbels*. Traduzido por Krishna Winston. Nova York: Harcourt Brace, 1990.

REYNOLDS, A. "National Prosperity Is No Mystery". *Orbis* 40:2, Primavera de 1996, pp. 199-213.

RINGER, F. K. *The Decline of the German Mandarins: The German Academic Community, 1890-1933*. Harvard University Press, 1969.

RORTY, R. *Consequences of Pragmatism*. University of Minnesota Press, 1982.

RORTY, R. *Contingency, Irony, and Solidarity*. Cambridge University Press, 1989.

RORTY, R. "A Conversation with Richard Rorty". Entrevistado por Scott Stossel. 23 de abril de 1998. Disponível em http://www.theatlantic.com/unbound/bookauth/ba980423.htm. Site visualizado em 02 de maio de 2000.

RORTY, R. Objectivity, *Relativism, and* Truth. Cambridge University Press, 1991.

RORTY, R. *Philosophy and the* Mirror *of* Nature. Princeton University Press, 1979.

RORTY, R. "Trotsky and the Wild Orchids". In: Paul Kurtz e Timothy Madigan (orgs.), 1994.

RORTY, R. "The World Well Lost". *The Journal of Philosophy* 69:19 (26 de outubro de 1972), pp. 649-665.

ROUSSEAU, J.-J. *Discourse on the Origin and Foundations of Inequality Among Men* [1755]. Traduzido por Donald Cress. Indianápolis: Hackett, 1992.

ROUSSEAU, J.-J. *Discourse on the Sciences and the Arts* [1749]. In: *The First and Second Discourses*. Traduzido por Roger D. e Judith R. Masters. St. Martin's Press, 1964.

ROUSSEAU, J.-J. *Emile* [1762a]. Traduzido por Allan Bloom. Basic Books, 1979.

ROUSSEAU, J.-J. Projet *de Constitution pour la Corse* [1765]. In: *The Political* Writings *of Jean-Jacques Rousseau*, Volume II. Editado por C. E. Vaughan. Nova York: John Wiley & Sons, 1962.

ROUSSEAU, J.-J. *The Social Contract* [1762b]. Traduzido por Donald Cress. Indianápolis: Hackett, 1987.

RUMMEL, R. J. *Death by Government*. Transaction, 1994.

RUSSELL, B. *The Problems of Philosophy* [1912]. Indianápolis: Hackett, 1991.

SCHLEIERMACHER, F. *The Christian Faith* [1821-22]. Editado por H. R. Mackintosh e J. S. Stewart. Nova York: Harper and Row, 1963.

SCHLEIERMACHER, F. *On Religion: Speeches to Its Cultural Despisers* [1799]. Traduzido por John Oman. Nova York: Harper, 1958.

SCHLESINGER, A. *The Vital Center*. Boston: Houghton Mifflin, 1949.

SCHLICK, M. "Meaning and Verification" [1936]. In: Herbert Feigl e Wilfrid Sellars (orgs.), 1949, pp. 146-170.

SCHLICK, M. "Positivism and Realism" [1932-33]. In: A. J. Ayer (org.), 1959, pp. 82-108.

SCHOPENHAUER, A. *The World as Will and Representation*. Traduzido por E. F. J. Payne. Nova York: Dover, 1966.

SCHULTZ, E. "*Moby Dick*: The Little Lower Layers". *North American Review*. Dezembro de 1988, pp. 52-59.

SERVICE, R. *Lenin: A Biography*. Cambridge, Mass.: Belknap Press of Harvard University Press, 2000.

SOKAL, A. "Transgressing the Boundaries: Toward a Transformative Hermeneutics of Quantum Gravity". *Social Text*. Primavera/verão 1996.

SOMBART, W. *Socialism and the Social Movement* [1896]. Traduzido por M. Epstein. Nova York: E. P. Dutton, 1909.

SPENCE, J. *Mao Zedong*. Viking Penguin, 1999.

SPENGLER, O. *The Decline of the West* [1918]. Traduzido por Charles Francis Atkinson. A. A. Knopf, 1926.

SPENGLER, O. *Man and Technics: A Contribution to a Philosophy of Life* [1931]. Nova York: A. A. Knopf, 1932.

SPENGLER, O. *Prussianism and Socialism* [1920]. In: Donald O. White (org.), *Oswald Spengler, Selected Essays*. Henry Regnery Co., 1967.

STEVENSON, C. L. "The Emotive Meaning of Ethical Terms" [1937]. In: A. J. Ayer (org.), 1959, pp. 264-281.

STRONG, T. B.; KEYSSAR, H. *Right in Her Soul: The Life of Anna Louise Strong*. Random House, 1983.

SWEEZY, B. "Is This Then the End of Socialism?". *The Nation*. 26 de fevereiro de 1990.

THÄLMANN, E. "Speech to the Plenary Session of the Central Committee of the Communist Party of Germany", 19 de fevereiro de 1932. In: Anton Kaes (org.), 1994.

"UNION OF SOVIET SOCIALIST REPUBLICS". *Encyclopedia Britannica*. 15ª edição. University of Chicago Press, 1990.

WARD, G. *Teach* Yourself *Postmodernism*. Londres: Hodder and Stoughton, 1997.

WEBB, B. *Our Partnership*. Londres: Longmans, Green, and Co., 1948.

WEIGAND, K. *Red Feminism: American Communism and the Making of Women's Liberation*. Johns Hopkins University Press, 2001.

BIBLIOGRAFIA

WEISS, J. *Ideology of Death: Why the Holocaust Happened in Germany.* Chicago: Ivan Dee Publishers, 1996.

WHITE, S. K. *Political Theory and Postmodernism.* Cambridge University Press, 1991.

WILLIAMS, D. "The Influence of Rousseau on Political Opinion, 1760-95". *English Historical Review* 48 (1933), pp. 414-430.

WILLIAMS, D. (org.) *The Enlightenment.* Cambridge University Press, 1999.

WINDSCHUTTLE, K. *The Killing of History.* São Francisco: Encounter Books, 2000.

WITTGENSTEIN, L. *Philosophical Investigations* [escrito em 1949; publicado postumamente]. Traduzido por G. E. M. Anscombe. Nova York: MacMillan, 1953.

WITTGENSTEIN, L. *Tractatus Logico-Philosophicus* [1922]. Traduzido por C. K. Ogden. Londres: Routledge e Kegan Paul, reimpresso em 1983.

WOLIN, R. *The Politics of Being: The Political Thought of Martin Heidegger.* Columbia University Press, 1990.

WOLIN, R. *The Seduction of Unreason: The Intellectual Romance with Fascism from Nietzsche to Postmodernism.* Princeton University Press, 2004.

WOOD, A. "The Marxian Critique of Justice". *Philosophy and Public Affairs* 1:3. Primavera de 1972.

NOTAS FINAIS

1. O QUE É O PÓS-MODERNISMO?

1. Foucault, 1988, p. 11.
2. Foucault, maio de 1993, p. 2.
3. Rorty, 1989, pp. 7-8.
4. Foucault, 1965, p. 95.
5. Fish, 1982, p. 180.
6. Lyotard, em Friedrich 1999, p. 46.
7. Lentricchia, 1983, p. 12.
8. Dworkin, 1987, pp. 63, 66.
9. MacKinnon, 1993, p. 22.
10. Lyotard, 1997, pp. 74-75.
11. Foucault, 1977b, p. 210.
12. Derrida, 1995; veja também Lilla, 1998, p. 40. Foucault também formula sua análise em termos marxistas: "Chamo de político tudo que tem a ver com a luta de classes, e de social tudo que deriva da luta de classes ou é consequência dela, expresso nas relações e nas instituições humanas". (1989, p. 104.)
13. Hessen, 1962, p. 14; ver também Nardinelli, 1990, pp. 76-79.
14. A aplicação da razão e do individualismo à religião levou a um declínio da fé, do misticismo e da superstição. Como resultado, as guerras religiosas finalmente esfriaram. Depois de 1780, já não se queimavam mais bruxas na Europa (Kors e Peters, 1972, p. 15).
15. Foucault, 1966/1973, xxiv.
16. Rorty, 1982, p. 175. Ver também John Gray: "Vivemos hoje em meio às ruínas obscuras do projeto iluminista, que foi o projeto que norteou o período moderno". (1995, p. 145.)
17. Hoffman, 1990, pp. 14-15, 28.
18. Schultz, 1988, pp. 52, 55-57.
19. Luban, 1998, 275; Grey 1998.

GUERRA CULTURAL

20. Fish citando Thomas Grey (Fish, 1985, p. 445).
21. Golden, 1996, pp. 381-382.
22. Mohanty, 1990, p. 185.

2. O ATAQUE DO CONTRAILUMINISMO À RAZÃO

1. Veja Beck, 1969, Berlin, 1980, Williams, 1999 e Dahlstrom, 2000, para compreender o sentido histórico e filosófico do "contrailuminismo" como usado aqui.
2. E.G., Höffe 1994, 1. Veja também Guyer, 2004.
3. Kant, 1781, A686/B714.
4. Kant, 1781, B512/A484.
5. Kant, 1781, Bxxx.
6. Kant, 1781, Bxxxi.
7. Kant, 1781, Bxvi.
8. Kant, 1781, A92/B125.
9. Kelley, 1986, pp. 22-24.
10. Kant, 1781, A483/B511.
11. Kant, 1781, Bxvi-Bxvii.
12. Kant, 1781, A92/B125.
13. Kant, 1781, B3.
14. Kant, 1781, Bxvii-Bxviii; A125-A126.
15. Kant, 1781, A484/B512.
16. Kant, 1781, B519/A491.
17. Kant, 1781, Bxxxi.
18. Essa é exatamente a conclusão mais importante de Rorty em *A Filosofia e o Espelho da Natureza* [Philosophy and the Mirror of Nature] (1979).
19. Ver Kelley, 1986 para uma análise detalhada e resposta às teses diáfanas e kantianas.
20. Citado em Beck, 1969, p. 337.
21. Ver, por exemplo, Wood, em Kant 1996, vi; ver também Meinecke, 1977, p. 25.
22. Hegel, 1807, p. 17.
23. Kant, 1781, A426-A452.
24. Ex nihilo, em latim, significa "do nada". Criação ex nihilo refere-se a Deus criando tudo do nada.
25. Hegel, 1812-16, p. 73.
26. Ou como Friedrich Albert Lange comentou: "Descubro a grandeza de Kant em sua afirmação taxativa de que as ideias de Deus, liberdade e imortalidade são teoricamente indemonstráveis e, na prática, pouco contribuem (...) Hegel, penso eu, descreve a essência do cristianismo, da cristologia, e oferece uma mediação que traduz mito em ideia e ideia em mito. Nada mais peço que a confissão de que esse é o limite da ciência". (Carta de 27 de setembro de 1858; citado em Köhnke, 1991, p. 161.)
27. Hegel, 1812, pp. 16, 74.
28. Hegel, 1830, p. 31, pp. 35-36.
29. Niebuhr, em Schleiermacher, 1963, ix.
30. Schleiermacher, 1799, p. 18.
31. Schleiermacher, 1821-22, Seção 4.
32. Schleiermacher, 1821-22, p. 12.

NOTAS FINAIS

33. Berlin, 1980, p. 19.
34. Kierkegaard, 1843, p. 31.
35. Disse Schopenhauer: "Não devemos ficar felizes, mas tristes, com a existência do mundo, pois sua inexistência seria preferível à sua existência". (1819/1966, Vol. 2, p. 576.) E sobre a humanidade: "Nada mais se poder dizer sobre o objetivo de nossa existência, além do conhecimento de que seria melhor não existirmos". (1819/1966, Vol. 2, p. 605.)
36. Nietzsche, Ecce Homo, "Why I Am So Wise", p. 1.
37. Nietzsche, O Anticristo [The Antichrist], p. 11.
38. Nietzsche, Genealogia da Moral, II:16.
39. Nietzsche, A Vontade de Poder [The Will to Power], p. 478.
40. Nietzsche, Genealogia da Moral, I:7.

3. O COLAPSO DA RAZÃO NO SÉCULO XX

1. Foucault, 1989, p. 326.
2. Rorty, 1979, p. 368.
3. Heidegger, 1929/1975, p. 251.
4. Heidegger, 1953, p. 1.
5. Heidegger, 1949, p. 112.
6. Heidegger, 1953, pp. 23-25.
7. Ver Rand, 1957, p. 1015.
8. Ver, por exemplo, Heidegger 1929/1975, pp. 245-246.
9. Heidegger, 1953, p. 121
10. Heidegger, 1929/1975, pp. 245, 253.
11. Heidegger, 1953, p. 26.
12. Heidegger, 1929/1975, p. 261.
13. Heidegger, 1929/1975, p. 247.
14. Heidegger, 1929/1975, p. 247.
15. Heidegger, 1929/1975, p. 249.
16. Heidegger, 1929/1975, p. 253.
17. Heidegger, 1929/1975, p. 251.
18. Heidegger 1929/1975, pp. 254-255.
19. Heidegger 1949.
20. Heidegger 1947.
21. Heidegger 1929/1975, p. 263.
22. Abrams 1986, pp. 328-29.
23. Thomas de Quincey, "On the Knocking at the Gate in Macbeth", 1823.
24. Nipperdey, 1996, p. 438. Sobre o impacto das ideias alemãs entre os estudantes russos, franceses e ingleses no início do século XIX, ver também Burrow, 2000, capítulo 1.
25. Goetzmann, 1973, p. 8. O historiador americano Allen C. Guelzo nota essa conexão inicial entre Kant, os românticos e a vida intelectual americana: "(...) a influência constante do revivalismo evangélico estabelecido pelo Grande Despertar certamente deu crédito a qualquer pessoa que, munida de argumentos religiosos, criticasse ou reduzisse a supremacia da razão no conhecimento, dando lugar ao orgulho da vontade e não do intelecto. (...) O primeiro pensador sério a usar o poder

do pensamento romântico para fortalecer a teologia [nos Estados Unidos] (...) foi James Marsh, de Vermont, um seguidor de Edwards, que foi escolhido presidente da University of Vermont em outubro de 1826. (...) Em 1821, ele iniciou seus estudos de Kant. O auge de seu esforço foi em 1829, quando Marsh publicou a edição americana do livro *Aids to Reflection*, do poeta Samuel Taylor Coleridge, o maior divulgador de Kant em língua inglesa. Os próprios escritos de Marsh são uma mistura entranha da retórica de Edwards e das ideias de Kant". (Guelzo, 2005.)

26. Dummett, 1993, ix.
27. Russell, 1912, 153-ff.
28. Schlick, 1932-33, p. 107.
29. Wittgenstein, 1922, 5.1361. Ver também Rudolf Carnap, 1932, em Ayer, 1959, pp. 60-61: "No domínio da metafísica, que cobre toda a filosofia do valor e a teoria normativa, a análise lógica produz o resultado negativo de que os supostos enunciados desse domínio não têm sentido algum".
30. Não faz sentido sequer falar da falta de sentido das questões tradicionais da filosofia. Antecipando-se ao recurso da "rasura" proposto por Derrida, que consiste em usar uma palavra e riscá-la em seguida, para indicar que seu uso é irônico, Wittgenstein encerrou o Tractacus com o seguinte comentário sobre o seu livro: "Minhas proposições são elucidativas, pois quem me compreende reconhece que elas não fazem sentido depois de tê-las galgado para além delas. (É preciso, então, jogar fora a escada depois de ter subido por ela.)". (6.54.)
31. Ver Wittgenstein, 1922, 4.112; cf. 6.11 e 6.111. Como disse Kant: "Os filósofos, cuja tarefa é examinar conceitos (...)". (1781, A510/B538.)
32. Ver Neurath, 1931; Hanson, 1958; Feyerabend, 1975 (pp. 164-168); Kuhn, 1962; Quine, 1969; e Popper, 1972. (68 nº 31, 72 e 145.)
33. Schlick em Chisholm, 1982, p. 156; ver Ayer, 1936, p. 79.
34. Wittgenstein, 1922, p. 5.43.
35. Ou conforme J. Michael Dunn, editor do Journal of Philosophical Logic, comentou comigo em uma conversa informal: "Devo dizer que sempre me sinto tentado a usar as palavras 'lógico' e 'prático' na mesma frase".
36. Ayer, 1936, p. 84.
37. Ayer, 1936, p. 79.
38. Quine, 1953/1961.
39. Ayer, 1936, p. 77. Ver também Schlick: "As regras da linguagem são, em princípio, arbitrárias". (1936, p. 165.)
40. Goodman, em Copi e Gould (1963, p. 64). Ver também Nagel, 1956 (pp. 82-83 e pp. 97-98).
41. Rorty 1979, p. 170. Ver também Dewey, 1920, pp. 134-135, e 1938, pp. 11-12.
42. No capítulo 12 de seu livro, Kuhn discorre com veemência acerca da subjetividade dos paradigmas dos cientistas: "Os que propõem paradigmas divergentes exercem suas ocupações em mundos diferentes". (1962, p. 150.) E no capítulo 13 conclui que a ciência nada tem a ver com a "verdade": "Sendo mais preciso, talvez tenhamos de abrir mão da noção, implícita ou explícita, de que as mudanças de paradigma levam os cientistas e seus aprendizes a se aproximarem cada vez mais da verdade". (1962, p. 170.)
43. Rorty, 1989, p. 8.
44. Passmore, 1985 (pp. 133-4, n. 20). Ver também Christopher Janaway: "Uma característica que une os vários ramos da filosofia recente é o crescente reconhecimento de que estamos trabalhando sob o legado de Kant". (1999, p. 3.)

NOTAS FINAIS

45. Feyerabend, 1975, pp. 298-299.
46. Medlin, 1957, p. 111.
47. Por exemplo, Stevenson 1937.
48. Nietzsche previra o resultado: "Tão logo Kant comece a exercer uma influência popular, seus reflexos se farão notar na forma de um ceticismo e de um relativismo corrosivos e desagregadores". (Em Kaufmann, 1975, p. 123.)
49. Foucault: "Sou simplesmente um nietzschiano e tento, tanto quanto possível, analisar certas questões com a ajuda dos textos de Nietzsche". (1989, p. 471.)
50. Rorty, 1991, pp. 22-23, 29.
51. Rorty, 1989, p. 197.

4. A ATMOSFERA DO COLETIVISMO

1. Jameson, 1981, p. 20.
2. Engels, 1875, p. 123.
3. Fish, 1994, pp. 68-69.
4. Dworkin, 1987, pp. 123, 126.
5. Heilbroner, 1990; ver também Heilbroner, 1993, p. 163.
6. Rousseau, 1755, p. 37.
7. Rousseau, 1755, p. 35.
8. Rousseau, 1755, p. 28.
9. Rousseau, 1755, p. 50.
10. Rousseau, 1755, p. 51.
11. Rousseau, 1755, pp. 44-52.
12. Rousseau, 1755, pp. 20, 22, 48.
13. Rousseau, 1755, p. 49.
14. Rousseau, 1755, pp. 54-55.
15. Rousseau, 1755, p. 37.
16. Rousseau, 1749, p. 36.
17. Rousseau, 1755, pp. 58-9.
18. Rousseau, 1755, p. 50.
19. Rousseau, 1755, p. 14.
20. Rousseau, 1762a, p. 276.
21. Rousseau, 1762a, p. 277.
22. Rousseau, 1762a, p. 277.
23. Rousseau, 1762a, p. 269.
24. Rousseau, 1762a, p. 280.
25. Rousseau, 1762b, p. 2:7.
26. Rousseau estendeu as restrições à razão ao controle de seus instrumentos de expressão: "Considerando as terríveis desordens que a imprensa já causou na Europa, e balizando o futuro pelo avanço diário desse mal, é fácil prever que os soberanos farão tudo que estiver ao seu alcance para banir essa arte tenebrosa de seus Estados, tal como fizeram ao introduzi-la". (1749, p. 61.) E seguindo o exemplo de Catão, o Velho, e Fabrício, Rousseau conclama: "Apressem-se a derrubar os anfiteatros, destruir as estátuas de mármore, queimar as pinturas, expulsando esses escravos que os subjugam e cujas artes nefastas os corrompem". (1749, p. 46.)

GUERRA CULTURAL

27. Rousseau, 1762b, p. 4:8.
28. Rousseau, 1762b, p. 1:6.
29. Rousseau, 1762b, p. 2:4.
30. Rousseau, 1762b, p. 3:10.
31. Rousseau, 1762b, p. 1:7.
32. Rousseau, 1762b, p. 2:4.
33. Rousseau, 1762b, p. 2:5.
34. Rousseau, 1765, pp. 297, 350. Ver também 1762b, p. 1.9.
35. Como diz o historiador Michael Mack: "Nesse sentido, os intelectuais de esquerda e de direita eram unidos por uma herança idealista comum". (Mack, 2003, p. 173.)
36. Höffe, 1994, p. 17.
37. Citado em Beiser, 1992, p. 43.
38. Kant, 1784/1983, 27/36.
39. Kant, 1784/1983, 18/30 e 27/36.
40. Kant, 1784/1983, 18/30.
41. Kant, 1785/1963, 53/37.
42. Kant, 1786/1983, 115/53.
43. Kant, 1784/1983, 20/31.
44. Kant, 1786/1983, 111/50.
45. Kant, 1786/1983, 115/54.
46. Kant, 1784/1983, 26/36.
47. Kant, 1784/1983, 23/33.
48. Kant, 1786/1983, 122/58.
49. Kant, 1785/1964, 398/65.
50. Kant, 1784/1983, 23/33, itálico no original.
51. Kant, 1784/1983, 20/31.
52. Kant, 1786/1983, 121/58; ver também 1795/1983, 363/121.
53. Kant observa que existe uma oposição fundamental entre o desejo humano e os objetivos da natureza: "O homem deseja a concórdia; mas a natureza sabe o que é melhor para a espécie: ela deseja a discórdia". (1784/1983, pp. 21/32)
54. Kant, 1784/1983, 28/38.
55. Kant, 1794/1983, 328/93.
56. Barnard, 1965, p. 18.
57. Em Berlin, 1980, p. 14.
58. Herder, 1774, p. 188.
59. Herder, 1774, p. 187.
60. Em Barnard, 1965, p. 54.
61. Herder, 1774, p. 205.
62. Barnard, 1965, p. 136.
63. Herder, 1774, p. 187.
64. Herder, 1769, p. 95; ver também p. 102.
65. Fichte, 1807, p. 84.
66. Fichte, 1807, p. 13.
67. Fichte, 1807, p. 101.
68. Fichte, 1807, pp. 104-105.
69. Fichte, 1807, pp. 104-105.
70. Fichte, 1807, pp. 8-9.
71. Fichte, 1807, p. 11.
72. Fichte 1807, pp. 12-13, 15.

NOTAS FINAIS

73. Fichte 1807, p. 15.
74. Fichte 1807, pp. 14, 20.
75. Fichte 1807, p. 31.
76. Kant 1960, 84.
77. Fichte 1807, p. 33.
78. Fichte, 1807, pp. 34-5.
79. Fichte, 1807, p. 23.
80. Fichte, 1807, p. 36.
81. Fichte, 1807, p. 37.
82. Fichte, 1807, pp. 37, 38.
83. Fichte, 1807, p. 52.
84. Fichte, 1807, p. 105.
85. Em Fichte, 1807, xxii.
86. Hegel, em Rousseau, 1755, xv.
87. Hegel, 1830-31, 454; ver também 1821, §236.
88. Hegel, 1830-31, p. 39.
89. Hegel, 1830-31, pp. 35-36.
90. Hegel, 1830-31, 39; ver também 1821, Add., 152, para. 258; p. 279.
91. Hegel, 1821, Add., p. 152, §258; p. 279.
92. Hegel, 1821, §258.
93. Hegel, 1821, §272. Otto Braun, voluntário de 19 anos que morreu na Primeira Guerra Mundial, escreveu em uma carta a seus pais: "Meu anseio mais íntimo, minha paixão mais pura e secreta, minha fé mais profunda e minha esperança mais elevada ainda são os mesmos de sempre e têm o mesmo nome: o Estado. Construir um dia o Estado como um templo, erguendo-se puro e forte, sustentado por seu próprio peso, severo e sublime, mas também sereno como os deuses, e com salões luminosos cintilando ao brilho ondulante do sol — esse é, no fundo, o fim e a meta das minhas aspirações". (Em H. Kuhn, 1963, p. 313.)
94. Hegel, 1830-31, p. 39.
95. Hegel, 1821, §301.
96. Hegel, 1830-31, p. 35.
97. Hegel, 1830-31, p. 33.
98. Hegel, 1821, Add., 45, para. 70; p. 241.
99. Hegel, 1830-31, 32.
100. Hegel, 1830-31, pp. 66-67.
101. Hegel, 1830-31, p. 67.
102. Em Hayek, 1952, p. 193.
103. Em Hayek, 1944, p. 188.
104. Em Hayek, 1944, pp. 188-189.
105. Em Hayek, 1944, p. 196.
106. Em Craig, 1978, p. 487.
107. Spengler, 1920, p. 3.
108. Spengler, 1920, p. 130.
109. Spengler, 1931, p. 94.
110. Spengler, 1931, p. 104, itálico no original.
111. Em Herman, 1997, p. 243.
112. Sombart, 1909, p. 90.
113. Sombart, 1909, p. 91.
114. Em Ringer, 1969, p. 235; ver também Spengler, 1920, p. 130.

GUERRA CULTURAL

115. Moeller, 1923, p. 77; itálicos no original.
116. Moeller, 1923, pp. 73, 74.
117. Moeller, 1923, p. 76. Adolf Hitler conheceu Moeller no início da década de 1920 no Juniklub, em Berlim, onde Hitler dava uma palestra para um grupo de intelectuais conservadores. Depois de sua preleção, Hitler disse a Moeller: "Você pode criar o arcabouço espiritual da reconstrução alemã. Otto Strasser, cujos conselhos admiro, disse que você é o Jean-Jacques Rousseau da revolução alemã, um pensador nato. Eu sou um combatente. Junte-se a nós! Se você se tornar o Jean-Jacques Rousseau da Nova Alemanha, serei seu Napoleão. Trabalhemos juntos!". (Em Lauryssens, 1999, p. 94.)
118. Thälmann, 1932.
119. Em Pipes, 1999, p. 220.
120. Em Reuth, 1990, pp. 33-34, p. 51.
121. Goebbels, 1929, p. 110. Goebbels prefaciou sua tese de doutorado com uma citação retirada de Os Demônios [The Possessed], de Dostoiévski: "A ciência e a razão têm, desde o início, desempenhado um papel secundário e subalterno na vida das nações; assim será até o fim dos tempos. As nações são construídas e movidas por outra força que as manipula e domina, cuja origem é desconhecida e inexplicável: essa força é a força do desejo insaciável de prosseguir até o fim, embora, ao mesmo tempo, negue esse fim". Michael, de Goebbels, é parcialmente autobiográfico, e Goebbels empresta ao seu herói sua própria concepção de destino ideal: "Michael/Goebbels, o 'socialista crístico', se sacrifica por amor à humanidade". (Reuth, 1990, p. 47.)
122. Por exemplo, Goebbels, 1925.
123. Benito Mussolini e Mao Tsé-tung também tiveram que escolher entre o socialismo nacional e o internacional. Mussolini fora um marxista ortodoxo até os 30 e poucos anos, quando decidiu que o socialismo seria mais exitoso na Itália se suas políticas fossem lançadas em termos nacionalistas. Mao foi um dos primeiros membros do Partido Comunista na China, formado em 1921; mas de 1923 a 1927 integrou também os quadros do Partido Nacionalista — em parte por afinidade teórica, em parte porque ele e outros membros do Partido Comunista seguiam ordens de Moscou (Spence, 1999, pp. 62-63). Na Alemanha, o dilema foi muito bem retratado no título do best-seller de Knickerbocker, publicado no início da década de 1930: Alemanha — Fascista ou Soviética? [Germany — Fascist or Soviet?] (Arthur Koestler, em Crossman, 1949, p. 22).
124. Herman, 1997, p. 251.
125. Como exemplo, temos o professor Martin Heidegger. As opiniões políticas direititistas de Heidegger combinam os temas tratados em Hegel, Nietzsche, Spengler, Sombart e Moeller. A contribuição de Heidegger consistiu em alinhar esses temas políticos em uma metafísica e epistemologia mais sofisticadas. Ver Heidegger, 1947, 1949 e 1953.
126. "Os mais velhos nem sequer entendem que nós, os jovens, existimos. Defendem seu poder até o fim. Mas um dia, finalmente, serão derrotados. A juventude sairá vitoriosa, afinal. Nós, jovens, atacaremos. O agressor é sempre mais forte que o defensor. Se nos libertarmos, poderemos também libertar toda a classe trabalhadora. E, livre, a classe trabalhadora livrará a pátria de seus grilhões." (Goebbels, 1929, p. 111.)
127. Hayek, 1944, p. 34.

NOTAS FINAIS

5. A CRISE DO SOCIALISMO

1. Werner Sombart, que no início da carreira era marxista, foi um dos primeiros a repensar: "É preciso admitir, no fim, que Marx errou em muitos aspectos importantes." (1896, p. 87)
2. Webb, 1948, p. 120.
3. Lênin, 1916.
4. Lênin, 1917, pp. 177-78; Lênin, 1902. Ver também Service (2000, p. 98), sobre a influência de Pëtr Tkachëv sobre Lênin nesses aspectos. Ainda Lênin: "A história de todos os países demonstra que a classe trabalhadora, por seus próprios esforços, só é capaz de desenvolver uma consciência sindical".
5. Em Spence, 1999, p. 40.
6. Spence, 1999, pp. 17-19, 46-47.
7. Lukács, 1923; Horkheimer, 1927.
8. Em "The Depression and the Intellectuals", Sidney Hook (1988, capítulo 11) discute as reações mais comuns na extrema esquerda americana. Ver também o esquerdista americano James Burnham, para quem as respostas do Ocidente à Depressão e à ascensão do nacional-socialismo evidenciavam a fraqueza fundamental do capitalismo: "Na verdade, boa parte da própria burguesia perdeu a confiança em suas ideologias, que soam vazias nos ouvidos dos capitalistas mais convictos. (...) O que significou Munique e toda a política de apaziguamento senão o reconhecimento da impotência burguesa? A viagem do chefe do governo britânico aos pés do pintor de paredes austríaco foi um símbolo apropriado da perda de fé dos capitalistas em si mesmos". (Burnham, 1941, p. 36.) O Pacto Nazi-Soviético de 1939 fazia então total sentido: a união dos dois socialismos, segundo Burnham, "causaria ferimentos mortais ao capitalismo".
9. Ver Reynolds, 1996, para um resumo útil.
10. "Union of Soviet Socialist Republics", 1990, 1.009. "O que víamos na Rússia dos anos 1930 era uma terra onde a industrialização era subscrita pela fome generalizada, onde ilusões de infalibilidade política levavam ao extermínio brutal da divergência, e onde a execução dos heróis da revolução testemunhava a profunda contradição do sistema." (Schlesinger, 1949, viii.)
11. "Mas ninguém jamais negou que o capitalismo (...) é um sistema de desnecessária servidão, repleto de irracionalidades e condenado à destruição. Nem houve quem defendesse o capitalismo alegando ser um sistema que pudesse, afinal, ser bom ou desejável, e é duvidoso que alguma filosofia moral que sustentasse tal alegação merecesse ser levada a sério." (Wood, 1972, p. 282.)
12. Radosh (2001, p. 56) discute as diferentes reações entre os americanos da extrema esquerda às revelações de Kruschev e à repressão soviética na Hungria. Outro exemplo é Anna Louise Strong, jornalista, às vezes roteirista de Hollywood, e propagandista comunista, cujo sentimento de "traição" a levou a um colapso mental: "Todos soubemos disso por 25 anos, e me mantive calada em prol da causa socialista. O que posso dizer?". (Strong e Keyssar, 1983, p. 283.)
13. Embora não para todos os seus sectários. Por exemplo, Brian Sweezy, comentando sobre a verdade essencial contida na doutrina de Marx, apesar dos eventos do século XX e do colapso da União Soviética: "No que tange ao sistema capitalista global, pouco efeito haverá sobre suas contradições internas (...) elas continuam, tal como no passado, a se multiplicar e intensificar, e todos os indícios levam a

235

GUERRA CULTURAL

crer que alguma crise séria vai ocorrer em um futuro não tão distante". (Sweezy, 1990, p. 278.)

14. Ver também Courtois et al., 1999.
15. Foucault em Miller, 1993, p. 58. Ver também Crossman (1949, p. 6), sobre o apelo psicológico que a exigência de abnegação espiritual e material exercia sobre muitos conversos do comunismo.
16. Derrida, 1994, p. 14.
17. Hyams, 1973, p. 263.
18. Marx, 1875, p. 531.
19. Harrington, 1962; 1970, p. 355.
20. Ver a obra *Red Feminism: American Communism and the Making of Women's Liberation* (Johns Hopkins University Press), de Kate Weigand: "Esse livro evidencia que pelo menos alguns comunistas consideravam a subversão do sistema de gênero como parte integral de uma luta mais ampla para derrubar o capitalismo". (Weigand, 2001, p. 6.)
21. Marcuse, 1969, p. 5.
22. Outras contribuições à Escola de Frankfurt para o novo direcionamento da estratégia socialista são discutidas mais adiante. Ver páginas 159-ff.
23. Ayn Rand foi sagaz e direto ao ponto em "The Left: Old and New": "Os antigos marxistas costumavam alegar que uma única fábrica moderna podia produzir sapatos suficientes para toda a população do mundo, e que só o capitalismo impedia tal coisa. Quando descobriram os fatos da realidade envolvidos, declararam que andar de pés descalços é melhor do que andar calçados". (Rand, 1971, pp. 168-169)
24. Heidegger, 1947, 1949.
25. Ver capítulo 3.
26. Por exemplo, segundo o marxista britânico Ralph Miliband: "Marx e mais tarde os marxistas [foram] otimistas demais em confiar que a posição de classe dos assalariados produziria uma 'consciência de classe' que eliminaria todas as divisões entre eles. É evidente que subestimaram consideravelmente a força dessas divisões, além de desprezar o que se poderia chamar de dimensão epistêmica, ou seja, é muito mais fácil atribuir males sociais a judeus, negros, imigrantes e outros grupos étnicos e religiosos do que a um sistema social e aos homens que o dirigem e partilham da mesma nacionalidade, etnia ou religião. Para adquirir essa consciência de classe é preciso um salto mental que muitas pessoas da classe trabalhadora (e além dela) conseguiram dar, mas que muitos outros, submetidos a humilhações, não conseguiram (...) A posição de classe produz uma consciência muito mais complexa e voluntariosa do que supunha o marxismo; pois leva a posturas reacionárias e também progressistas (...)". Em Panitch, org., 1995, p. 19.) Ver também Rorty: "Nosso senso de solidariedade é mais forte quando aqueles aos quais expressamos solidariedade são considerados 'um de nós', onde 'nós' significa algo menor e mais local do que a raça humana". (1989, p. 191.)
27. Marcuse, 1928.
28. Horkheimer, 1927, pp. 316-18.
29. Freud, 1930, esp. cap. 3.
30. Horkheimer e Adorno, 1944, xiv-xv.
31. Marcuse, 1969, pp. 13-15.
32. Marcuse, 1964, p. 123.
33. Marcuse, portanto, está a meio caminho entre Rousseau e Foucault. Rousseau (1749): "Os príncipes sempre veem com prazer a difusão, entre seus súditos, do

gosto pelas artes. (...) As ciências, as letras e as artes (...) espalham guirlandas de flores sobre os grilhões de ferro que os homens carregam, sufocam neles o sentido dessa liberdade original para a qual parecem ter nascido, fazem-nos amar sua escravidão e assim os convertem nos chamados povos civilizados". Foucault: "O que há de fascinante nas prisões é que ali, pelo menos, o poder não se esconde nem dissimula; ele se revela como a busca da tirania em seus mínimos detalhes; é cínico e ao mesmo tempo puro, inteiramente 'justificado', pois seu exercício pode enquadrar-se totalmente nos parâmetros da moralidade. Consequentemente, sua tirania brutal apresenta-se como o sereno domínio do Bem sobre o Mal, da ordem sobre a desordem". (1977b, p. 210.) E também: "Se eu tivesse conhecido a Escola de Frankfurt no momento certo, teria sido poupado de muito trabalho". (Foucault, 1989, p. 353.)

34. Marcuse, 1965, pp. 94-96.
35. Marcuse, 1965, p. 111.
36. Marcuse, 1969, p. 89.
37. Marcuse, 1969, ix-x, p. 59.
38. Marcuse, 1969, p. 37.
39. Marcuse, 1965, p. 123.
40. Em Miller, 1993, p. 232.
41. Em Guelke, 1995, pp. 93, 97.

6. ESTRATÉGIAS PÓS-MODERNAS

1. Derrida, 1978, p. 37.
2. Rorty, 1989, pp. 6, 4-5.
3. Rorty, 1989, p. 9.
4. Rorty, 1991, p. 29.
5. Fish, 1994, pp. 68-69.
6. Dworkin, 1987, pp. 123, 126.
7. Dworkin, 1987, pp. 123, 126, 47.
8. Rorty, 1998.
9. Newman, Position of My Mind Since, 1845.
10. Com sua inigualável capacidade para a confissão, Rousseau generalizou essa observação a todos os filósofos: "Cada um bem sabe que o seu sistema não é melhor do que os outros. Mas o sustenta porque é seu. Não há um só entre eles que, se chegasse a saber o que é verdadeiro e o que é falso, não preferiria a mentira que descobriu à verdade descoberta por outro". (1762a, pp. 268-269.)
11. Pôr a dor e o sofrimento no centro da moral é algo recorrente entre os líderes pós-modernistas. Lyotard, concordando com Foucault, afirma que é preciso "dar testemunho" da "dissonância", especialmente da dos outros (Lyotard, 1988, p. xiii, pp. 140-141). Rorty acredita que a "solidariedade" é possível pela "capacidade imaginativa de ver os estranhos como companheiros de sofrimento. Não se descobre a solidariedade por meio da reflexão; ela é criada. É criada quando ampliamos nossa sensibilidade aos detalhes específicos da dor e da humilhação de outras pessoas que não conhecemos". (Rorty, 1989.)
12. Lentricchia, 1983, p. 12.

GUERRA CULTURAL

13. Jameson, 1981, p. 20.
14. Derrida, 1995; Lilla, 1998, p. 40. Essa interpretação coincide com a avaliação feita por Mark Lilla sobre a relação entre política e filosofia na geração de intelectuais franceses do pós-guerra: "A história da filosofia francesa nas três décadas que se seguiram à Segunda Guerra Mundial pode ser sintetizada em uma frase: A política ditou, a filosofia escreveu". (Lilla, 2001, p. 161.)
15. Foucault, 1978, pp.101-102.
16. Ellis, 1989, p. 39.
17. Ellis, 1989, pp. 40, 42.
18. Ellis, 1989, p. 42.
19. Portanto, Ellis é discípula de John Dewey e de Herbert Marcuse: A educação é um processo deweyano de "reconstrução social", porém uma reconstrução que exige, primeiro, uma desconstrução marcusiana. Dewey: "Acredito que a educação seja uma regulação do processo de vir a partilhar na consciência social; e que o ajuste da atividade individual baseado na consciência social é o único método seguro de reconstrução social". (Dewey, 1897, p. 16.) Marcuse: "Razão [no sentido hegeliano] significa 'aniquilação absoluta' do mundo do senso comum. Pois, como já dissemos, a luta contra o senso comum é o início do pensamento especulativo, e a perda da segurança cotidiana é a origem da filosofia". (Marcuse, 1954, p. 48.)
20. Sokal, 1996.
21. Em Koertge (1998), Sokal discute as reações ao embuste do Social Text. O volume também traz muitos estudos interessantes sobre o mau uso que os pós-modernistas fazem da ciência e da história da ciência. Ver também Gross e Levitt, 1997.
22. Essa interpretação maquiaveliana da estratégia da desconstrução complementa a defesa de Marcuse de um padrão duplo na aplicação da tolerância: "A tolerância libertadora, portanto, significaria intolerância com os movimentos da direita e tolerância com os movimentos da esquerda". (1969, p. 109.)
23. Marcuse, 1954, p. 48.
24. Harrington, 1970, p. 345.
25. Nietzsche, Aurora, Seção 304.
26. Nietzsche, Genealogia da Moral, 1:10. Conecta-se perfeitamente com a observação de Richard Wolin: "Além disso, em retrospecto, parece claro que essa mesma geração, cujos representantes estavam estabilizados em carreiras acadêmicas, tinham simplesmente trocado a política radical pela política textual: desmascarar 'oposições binárias' substituíra o engajamento político". (Wolin, 2004, p. 9.)
27. Foucault, 1969, p. 17.
28. Foucault, 1966, p. 387; ver também 1989, p. 67. Tenha em mente o instrumento retórico pós-moderno de usar uma interpretação direta como disfarce para um significado subversivo mais profundo.
29. Ver também John Gray, que argumenta que devemos aceitar a "perspectiva pós-moderna de perspectivas plurais e transitórias, desprovidas de qualquer fundamento racional ou transcendental ou de uma cosmovisão unificadora" (1995, p. 153), e que mais tarde relaciona isso a um apelo explícito à destruição humana: "O Homo rapines [sic] é apenas uma entre muitas espécies e, obviamente, não é digna de preservação". (2002) E Claude Lévi-Strauss em O Pensamento Selvagem [The Savage Mind]: "Acredito que o principal objetivo das ciências humanas não seja constituir, mas dissolver o homem". (Lévi-Strauss 1966, p. 247.)
30. Derrida, 1978, p. 293.
31. Ellis, 1989, p. 46.

NOTAS FINAIS

32. Aqui Foucault segue a posição de André Breton e seu uso surrealista da linguagem como "antimatéria" do mundo: "A profunda incompatibilidade entre marxistas e existencialistas sartrianos, de um lado, e Breton, de outro, está no fato de que, para Marx ou Sartre, escrever faz parte do mundo, ao passo que para Breton um livro, uma frase, uma palavra constituem a antimatéria do mundo e podem compensar o universo todo". (1989, p. 12.)

33. Mais uma vez, Nietzsche retrata essa psicologia como se a previsse: "Quando eles [os homens ressentidos] alcançariam o derradeiro, o mais sutil, o mais sublime triunfo da vingança? Sem dúvida, quando conseguissem envenenar a consciência dos afortunados com seu próprio infortúnio, com o infortúnio geral, de tal sorte que um dia os afortunados começassem a se envergonhar de sua própria fortuna e dissessem entre si: 'É uma desgraça ser afortunado: há tanto infortúnio!'. Mas nenhum equívoco pode ser maior ou mais calamitoso do que os felizes, bem constituídos, vigorosos de alma e de corpo começarem a duvidar dessa maneira de seu direito à felicidade". (Genealogia da Moral, 3:14.)

LIBERDADE DE EXPRESSÃO E PÓS-MODERNISMO

1. Galileu, Galilei. Letter to the Grand Duchess Christina, 1615.
2. Locke, John. Carta Sobre a Tolerância, 1689.
3. Mill, John Stuart. Sobre a Liberdade [On Liberty], 1859. Ver especialmente o capítulo 2.
4. Matsuda, Mari. 1989. "Public Response to Racist Speech: Considering the Victim's Story", p. 87. Michigan Law Review. Rev. 133.
5. Delgado, Richard. 1982. "Words that Wound: A Tort Action for Racial Insults, Epithets, and Name-Calling", p. 17. Harvard Review C.R.-C.L.L 133.
6. MacKinnon, Catharine. 1993. Only Words. Harvard University Press.
7. Fish, Stanley. 1994. There's No Such Thing as Free Speech — and it's a good thing too. Oxford University Press.
8. Veja http://pt.wikipedia.org/wiki/Primeira_Emenda_%C3%A0_Constitui%C3%A7%C3%A3o_dos_Estados_Unidos. (N. do T.)
9. Fish, pp. 115-116.
10. MacKinnon, 1993, p. 16.
11. Fish, 1994, p. 68. Ver também MacKinnon,1993, p. 10.
12. Marcuse, Herbert, 1965. "Repressive Tolerance". Em Robert Paul Wolff, editor, 1969, A Critique of Pure Tolerance. Beacon Press, p. 109.
13. Rand, Ayn, 1982. Philosophy: Who Needs It. Nova York: Bobbs-Merrill.
14. Kelley, David, 2003. Unrugged Individualism. Washington, D.C.: The Atlas Society.
15. Woodward, C. Vann, 1991. Em The New York Review of Books 38:15, 26 de setembro. Disponível em http://www.nybooks.com/articles/article-preview?article_id=3161.

ASSINE NOSSA NEWSLETTER E RECEBA INFORMAÇÕES DE TODOS OS LANÇAMENTOS

www.faroeditorial.com.br

CAMPANHA

Há um grande número de pessoas vivendo com HIV e hepatites virais que não se trata. Gratuito e sigiloso, fazer o teste de HIV e hepatite é mais rápido do que ler um livro.

FAÇA O TESTE. NÃO FIQUE NA DÚVIDA!

ESTA OBRA FOI IMPRESSA EM MAIO DE 2021